国家社科基金艺术学青年项目（立项号：15CG156）

湖北民居艺术研究

鄂南传统聚落研究

董黎 / 著

长江出版传媒　湖北美术出版社

内容提要

　　本书研究空间范围以鄂南区域为重点，从聚落的内在需求与外部环境来研究其形态演变规律，展示其科学性与生态性的发展历程。主要内容包括鄂南传统聚落的地域特征与历史传承、构筑形式与结构方法、文化面貌与审美理想、动态保护与活化利用等。本书是一部观点新颖、资料全面、案例生动的专业书籍，在国内鄂南传统聚落地域文化系统研究方面尚属首创。可供广大环境设计专业师生、地域文化工作者、遗产保护方向学者、美术工作者等研究参考。

董黎

2003年湖北美术学院环境艺术设计系本科毕业。

2007年于武汉理工大学艺术与设计学院获艺术学硕士学位。

2013年于武汉理工大学获文学博士学位。

武汉科技大学艺术与设计学院副教授、硕士生导师。

主要从事中国传统聚落与民居研究、湖北地域文化与遗产保护方向的教学与实践活动。主持国家社科基金艺术学项目、湖北省社科基金及省、市科研与教研项目5项，工程实践项目10余项。在国内外学术期刊发表论文、作品20余篇，主编出版"十三五"规划教材1部。

目 录

CONTENTS

序

五千年悠悠岁月凝聚成的中华文化是中华民族文明与造物智慧的结晶。鄂南，湖北省的南部地区，正是在这丰厚的中华文化土壤中，孕育出了灿烂的文明。从周初到春秋战国时期，楚人在此立国八百年，拓地五百里，北通中原、东联吴越、南逾五岭、西接巴蜀，集南北文化之精华，创造了辉煌灿烂的古楚文化，使其成为中华文明起源的重要区域。在其后的历史进程中，社会变迁造成数次民族大迁徙、大融合，使湖北包括鄂南成为五方杂处、南北文化兼容并蓄之地。

鄂南的自然地理具有三个显著的特征：依山、临边、沿江，它们是鄂南传统聚落自身风格形成的地域背景，在客观上为多元文化在此交流与融合提供了先决条件。鄂南相对优越的自然条件，孕育了这里悠久的历史文明。至少在五千年前的石器时代，在幕府山脉和长江之间就生活着一些原始部落，并发展出一定规模的聚落。随后，在漫长的历史进程中，乡村聚落依托于农耕社会逐渐发展起来。随着生产力水平的提高，自然环境因素对于聚落发展与演变的作用力逐渐减少，而生产环境和社会文化则随着生产力的发展在不断变化，成为引起乡村聚落演变的主要因素。本书所关注的"传统聚落地域特征"，便清晰地说明了上述的变化与演进。

鄂南聚落的空间形态与整体布局不仅反映了气候、地理环境，同时还与地方的社会化经济生产方式相对应，其总体特征虽然受传统思想影响，但其对山地灵活适应性布局，呈现出科学造物的先进性，在地方农业与手工业的影响下，因商成集，从而产生了同时满足贸易与居住需求的集镇街屋。

传统聚落的形态具有地域性，这是它与现代居住区最大的区别之一，这意味着聚落从产生到发展到成熟再到改良，都与其发生的地点密不可分，它使用地方性的材料，以适应地方气候以及特殊地形，用最低的能源消耗成本获取了最高的居住舒适度。这种形态在其他地理环境的区域内不可能存在，反之，在气候与地形条件相似的区域内，亦会产生相近的形态特征。这与当代社会所倡导的可持续发展观念是不谋而合的。对传统聚落进行动态保护是始终将保护对象置于动态变化之中的发展性保护办法，是将传统聚落的历史、现状和未来联系起来作出规划，使聚落的整体面貌和运作机制始终处于最优的状态。这些都对聚落保护本身提出了要求。动态保护成为了解决聚落保护难题的关键，而于鄂南传统聚落本身，本书提出的"动态保护策略"可谓是适应了传统聚落在自发演变中的新的需求，同时亦将有助于达成"居民—聚落—环境—社会"的和谐共存与动态平衡。

董黎博士经过多年的研究，完成了这本在国内鄂南传统聚落地域文化研究学界尚属首创的著述，全面系统地介绍了鄂南传统聚落地域特征和动态保护相关实践。这是一本观念新颖、资料全面、案例生动的专业性书籍。这对于中国的相关传统聚落地域特征研究将具有重要的思想和实践的意义。值得称赞的是，本书不仅介绍了传统聚落地域特征，也提出了聚落保护的相关实践和理论思考，以自身的理论建树和实践探索新的文化遗产研究方法。

基于地域文化的设计研究一直处于不断的创新和探索中，设计的方法和理论亦是如此，它提供启示而非教条。本书归纳的诸多资料，介绍的诸多理念和实践，充分说明了设计研究的科学精神。设计研究不能一味地总结前人的经验，只满足于停留在前人的思想境界中而无开拓创新精神。借古开今，持经达变，当为设计研究的关键所在，有益于对设计研究的新探索，是为序。

潘长学

2019 年 12 月

湖北，新石器时代以前就有人类活动。商周时期，鳄鱼大量分布在长江流域，逐渐形成了一个以捕鳄为生的民族，称为"鄂"（古时"噩""鄂"同音、同义）。西周中期，楚国君主熊渠封其次子熊红为鄂王，修建鄂王城。秦代实行郡县制后，在此设立鄂县。至隋朝，鄂县升级为鄂州。"鄂"这一地名逐渐延续下来，成为湖北的简称。

　　生活在这里的先民们，曾经创造了灿烂的史前文明。从许多遗址的发掘物来看，当时的江汉平原地区稻作农业已相当发达，禽畜饲养、原始纺织、酿酒以及以制陶、冶铜、制玉等为代表的独立手工业已经出现[1]。从周初到春秋战国时期，楚人在此立国八百年，拓地五百里，北通中原、东联吴越、南逾五岭、西接巴蜀，几乎席卷了大半个南中国，集南北文化之精华，创造了辉煌灿烂的古楚文化[2]。南北文化在此交汇，产生融合，使其成为中华文明起源的重要区域。由于处在东南西北交通要冲，又得长江、汉水之便，湖北历来为兵家必争之地，故历史上的建制和区划与周边地区时分时合，屡有变迁[3]。加上战乱造成的数次民族大迁徙、大融合，使湖北自古以来就是五方杂处、南北文化兼容并蓄之地，这种既相互冲突又彼此包容的文化传统源远流长。

　　鄂南，是指湖北省的南部地区，可以在空间上和文化上对其概念与范围作出界定。狭义的鄂南，指现今的咸宁市市域范围；广义的鄂南，则是突破行政区划的限制，结合自然地理和历史人文中的共性与表现突出的部分，归纳出的具有地域特色的空间领域。

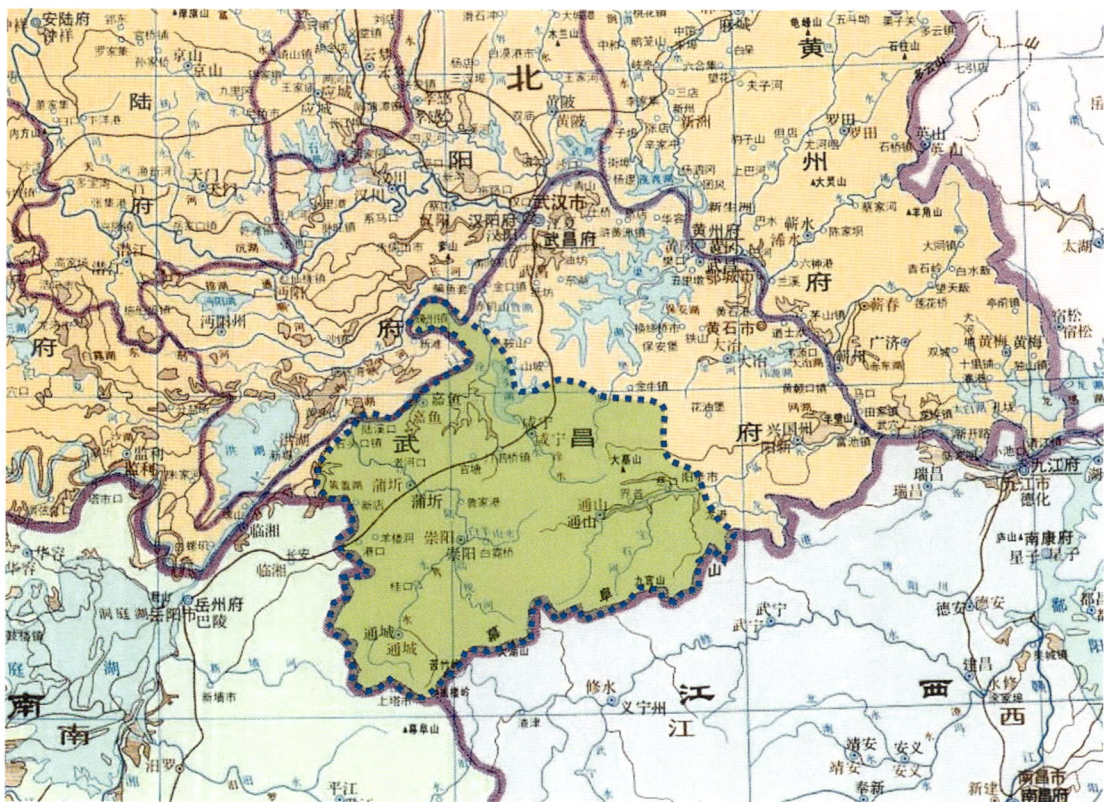

图1-1-1 咸宁市域明清时属武昌府（来源：谭其骧《简明中国历史地图集》）

1.1 研究对象与研究意义

1.1.1 鄂南与聚落

任何一种自然地理空间的划分实际上也是一种人文现象的划分。本书对"鄂南"的界定是从地域文化的角度出发，综合自然地理以及历史因素，形成一个视野广泛的"鄂南"概念，考察范围以咸宁市为主，但并不限于咸宁市市域的范围，因为市域的边界往往处在不同文化现象的边缘地带，并且具有文化的过渡性和模糊性，所以无法像划分行政区域那样将其明确地分隔开来。

咸宁市位于湘、鄂、赣三省交界之处，这一区域的历史悠久。它在夏商属荆楚，秦属南郡，汉属江夏郡，东汉末属东吴。汉高祖六年（公元前201年）置下稚县（今阳新县），吴黄武二年（公元223年）置蒲圻县（今赤壁市），唐代宗大历三年（公元768年）置永安镇，南唐保大十三年（公元955年）升为永安县，宋真宗景德四年（公元1007年）为避宋太祖永安陵名讳，因《易传·乾·象》中"万国咸宁"之"咸宁"与"永安"

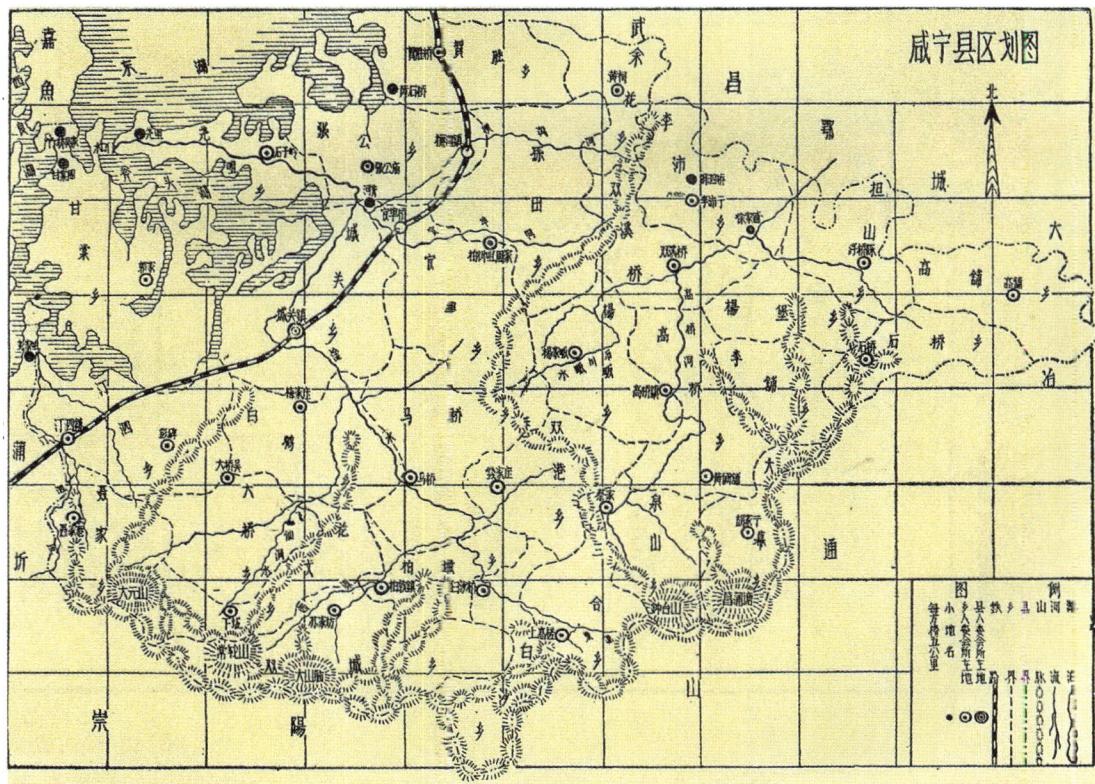

图1-1-2 新中国成立后咸宁县区划图（来源：《咸宁县简志》）

图1-1-3 咸宁市的行政区划

义近，改名为咸宁县（今咸安区），南唐保大十一年（公元953年）置嘉鱼县，北宋乾德二年（公元964年）置通山县，北宋开宝八年（公元975年）置崇阳县，北宋熙宁五年（公元1072年）置通城县。元朝时，这一区域属湖广行省武昌路；明清时，属武昌府（图1-1-1）；民国时期，先属江汉道，后属湖北省第一行政督察区。新中国成立后，1949—1952年间，先后隶属于大冶专区、孝感专区（图1-1-2），1965年8月，成立了咸宁专区，并在1970年改称咸宁地区。1975年、1979年、1997年，辖区内的武昌、鄂城县、阳新县先后被划出，归属到武汉市、黄冈地区和黄石市。1998年12月，经国务院批准，撤销咸宁地区，设立地级咸宁市，辖咸安区、嘉鱼县、通城县、崇阳县、通山县、赤壁市一区四县一市（图1-1-3）。

历史上咸宁在很长一段时间里都没有形成统一的行政建制，直到明初，才有了相对固定的隶属关系，和今天的黄石市、鄂州市、江夏区共同隶属于湖广行省武昌府。这种长期互不隶属的局面，势必会对地域文化形成过程中的向心性产生影响。从聚落文化上看，咸宁市与周边的邻接关系也并非是泾渭分明的，而是突破了行政区划的界限，形成了一个更为完整的"鄂南"的概念。"鄂南"是一个既明确又模糊的区域概念。明确的是，它以咸宁市市域范围为依托，有着相对清晰的空间领域；模糊的是，市域边缘在文化上体现出渐变性。

中国历史上在乡村建立系统的管理制度始于周代。《周礼》称周代之中央为"国"，地方区域为"野"，乡村是传统中国最低层级的国家行政单位——县以下的地缘组织。一般认为，"里"是最基本的农村编制单位。除了"里"以外，秦汉还有"聚"与"落"这两种乡村组织。"聚"是乡以下的农村人口的自然聚居地，与"里"的规模大致相当。"聚"是两汉设立学校时所划分的乡村组织，不具备行政与法律意义，更不是基层编制单位。有的"聚"只有几户人家，也有的"聚"与"里"相当。"落"是乡村组织的细胞——家户。[4]秦汉的乡亭制、隋唐的乡里制、宋代的保甲制、明代的里甲制、清代的保甲制，虽然名目不一，内容有别，但基本形式都是由数个家组成保，由数个保组成里，由数个里组成乡。里甲制和保甲制，并不是以自然乡村为里、甲、保的单位，而是以里、甲、户及里、甲、保为标准，即用一种与自然村落完全不同的制度来编组[5]。里甲制和保甲制，并不会破坏自然村落的社会结构，官府不会为了凑齐户数而迁徙人口与住宅。所以理论上，里甲的编制建立了新的乡村结构，不管自然乡村的范围有多大，都把民户每十户组成一甲，每十甲组成一里，但这仅仅是为了赋税之征收、劳役之分配及地方上治安之维持而设立的一种无形的组织[6]。"聚"作为乡村中的农村人口的自然居住地，体现出了更为完整和清晰的乡民聚居生活的空间环境。

每一个聚落都包含着从萌芽到发展再到逐渐成熟的过程，但是具体到每一处聚落，甚至每一个家族，又体现出一定的差异性。聚落的社会、经济、文化、习俗都不断地影响着聚落的形态与结构，蕴含着不同的文化意义。

鄂南传统聚落根据其保存现状大致可分为四类情况：第一类，居住人群已转移，房屋闲置废弃，面临败朽。这一类聚落由于失去了居住主体，获得的社会关注较少，流失程度严重。第二类，聚落中部分建筑的用途被改变，通过翻新或改造，成为餐馆、茶楼等经营类场所，其实际居住功能被淡化。第三类，整体迁建至统一的保护园区，成为博物馆式的旅游观光景点。第四类，仍有少量实际居住人群，大部分位于交通条件落后的地区，具有一定的原址保护的条件。本文对以上四类均有涉及，以第四类为主。

1.1.2 研究意义

由一地传统聚落的地域特征与动态保护研究来探索我国传统聚落研究与保护的关键问题与理论框架。将空间领域限定在鄂南，一方面由于其聚落的格局特点具有多样性，有利于梳理传统聚落研究中的相关问题；另一方面是由于其聚落的形态演变具有复杂性，有助于建立传统聚落研究的理论框架。本文从聚落的内在需求与外部环境来研究其形态演变轨迹，展示其科学性与生态性发展历程。

从应用层面看，本文所提倡的动态保护与活化利用模式可直接服务于实践。动态保护与博物馆式的静态保护不同，是始终将保护对象置于动态变化之中的发展性保护办法，使保护不仅仅局限于对于聚落旧貌的简单修复，而是在维护的同时指出未来可能的发展方向，同时充分考虑到本土居民的主观能动性，配合激活地方经济展开，达到"居民 — 聚落 — 环境 — 社会"的和谐共存与动态平衡。

1.2 学术背景与研究现状

1.2.1 国内研究的理论发展

我国关于传统聚落的研究工作始于20世纪40年代，其研究成果与现状主要体现在以下四个方面：

（1）以实地测绘与史料的建立为主的研究，对建筑的平面、外形、结构、材料、装饰、装修等进行归纳和分析。研究者以刘敦桢教授、刘致平教授等老一辈建筑学者为主，其代表成果有《中国住宅概说》[7]（1957年）、《中国建筑类型及结构》[8]（1957年）等，可看作单纯的建筑学范畴调查观点的反映。这为后来的研究积累了丰富的基础知识。

（2）总览式地域建筑研究，着眼于某一具体区域，对其代表性地域建筑进行系统解读，如《浙江民居》[9]（1984年）、《吉林民居》[10]（1985

年）、《云南民居》[11]（1986年）、《湖北古代建筑》[12]（2005年）、《湖北传统民居》[13]（2006年）等。此类研究成果以建筑单体研究为主，但在内容上逐渐体现出对整体聚落的关注。

（3）传统聚落与地域建筑的类型研究，对聚落的结构组成与地域建筑的空间形态进行更为细致的划分，并展现出跨地域、多角度研究方向，如侧重聚落构成研究的《传统村镇聚落景观分析》[14]（1994年），侧重聚落发展变迁研究的《楠溪江中游乡土建筑》[15]（1993年）等。既有按照类型划分的长篇著作成果——《客家民系与客家聚居建筑》[16]（1998年）、《中国东南系建筑区系类型研究》[17]（2001年）、《闽台民居建筑的渊源与形态》[18]（2003年）、《两湖民居》[19]

（2009年）等，也有诸多立足于某一具体地域建筑类型的研究论文，此类研究的开展最为广泛。

（4）传统聚落的保护利用研究，对传统聚落的保护模式与利用政策进行理论探讨与实践探索。此类成果近年来在社科领域较为丰富，

除了历史学方面的研究思路外，还有在研究视角上的突破，如《三峡地区传统聚落及民居历史与保护》[20]（2012年）中将传统聚落空间模式与其周边地区关联模式相结合的研究方式。

1.2.2　国外研究现状

关于传统聚落的国外研究现状可归纳为三个方面：

（1）在倡导与理念方面，传统聚落的研究与保护问题一直是国际上关注的重要领域之一。2003年，世界遗产委员会（UNESCO World Heritage Centre）在《行动亚洲2003—2009计划》（*Action Asia 2003—2009 Programme*）中提出今后将特别关注的项目中就包含"乡土建筑遗产"。2005年，国际古迹遗址理事会（ICOMOS）的"世界遗产名录"（The World Heritage List）报告《填补空白：未来行动计划》（*Filling the Gap : an Action Plan for the Future*），在述及目前世界遗产名录及预备名录中较少反映的类型时也包含有"乡土建筑"一项。在保护方面，联合国教科文组织（UNESCO）早在1972年《保护世界文化和自然遗产公约》（*Convention Concerning the Protection of the World Cultural and Natural Heritage*）中便明确指出"与艺术品相反，文物建筑保护的最好办法是继续使用它们"。20世纪90年代后，"持续规划""滚动开发""循序渐进

模式"等规划思想的提出，则更加明确了传统聚落的动态性保护方向。

（2）在研究内容与方法运用方面，国外学者对中国传统聚落的调查研究颇具借鉴意义。如对中国投入研究最多的美国学者那仲良（Ronald G. Knapp），在其一系列著作[21]中详述了中国各地乡土建筑形式与文化之间的相互关系，不仅介绍了聚落多样性的形态差异，还针对不同地域间居住形态的相近之处及其内在联系的端由作出分析。2005年，他与香港学者罗启妍共同编著 *House Home Family: Living and Being Chinese* [22]一书，收录了大量国际学者的优秀论文，其中有从物质文化与居住环境展开的双重视点，也有从文化地理学角度出发的研究方法。

（3）在现实意义探索方面，国外学者更加注重传统聚落研究与保护的实践性工作部分，尤其是发展中国家和农业为主地区的实践探索，对我国传统聚落的地域性特征研究提供了有益启示。如埃及建筑师哈桑·法希（Hassan

Fathy）基于埃及民间传统建造方法与材料的挖掘，科学衡量土坯这一传统建筑材料的当代适用性，创造出土坯砖穹隆结构体系用于民间聚落的改造与建设；又如印度建筑师查尔斯·柯里亚（Charles Correa）结合孟买的炎热气候环境与居民的生活模式展开深入分析与研究，提出"形式追随气候"（Form Follows Climate）的设计方法论，均是由传统聚落的本体研究出发，在保护的同时创造出新的应用价值。随着科技的发展，新材料、新技术的不断革新，越来越多的建筑师根据当地的自然气候条件，结合民间的现实状况，利用本土成熟的地域技术进行设计，并将其与"绿色建筑""生态建筑""可持续性建筑"等新兴观点结合起来，从传统聚落中吸取有关低能耗、环境适应性等方面的技术，从而实现建筑与环境的和谐统一。

1.2.3 关于鄂南传统聚落的研究

已有文献主要从三方面展开：

（1）传统聚落的介绍与整理：鄂南传统聚落数量众多，但相关整理工作起步较晚。2002年出版的《中国文物地图集：湖北分册》[23]中介绍，鄂南县级以上文物保护单位427处[24]。2007年，根据《国家"十一五"时期文化发展规划纲要》，国务院号召展开第三次全国文物普查，鄂南共登记不可移动文物2236处，其中新发现1842处，其数量之多、品类之全，居于全省之首，民用、商用、官式、公共建筑等均有遗存。

（2）地域特征与历史源流分析：代表性的有《湖北旧闻录》[25]（1989年）、《湖北年鉴》[26]（1989年）、《湖北文物典》[27]（2010年）等著作中的鄂南部分，以及《湖北通志》[28]（2010年）丛书与各地历代和新编的地方志等。此类文献虽与鄂南传统聚落没有非常直接的联系，但对于了解鄂南的历史文化、各地风俗等相关背景知识有一定帮助。

（3）传统聚落的文化与类型研究：最具代表性的成果要属李晓峰、谭刚毅教授的《两湖民居》（2009年），书中分区域、按类型将两湖各地的传统聚落进行了集萃式的介绍和分析。还有杨国安教授的《空间与秩序：明清以来鄂东南地区的村落祠堂与家族社会》[29]（2008年）一文，从聚族而居的村落形态入手，提出以"宗祠 — 支祠 — 家祠"为层级的聚落格局，建立家族结构与聚落形态的对应关系，也对本区域研究线索的探寻提供了有益启示。

1.3 研究内容与研究方法

1.3.1 研究的主要内容

在研究的空间范围上以鄂南为重点，以长江中下游为"线"，串起周边有代表性地区作为参照，解析鄂南传统聚落的要素组成、格局特点及形态演变规律，同时探讨针对聚落环境、民用建筑、商用建筑、景观组成四个方面的动态保护办法，并由聚落的原生功能、文化功能、商业功能、社会功能以及景观功能的利用问题展开，论述其当代发展途径。

1.3.2 研究方法

根据本文的研究目标与内容，以田野调查为基础，结合过程演进的动态分析方法，从聚落发展的历史脉络出发，比较和归纳不同时期的发展特点与演变动因。针对部分典型案例，在纵向剖析的同时增加横向类比与模式归纳；针对鄂南传统聚落中呈现出的较为复杂的建筑品类，采用系统分析法进行解读，对聚落的发展演变，以及地域与地域之间的相互影响过程进行剖析，从而探讨聚落组成的动态保护办法。

田野调查是本文获取原始资料的主要途径，调查范围基本覆盖了鄂南传统聚落的现有遗存。调查内容以拍摄图片与测绘为主，对部分较为典型的民居聚落进行了采访与录音资料的收集。其中具有考察价值的遗存主要集中在通山县和咸安区，有舒家村、石门村、刘家桥、山里饶等规模较为完整的几处聚落，同时还有大夫第、牌坊屋、大屋、宗祠等多种建筑品类；赤壁市主要以羊楼洞与新店两个因商业发展兴起的聚落为代表；崇阳县与通城县也有几处颇为典型的大屋，数量相对较少；嘉鱼县的遗存极少（图1-2-1）（表1-1）。

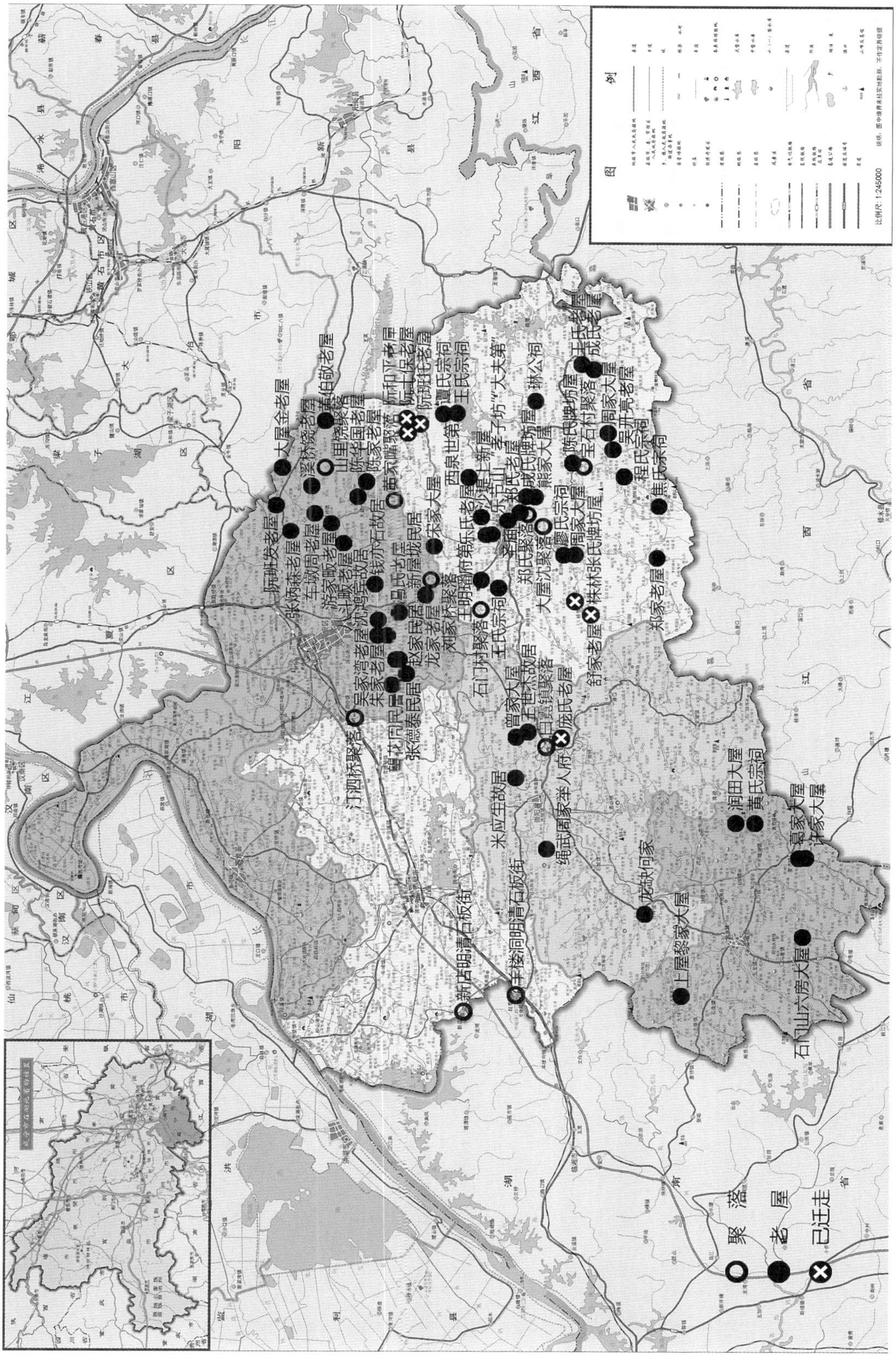

图1-2-1 鄂南明清建筑遗存分布地图

表1-1 鄂南传统建筑遗存检目

序号	名称	保护对象	保护级别	所在地	面积（公顷）	始建时期
1	沈鸿宾故居	沈鸿宾故居	国家级	咸安区浮山办事处太乙村	0.14	清同治七年
2	王明璠府第	芋园大夫第	国家级	通山县大路乡吴田村	1.3	清同治
3	刘家桥聚落	刘家桥民居	省级	咸安区桂花镇	3.5	明崇祯三年
4	刘家桥聚落	刘家桥	省级	咸安区桂花镇		明崇祯三年
5	羊楼洞明清石板街	明清石板街	省级	赤壁市赵李桥镇	0.08	明万历
6	新店明清石板街	明清石板街	省级	赤壁市新店镇		明洪武
7	通山县博物馆	圣庙	省级	通山县通羊镇民主街	0.66	北宋庆历四年
8	宝石村聚落	宝石村民居群	省级	通山县闯王镇	3.5	明洪武
9	宝石村聚落	陈氏牌坊屋	省级	通山县闯王镇		清宣统三年
10	垅口冯民居	冯氏老屋	省级	咸安区马桥镇垅口村		明
11	曾家聚落	曾家老屋	省级	崇阳县白霓镇回头岭村		清
12	周家大屋	周家大屋	省级	通山县九宫山镇中港村		清
13	吴氏宗祠	西泉世第	省级	通山县大畈镇西泉村	0.02	清嘉庆十六年
14	王氏老屋	迪德堂	省级	通山县洪港镇江源村	0.13	清光绪十五年
15	谭氏宗祠	谭氏宗祠	省级	通山县大畈镇白泥村	0.21	清乾隆二十三年
16	米应生故居	米应生故居	省级	崇阳县白霓镇浪口区	0.1	清道光二年
17	乐节山大夫第	乐节山大夫第	省级	通山县通羊镇郑家坪村	0.08	清道光九年
18	乐节山孝子坊	乐节山孝子坊	省级	通山县通羊镇郑家坪村		清道光
19	王世杰故居	王世杰故居	省级	崇阳县白霓镇回头岭村	0.05	清中期
20	中共通城县苏维埃旧址	黄氏宗祠	省级	通城县塘湖镇获田村	0.1	元
21	钱亦石故居	钱亦石故居	省级	咸安区马桥镇钱庄村	0.63	清
22	汀泗桥镇聚落	汀泗桥老街	中国历史文化名镇保护名录	咸安区汀泗桥镇		明
23	石门村聚落	石门村古街市	全国乡村旅游重点村名录	通山县南林桥镇石门村	3.0	明永乐二十二年
24	周家大屋	周家大屋	市级	通山县厦铺镇厦铺村	0.08	清光绪
25	大屋金老屋	大屋金老屋	市级	咸安区双溪桥镇汤垴村	0.5	清乾隆
26	洪口龙家老屋	龙家老屋	市级	咸安区汀泗桥镇洪口村5组		清

序号	名称	保护对象	保护级别	所在地	面积（公顷）	始建时期
27	洪口赵家民居	洪口赵家民居	市级	咸安区汀泗桥镇洪口村1组		清
28	成氏老屋	成氏老屋	市级	通山县洪港镇江源村4组	0.11	清
29	沙堤上新屋	上新屋	市级	通山县通羊镇沙堤村7组		清
30	廖氏宗祠	廖氏宗祠	市级	通山县厦铺镇厦铺村2组		清
31	八斗畈老屋	八斗畈老屋	市级	咸安区高桥镇黄铁村7组	0.22	清
32	车墩周老屋	车墩周老屋	市级	咸安区高桥村8组	0.02	清
33	黄家嘴聚落	黄家嘴干打垒民居	市级	咸安区大幕乡大幕村1组		
34	阮班发老屋	阮班发老屋	市级	咸安区双溪桥镇汤垴村5组	0.04	清
35	张炳森老屋	张炳森老屋	市级	咸安区双溪桥镇双溪村4组		清
36	黄伯敬老屋	黄伯敬老屋	市级	咸安区双溪桥镇高铺黄伯敬		清
37	溪桥饶老屋	溪桥饶老屋	市级	咸安区高桥镇刘祯村13组	0.03	清
38	新屋垅民居	新屋垅民居	市级	咸安区桂花镇白沙村新屋垅		明
39	望花周民居	望花周民居	市级	咸安区汀泗桥镇大桥村望花周		清
40	吴家湾老屋	吴家湾老屋	市级	咸安区浮山镇太乙村吴家湾		清
41	焦氏宗祠	焦氏宗祠	市级	通山县闯王镇高湖村	0.04	明永乐
42	上屋黎家大屋	黎家大屋	市级	通城县大坪乡来苏村6组		清
43	葛家大屋	葛家大屋	市级	通城县麦市镇麦市村许家湾		清
44	许家大屋	许家大屋	市级	通城县麦市镇麦市村许家湾		清
45	石门山六房大屋	六房大屋	市级	通城县马港镇谭下村2组		清
46	下郑郑氏聚落	郑氏聚落	市级	通山县通羊镇李渡村	1.5	明
47	绳武周家举人府	绳武周家举人府	县级	崇阳县天城镇寺前村	0.7	明中期
48	黄燮商老屋	黄燮商老屋	县级	崇阳县天城镇郭家岭村		清
49	润田大屋	汪润田故居	县级	通城县塘湖镇润田村	0.18	明嘉靖
50	程氏宗祠	程氏宗祠	县级	通山县闯王镇仙崖村3组		清中期
51	王氏宗祠	王氏宗祠	县级	通山县大畈镇白泥村		清
52	龙缺何家	何元格老屋	县级	崇阳县沙坪镇古城村	0.6	清道光
53	白霓镇聚落	白霓古镇		崇阳县白霓镇		明

序号	名称	保护对象	保护级别	所在地	面积（公顷）	始建时期
54	山里饶聚落	白岩泉村民居群		咸安区高桥镇山里饶湾白岩泉村	0.8	明
55	朱家老屋	朱家老屋		咸安区浮山办事处太乙村石灰坳		清晚期
56	游家畈老屋	游家畈老屋		咸安区高桥镇高桥村13组		清
57	陈华国老屋	陈华国老屋		咸安区高桥镇西山下村6组		清
58	港背陈家	陈家老屋		咸安区大幕乡东源村20组		清
59	古田张德泰	张德泰民居		咸安区汀泗桥镇古田村1组		清
60	大屋沈聚落	大屋沈聚落		通山县通羊镇湄港村	8.0	明
61	郑氏老屋	郑氏老屋		通山县通羊镇明水村		清
62	琳公祠	琳公祠		通山县燕厦乡碧水村	0.07	清晚期
63	乐氏老屋	乐氏老屋		通山县通羊镇郑家坪		清道光
64	朱家大屋	朱家大屋		通山县高湖村朱家湾	0.3	清道光九年
65	熊家大屋	熊家大屋		通山县湄港村岭下村狮子畈		清
66	郑家老屋	郑家老屋		通山县厦铺镇大屋场		清
67	王氏宗祠	王氏宗祠		通山县大路乡东坑村		清
68	宋家大屋	宋家大屋		通山县黄沙铺镇上坳村5组		清中期
69	吴氏老屋	吴开亮祖宅		通山县闯王镇坳坪村		清
70	成氏牌坊屋	贞节坊		通山县通羊镇岭下村	0.0034	清同治六年
71	张氏牌坊屋	节孝坊		通山县杨芳林镇株林村（已迁至湖北明清古民居建筑博物馆）		清光绪
72	竹林旧宅	阮班托老屋		通山县黄沙铺镇（已迁至湖北明清古民居建筑博物馆）		清康熙
73	阮和平老屋	阮和平老屋		通山县黄沙铺镇（已迁至湖北明清古民居建筑博物馆）	0.02	清中期
74	阮士保老屋	阮士保老屋		通山县黄沙铺镇（已迁至湖北明清古民居建筑博物馆）	0.02	清嘉庆
75	舒家老屋	舒家老屋		通山县杨芳乡（已迁至湖北明清古民居建筑博物馆）		清中期
76	庞氏老屋	庞氏老屋		崇阳县白霓镇（已迁至湖北明清古民居建筑博物馆）		明隆庆
77	廖氏老屋	廖氏官堂		崇阳县金堂镇（已迁至湖北明清古民居建筑博物馆）		明洪武

注释：

[1] 张绪球. 长江中游史前文明因素的发展[A]. 长江文化论集：第一辑：首届长江文化暨楚文化国际学术讨论会文集[C]. 武汉：湖北教育出版社，1995：34.

[2] 张正明. 楚文化史[M]. 上海：上海人民出版社，1987.

[3] 李惠芳. 中国民俗大系：湖北民俗[M]. 兰州：甘肃人民出版社，2004：2.

[4] 余英. 中国东南系建筑区系类型研究[M]. 北京：中国建筑工业出版社，2001：136.

[5] 丁俊清. 中国居住文化[M]. 上海：同济大学出版社，2001：87.

[6] 丁俊清. 中国居住文化[M]. 上海：同济大学出版社，2001：86.

[7] 刘敦桢. 中国住宅概说[M]. 北京：建筑工程出版社，1957.

[8] 刘致平. 中国建筑类型及结构[M]. 北京：建筑工程出版社，1957.

[9] 中国建筑技术发展中心，建筑历史研究所. 浙江民居[M]. 北京：中国建筑工业出版社，1984.

[10] 张驭寰. 吉林民居[M]. 北京：中国建筑工业出版社，1985.

[11] 云南省设计院《云南民居》编写组. 云南民居[M]. 北京：中国建筑工业出版社，1986.

[12] 吴晓. 湖北古代建筑[M]. 北京：中国建筑工业出版社，2005.

[13] 李晓峰，李百浩. 湖北传统民居[M]. 北京：中国建筑工业出版社，2006.

[14] 彭一刚. 传统村镇聚落景观分析[M]. 北京：中国建筑工业出版社，1994.

[15] 陈志华. 楠溪江中游乡土建筑[M]. 台湾：台湾汉声杂志社，1993.

[16] 潘安. 客家民系与客家聚居建筑[M]. 北京：中国建筑工业出版社，1998.

[17] 余英. 中国东南系建筑区系类型研究[M]. 北京：中国建筑工业出版社，2001.

[18] 戴志坚. 闽台民居建筑的渊源与形态[M]. 福州：福建人民出版社，2003.

[19] 李晓峰，谭刚毅. 中国民居建筑丛书：两湖民居[M]. 北京：中国建筑工业出版社，2009.

[20] 李晓峰，李纯. 峡江民居：三峡地区传统聚落及民居历史与保护[M]. 北京：科学出版社，2012.

[21] ①Ronald G. Knapp. China's Traditional Rural Architecture：A Cultural Geography of the Common House [M]. Honolulu：University of Hawaii Press，Dec. 1986.

②Ronald G. Knapp. China's Vernacular Architecture：House Form and Culture[M]. Honolulu：University of Hawaii Press，Oct. 1989.

③Ronald G. Knapp. Chinese House：Craft，Symbol，and the Folk Tradition[M]. HongKong：Oxford University Press，Nov. 1990.

④Ronald G. Knapp. China's Living Houses：Folk Beliefs, Symbols, and Household Ornamentation [M]. Honolulu：University of Hawaii Press，May. 1999.

⑤Ronald G. Knapp. China's Old Dwellings[M]. Honolulu：University of Hawaii Press，2000.

⑥Ronald G. Knapp. Asia's Old Dwellings：Tradition，Resilience，and Change[M]. HongKong：Oxford University Press，2003.

⑦Ronald G. Knapp. Chinese Houses：The Architectural Heritage of a Nation[M]. Clarendon：Tuttle Publishing，Jan. 2006.

⑧Ronald G. Knapp. Chinese Houses of Southeast Asia：The Eclectic Architecture of Sojourners and Settlers[M]. Clarendon：Tuttle Publishing，Dec. 2010.

[22]Ronald G. Knapp，Lo Kai-Yin.House Home Family：Living and Being Chinese[M]. Honolulu：University of Hawaii Press，Jul. 2005.

[23] 国家文物局. 中国文物地图集：湖北分册[M]. 西安：西安地图出版社，2002.

[24] 其中咸安区49处、赤壁市90处、崇阳县106处、通山县85处、通城县69处、嘉鱼县28处。

[25]（清）陈诗. 湖北旧闻录[M]. 武汉：武汉出版社，1989.

[26] 湖北省地方志编纂委员会. 湖北年鉴[M]. 武汉：湖北人民出版社，1989.

[27] 陈振裕. 湖北文物典[M]. 武汉：湖北人民出版社，2010.

[28] 湖北省地方志编纂委员会. 湖北通志[M]. 武汉：湖北人民出版社，2010.

[29] 杨国安. 空间与秩序：明清以来鄂东南地区的村落祠堂与家族社会[J]. 中国社会历史评论，2008（1）.

地理环境是创造地域文化的自然基础。通过物质生产及其技术系统等中介，地理环境深刻地影响着人类历史的发展。地理位置、地形、气候、土壤、水文、动植物、矿藏等因素，对于人类的物质生产方面，尤其是对于早期人类的聚居、农村与城市的形成以及由此而推进的文字的发明和应用有着决定性的影响，进而作用于各类群体的性情、心理和气质等[1]。作为与建筑文化最紧密相关的因素，自然地理要素始终是制约人类聚居、营建、建筑空间、材料选择等最重要的因素，从而左右着建筑文化的发展[2]。传统聚落的平面布局、空间组织、构筑方式等，都可以理解为是对所处环境、气候的一种被动的且低能耗的最佳适应结果，聚落形态的产生与气候、环境有着密不可分的关系。

鄂南的自然地理要素具有三个最显著的特点：靠山、临边、沿江。它们是鄂南传统聚落自身风格形成的地域背景，也在客观上为多元文化在此交流与融合提供了先决条件。

靠山 —— 南部的幕阜山脉绵亘东西，支脉纵向延展进鄂南各处，立体的自然空间与生态环境为产生多样的文化生长点提供了可能，同时，它仿佛天然的屏障，减缓了战乱与灾祸的侵入速度，对地方的经济文化与生产生活起到保护的作用；临边 —— 位于湖北省南端，毗邻湖南、江西两省五个县市，在生活方式、民俗习惯，以及居住文化、建筑风格等方面都受到渗透与影响；沿江 —— 长江的 126 公里水道从西北部赤壁市、嘉鱼县横穿而过，成为连接东西方向不同文化的纽带，加速了社会经济文化的交流、传播。

第二章 地域环境

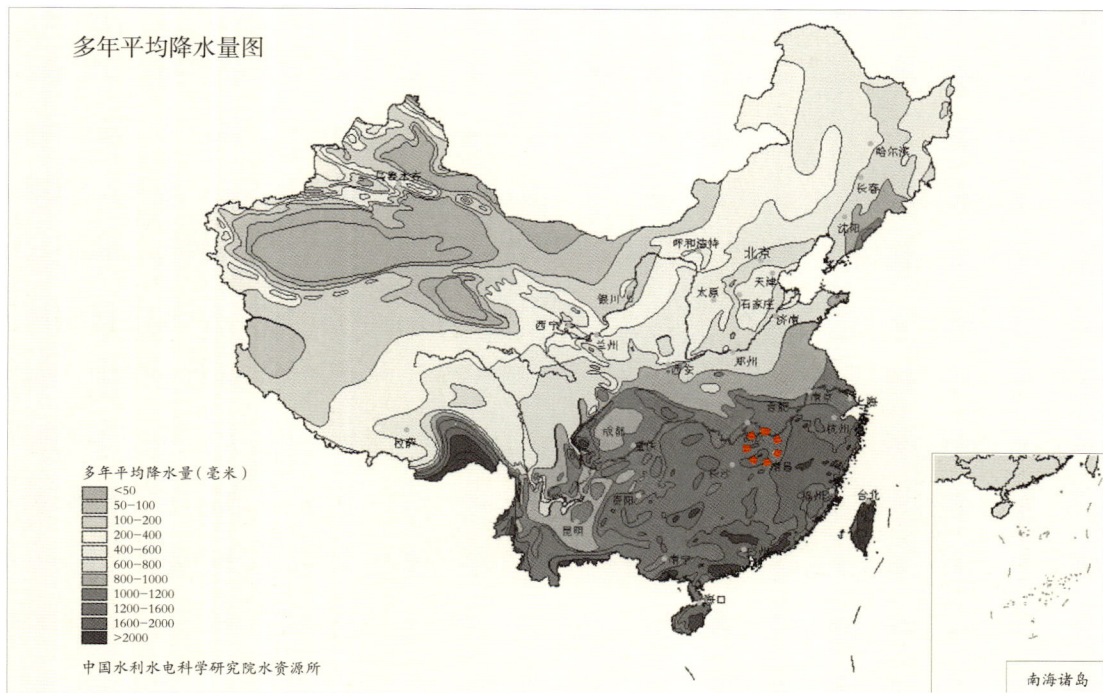

图2-1-1 湖北处于全国降水量较多的区域 （来源：王文卿、周立军《中国传统民居构筑形态的自然区划》）

2.1 湿热多雨的气候特征

气候条件对传统聚落的选址布局和民居形制都会产生巨大的影响，从聚落基地的方位到平面的布置，从空间的安排到建筑材料的选择，从构造作法到技术手段的运用，无不受到气候条件的影响与制约。

气候条件包括温度、降水量、日照、风力等。鄂南的气候特征同湖北省的大部分地区一样，四季分明，且春秋短、冬夏长。春季一般从三月下旬开始，到五月下旬结束，持续大约60天，这一时期的冷空气活动频繁，暖湿气流逐渐活跃，多阴雨天气，偶尔出现低温冷害；夏季从五月下旬到九月下旬，长达120余天，在梅雨期内降水量会明显偏大，甚至导致洪涝灾害，入伏后，降水会逐渐减少，偶有伏旱；入秋以

后，受地面高压的影响，天气干燥凉爽，雨量偏低，持续近60天，从九月下旬到十一月下旬；十一月下旬以后便进入了冬季，十二月份迎来降雪，到一月气温达到最低，一月二月是全年降雨量最低的月份，日照逐渐增多，直到第二年三月，大约120天，三月份以后，天气回暖，进入春天。鄂南地区北低南高的地形条件，使得来自北方的冷空气无所阻挡，可以长驱直入，所以冬季气温低冷、空气干燥，而夏季则高温、炎热，持续时间长。这里的降雨量要明显大于湖北省其他区域（图2-1-1、图2-1-2），所以天气更加闷热、潮湿，因此通风成为聚落形态形成过程中的首要考虑因素；同时，由于全年的平均温度较高，防暑与防晒隔热问题同样影

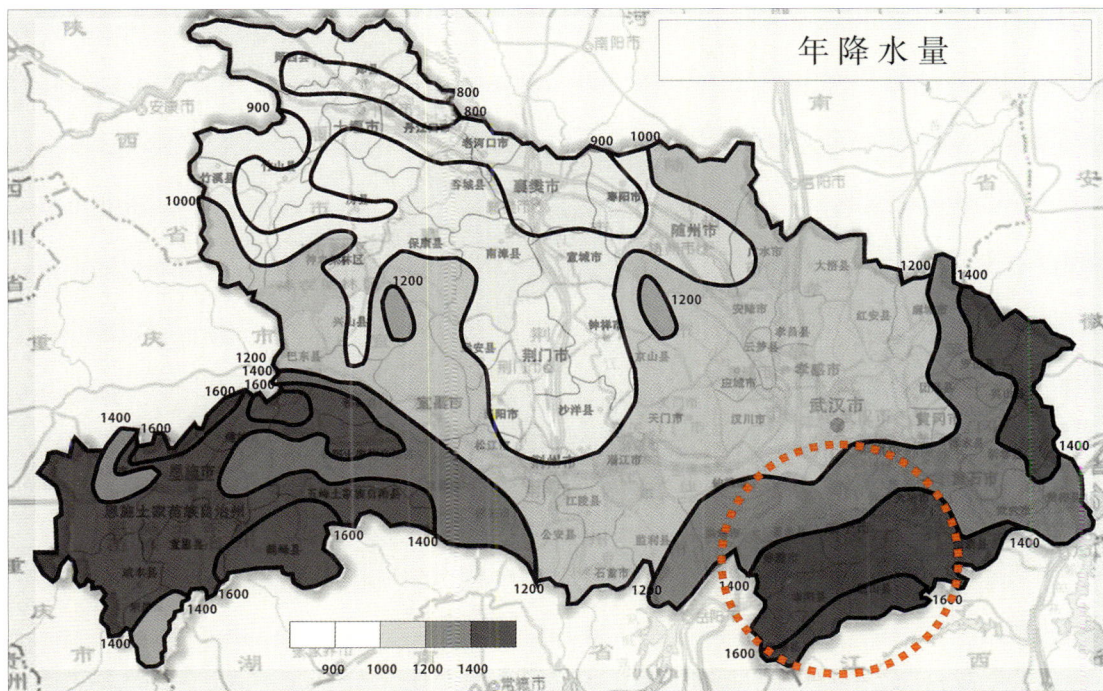

图2-1-2 鄂南处于湖北降水量最多的区域（来源：湖北省气候应用所《湖北省气候图集》）

响着聚落的空间布局。防晒的主要措施是缩小前后两栋房屋的间隔，尽量让房屋处于其他房屋形成的阴影之中，减少阳光的直射面积。良好的通风条件则能够在帮助聚落散热的同时加速水分的蒸发，防止木结构的霉变与朽坏，提升居住环境的质量。所以鄂南聚落中街巷较窄，容易形成冷巷风，改善局部的体感环境。到了夜间，白天日晒产生的热气流上升，四周河流与山林的凉气补充进来，使聚落的小气候得到有效调节。

由于对日照和纳凉的需求不同，我国各地传统聚落的格局也不尽相同，尤其在生产力低下，人工采暖、降温手段并不丰富的古代社会，聚落的组织和房屋的朝向，成为调节物理

环境的重要手段。在我国北方，为了获取阳光以补充室内的温度，房屋的间距都比较大，以避免相互遮挡。而在朝向上，建筑物主立面朝南或南偏东方向占多数，这不仅是风水堪舆或风俗习惯造成的，也是由我国所处的地理位置和气候条件所决定的。在南方地区，由于冬季气候并不十分恶劣且地理纬度低，阴雨天气多，所以建筑物的朝向并不是影响聚落形态的主导因素，民居的朝向各异，更多是受到周围地形环境的影响。

在鄂南的南部山区，还存在有明显的山地气候[3]特点，气温随着海拔高度的升高而降低，在河谷、山涧，由于冬季冷空气下沉，出现局部逆温现象[4]，早晚温差较大。

图2-1-3 干栏建筑从原始低级向成熟形态过渡的发展过程（来源：侯幼彬《中国建筑美学》）

干栏式建筑是我国南方地区普遍采用过的一种建筑样式，在鄂南的历史早期也曾出现。它的建筑形态体现了房屋对于通风的要求，同时对南方特殊气候的适应性极强（图2-1-3）。干栏式建筑下层的架空将房屋主体与潮湿的地面隔开，相对于直接接地的建筑，减少了空气流动的阻力。在夏季炎热时，房屋下聚集的热气与湿气被对流的空气驱散，室内的温度也随之降低；在逆温现象产生时，冷空气沿着山地的坡度下沉，穿过架空层沉到谷底，被挤压上升的热空气也使室内感到少许温暖，可有效缓解明显温差带来的不适，提高了居住环境的舒适度。

气候决定了自然界中水文、土壤、植被等不同的特殊性表现，以此为根基的地域性乡土文化的特征与不同地域内人们的生活习惯、行为需求也相应地产生差异。基于此种考量，聚落所处的人文环境是由气候环境所决定，聚落与气候之间有着直接且密切的联系，不同的气候条件决定了乡土聚落的不同表征。随着生产力水平的提高，在中原文化的融入与日渐强盛影响下，聚落中合院式的布局方式在鄂南逐渐成为主流，并与当地气候条件结合，形成了格局更为紧凑的天井院建筑。它虽然统一在严谨的合院形制下，但也体现出针对气候条件所作出的改变。北方的合院式建筑进入南方地区以后所产生的一系列变化，实际是同一种形态结构在不同的气候条件下作出的应变。

图2-2-1 低山、丘陵是鄂南最普遍的景观（咸安区金桂湖）（来源：咸宁市委宣传部）

2.2 以丘陵为主的地形地貌

人类的居住和劳作离不开河流湖泊，水资源对于聚落群体的生存、繁衍至关重要。受地理环境所限，我国南北方的聚落的选址截然不同。北方旱地多、雨水少，农作物多为旱作物，基本是靠天吃饭，聚落除了需要有汲取饮用水的水井以外，对河流的依赖性并不十分强烈。南方天气炎热多雨、水系发达，河流沟谷间多有冲击而成的肥沃土地，适宜于耕作和灌溉，所以择水而居、沿水而行成为了南方聚落的生存法则，即便是在山区，也是挖塘蓄水，以备生活、灌溉需要，因此南方乡村聚落的亲水性显得更强。

鄂南位于长江中游的南岸，幕阜山北麓，属于幕阜山脉与江汉平原的过渡地带（图2-2-1），地势由南边的幕阜山脉向北边的长江沿岸降低，从中山到低山，低山到丘陵，丘陵到平原逐级过渡，并且呈现出群山奔幕阜、众壑汇长江的总体趋势，呈现出复杂多样的山地特征。在科学技术与社会生产力极其有限的古代社会，房屋的建造以家族或家庭为单位进行，在自然地形复杂的区域难以做出较大的开挖与回填，只能去适应环境、顺应山水地貌，趋利避害、因地制宜地选择建造场所。

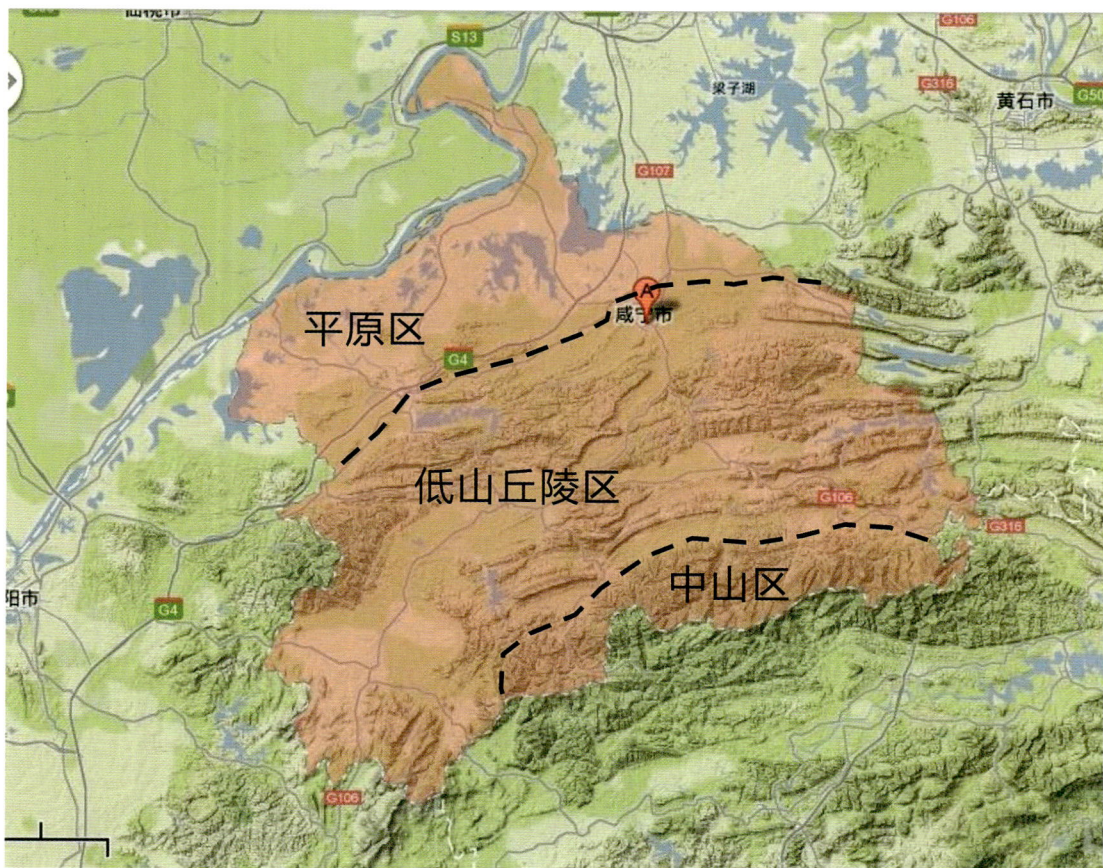

图2-2-2 鄂南地貌分区示意图

从南向北，鄂南可分为三个地貌区域（图2-2-2）。咸宁市通山县闯王镇到洪港镇以南地区为幕阜山侵蚀构造中山区。这一区域山脊陡窄，海拔约900—1500米，河流呈树枝状，切割感强烈，河谷横断面呈"V"形，多山涧急流和瀑布。山区材料运输不便，为降低房屋建造的难度，只能就地取材，再因材施建，像中山区早期所出现的石板房和茅草房，就是在选材上十分具有代表性的建筑样式。

图2-2-3 通山县石板屋顶的房屋（来源：咸宁市委宣传部）

图2-2-4 通山县富水库区的茅草房（来源：咸宁市委宣传部）

山地环境里石多、土少，石板房主要取材于当地的黑、灰板岩和页岩，简易加工成为大小不一的片状石板，再按照一定方向垒积、堆砌成坚固的房屋，主要分布在通山县的高湖、集潭、三源、山界一带，现今还能够看到少量（图2-2-3）。茅草房是将稻草割下后抿捆成束，铺盖在房顶。为了防止腐烂和增加耐久度，当地人将油菜籽炒熟后均匀地撒在茅草顶上，使其生长出青苔和杂草，对屋面起到一定的保护作用（图2-2-4）。以上两种皆是使用环境中最易获得的天然材料，依据材料本身的特性来构筑房屋。

通山县闯王镇到洪港镇一线以北，赤壁市茶庵岭镇至咸安区双溪桥镇一线以南的广大区域为大幕山至雨山的低山丘陵区，包括了阳新县地区、通山县、崇阳县、通城县、咸安区的大部分地区和赤壁市南部的部分区域。这一地

带山脊较为平缓，山脊线方向接近东西向，水系呈梳状或羽毛状分布，丘陵起伏不平，小型盆地、沿河平原错落其间。咸宁市的西北部，赤壁市茶庵岭镇至咸安区双溪桥镇一线以北的区域为平原区，海拔高约250米，水系发达，河网纵横。

丘陵区与中山区的聚落分布数量明显比平原区丰富得多。中国传统的建造思想强调依山傍水、遵循自然，所以有山有水、气候宜人的地方常被视为居住的首选，低山丘陵、湖泊众多的地形环境也成为产生和形成聚落的最佳场所。另外一个重要的原因是，在社会动荡的时期，丘陵山地地区所遭受的战争破坏比平原地区要轻，当地很多土著氏族因此得以保留了下来。阳新的《梁氏族谱》中就记载了梁氏一族历经战乱，最后幸免于难的情况："梁氏，吾兴（即兴国州）望族也，抑号旧家。自元末蕲

黄红巾贼寇掠江西，郡城当其冲，往来攻克者四。南宋时所谓衣冠族姓，胥遭窜亡灭荡焉无存。而梁氏今岿然甲第门高，生齿繁盛，居址相错。去郡六十余里，地曰小箕山，绵亘于冶湖之间，不下数十村。其余落落散布者未暇更仆数也。猗欤盛哉！……自洲公由山左东平爱湖山之胜，寄寓雉水，遂家焉。阅南宋元明，世凡几十，年凡几百，鼎湖屡徙，鸡犬不惊。"[5]元朝末年的战乱导致了南方大部分地区人口凋敝、家族衰颓，但梁氏一族依靠复杂的山地丘陵地形，分散地隐蔽在其间，有幸得以生存和延续了下来。在清朝年间也有这样的现象，在通山县"里多世家巨族，望衡对宇，鸡犬相闻"[6]。一些世家大族依靠着这里相对边缘、隐蔽的地理环境躲避灾祸、战乱，并不断地繁衍和发展，这些同族聚落多修建于山坞、山麓，或是小块的平原湖边，这种地形既有利于农田灌溉，又具有雨季排水的作用。在一些地面或水路交通的交汇处，还形成了贸易的集散地，从而发展出更大的业缘型聚落。

丰富的水资源为农田的灌溉提供了有利的自然条件，也为人们的生活、商业往来提供便利，在这些家族聚落的历史发展早期，土地与耕地还能够满足生存与发展的需要，但随着人口逐渐增多，房屋和田地也日益增多，纵横交错的丘陵与湖泊将地貌划分成若干区块，在某种程度上限制了聚居村落的发展，这种客观的地理情况决定了一些村庄的规模不可能过大。所以，为了耕作与生活的便利，一些家族村落呈现细胞式分裂模式，一分为二，二分为四，逐渐实现对整块土地的占据[7]。鄂南地貌复杂，以山地、丘陵为主，并且河流、湖泊众多，除了过境的长江，以陆水、淦水、富水为三大主要干流水系的大小河流有两百多条，500亩以上的湖泊有十九个[8]。发达的水系网络孕育了这片土地上的人民，也孕育出这里厚重的民间文化，同时，鄂南地区接纳移民较早，并且地理位置相对边缘化和封闭，遭受的战乱相对较轻，这为该地区宗族组织的发展提供了有利条件，也使这里宗族聚居的村落形态比湖北省其他地区更为普遍和典型。

2.3　山地农业的生产方式

农业是封建社会的经济命脉，农业生产在聚落的发展中起着重要作用。以手工方式耕作的农民，只能选择在耕田附近形成规模不大的聚居点。从全国范围看，鄂南地区属于水田稻作农业文化，它与黄河流域的旱地耕作文化相对应，是农业生产方式的重要组成部分（图2-3-1）。

秦岭至淮河以北、秦长城以南的黄河流域旱地农业文化区，是夏、商、周的孕育之地，夏、商、周三代文化是相对独立且又有一定继承关系的文化[9]。它们共同构成了华夏文明的主体，并共同创造了中原的"礼乐文化"。从居住的主体看，夏尚难定论，商有说是游牧起家的东夷之人，周则是西戎的一部分羌人，传说其始祖是姜嫄，也就是说，黄河流域的旱地农业文化区的居住主体——华夏族，事实上是由多民族流动、融合、混血而最终形成的。在居住形态上，华夏族的建筑样式由早期的穴居发展为后来的地面建筑，最终演化为影响大部分地区的汉族合院式建筑[10]。鄂南地处秦岭至淮河一线以南长江流域的水田稻作文化区内，按照朱光亚先生的分类，属于楚汉建筑文化圈[11]的范围（图2-3-2）。这里的地理条件与中原相比，具有更大的复杂性与多变性（图2-3-3）。鄂南属于温热多雨伏旱型气候区，可细分为中南部的幕阜山山地农业气候区，以及北部靠近江汉平原的沿江平湖低山农业气候区。山地农业是一个特殊的生态系统，具有山多地少、山大人稀、气候复杂多样的特点[12]。鄂南大部分属于低山丘陵区，兼有高山、平原和湖区，境内岭谷平行相向，山丘盆地犬牙交错，山地号称"八山一水一分田"，丘陵地带则是"一山三水六分

图2-3-1　鄂南地区与三大文化区的位置关系
高曾伟《中国民俗地理》，审图号：GS（2020）4614号
自然资源部 监制

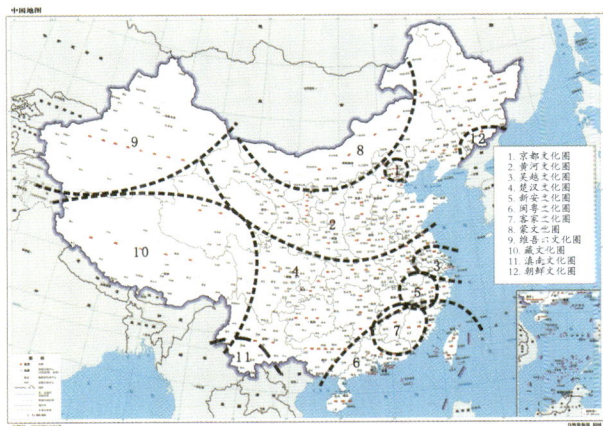

图2-3-2　中国古代建筑文化分区示意图
审图号：GS（2020）4631号 自然资源部 监制

I.30°N 鄂东南温热多雨伏旱型
I_A4: 幕阜山地农业气候区
I_A3: 鄂东南沿江平湖温暖低山农业区
II.30°N 以南沿江汉平湖温暖易涝型，记为 II_C3.
III.30°N 以北岗地山丘低温和多光多旱型
III_F2: 三北岗地气候农业区
III_E2: 荆山大洪山各县农业气候区
III_D2: 鄂东北大别山农业气候区
IV.鄂西南温和多雨少光，旱涝最少型，记为 V_G3
V.三峡河谷冬暖型
VI.鄂西北山区温凉少雨春旱型
VI_H1: 北三县农业气候区
VI_H2: 南五县农业气候区

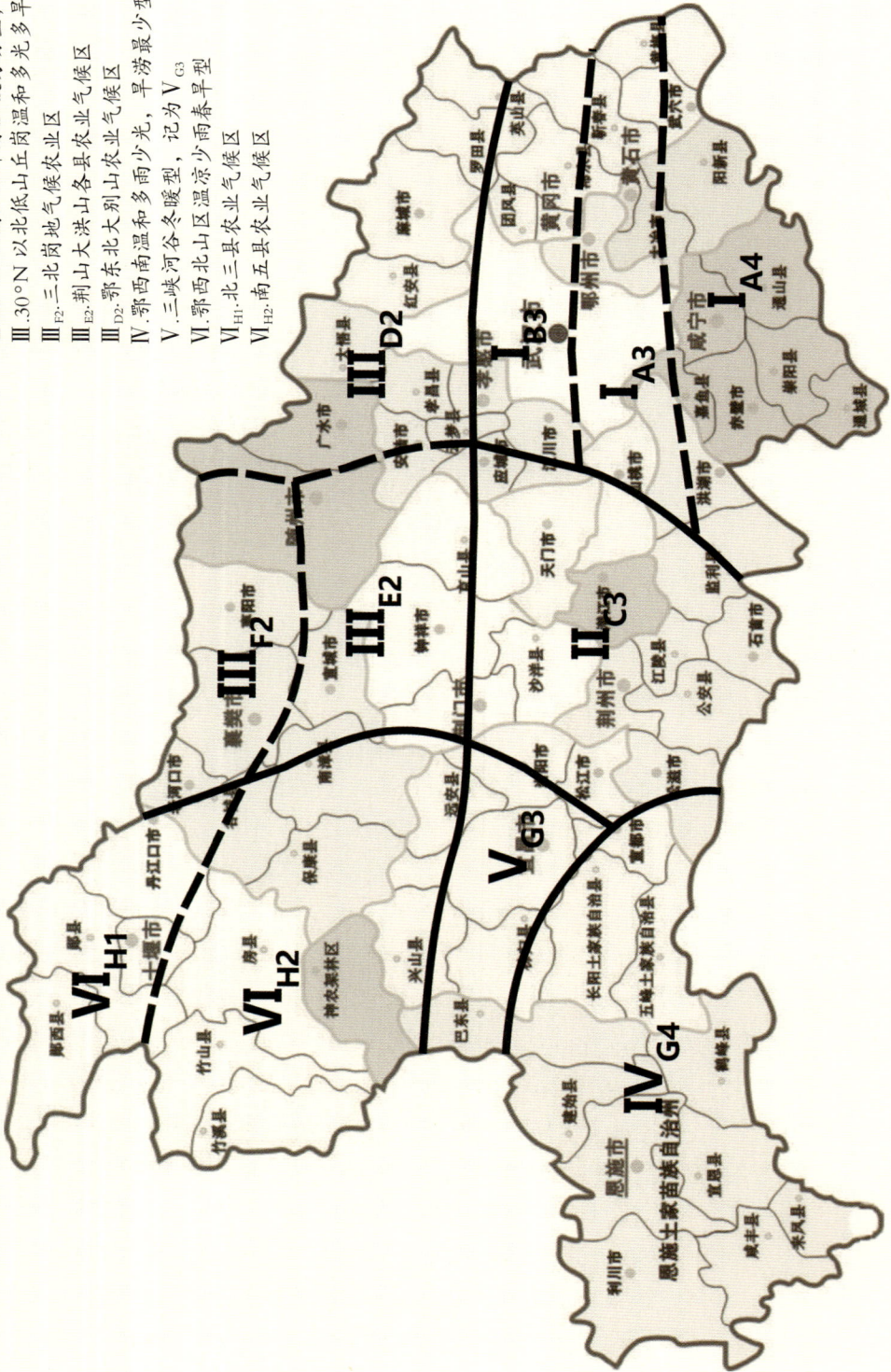

图2-3-3 湖北省简明农业气候区划图(来源：湖北省气候应用所《湖北省气候图集》)

田"，沿长江一线和湖区是平坦的冲积平原[13]。基于山地农业生产的传统聚落在区位结构特征上的表现是相对分散和孤立的，这种分散与农耕用地的分散，与农业生产的分散，与自给自足的自然经济都密不可分。农村规模的大小完全取决于周围耕地的多少及质量，农村居民点分布的距离受耕作距离的限制，一般在10里左右，或者更少，即步行时间在1小时以内的距离，总的来说还是比较分散的。[14]农业的分散性决定了农民的散居性，这是传统农业社会最具特点的聚落分布方式。

自然经济以土地作为聚落生存的基本资料，以农业活动作为聚落中最主要的经济活动。自然经济模式将农民、家庭、村落与外界联系的要求降到最低限度，每个村落就像一个自给自足的经济单元，它所需要的一切东西几乎都可以从内部得到。这种内向型经济模式以自给自足的家庭为细胞，以村落为核心，以耕作为经济活动空间[15]。聚落自给性特征的形成，是适应传统山地农业生产力发展水平的，由于生产工具和耕作技术的限制，总体生产水平仍比较低下，而大部分家庭经济的同构化也决定了聚落经济的单一化。鄂南的山地环境虽然为农业种植带来局限，但也丰富了粮食作物与其他经济作物的种类，构成了以传统农耕为主，手工业为辅的生产生活方式。传统手工业生产依附于农业生产展开，是自然经济中的重要补充，起着弥补单一生产的不足，平衡聚落中自给生活的作用。在清代的阳新县，"农勤垦植，境无况土，工不尚技巧，艺事以坚朴为贵，无巨商大贾"[16]。在通城县也是，"四野小农务农立本，五方杂处。家自为俗……男务耕凿，女攻纺织，少事商贾，士勤学问，风俗淳朴"[17]。两地都是以农业耕作为主，手工业产品主要用于满足聚落内的生活需求，并不用于对外交易和获取利润，所以装饰较少，皆以实用为标准，呈现出传统聚落早期相对封闭但自由、淳朴的风貌。

以传统农耕为主导的生产方式造就了农耕文化，要求人们在一个地方"固定"下来从事农业活动。农事离不开水，所以灌溉成为农业活动中极其重要的内容，于是一部分人从普通的农事活动中脱离出来，专门从事农田水利的管理。社会的分工促进了生产力的发展和各种社会阶层的出现，从而更进一步促进了文明的发展[18]。农耕文化相对于北方的游牧文化、沿海临江的渔猎文化，显得更加成熟，在促进社会进步方面也更具有推动力。

楠竹　　　　　　　　　　　　　　　　桂花

油菜　　　　　　　　　　　　　　　　茶叶

图2-4-1　鄂南地区常见的植物、作物景观（来源：咸宁市委宣传部）

2.4　农耕主导下的手工业组成

除了农业种植，鄂南地区的社会经济还体现出因地制宜的一面。鄂南土壤呈酸性反应，水田不少，但单产较低，主要以杉木、楠竹、茶叶、苎麻和油菜生产为其特点[19]（图2-4-1）。具体反映在造纸、制茶这两个具有代表性的手工业上。

传统聚落以自给自足的小农经济为主，在维持自身较低的生活消耗的情况下，依托于有利的物产条件，生产出剩余的农副产品用于交换，并进入市场流通，这使手工业和商业逐渐地从农业生产中分离出来，进而发展出交易的场所。随着经济的发展和居民生活水平的提高，商品量的增加与交易的逐渐频繁，在交易场所的周围出现了就近的手工业作坊、囤积货物的栈房，以及常年营业的店铺，由此也在聚落与聚落之间产生了一种新的人口聚居方式，形成集镇。随着生产方式的转变和分工的细化，集镇中的农耕色彩逐渐褪去，手工业的专业化程度大幅提高，这进一步刺激了商业的发展，使集镇最后成为纯粹的贸易中心。

图2-4-2　19世纪末的羊楼洞茶叶包装厂（来源：柯炳钟《寻茶问路》）图2-4-3　万里古茶道路线图

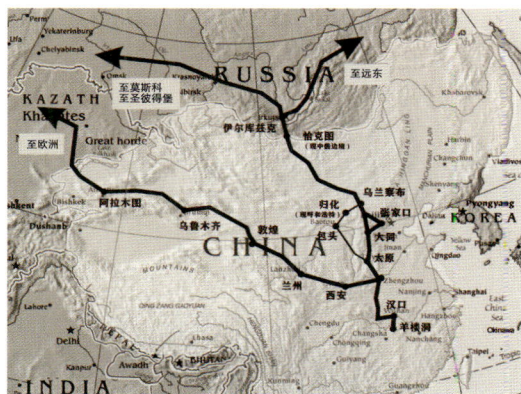

早在宋朝，鄂南就有利用楠竹造纸的传统，并且达到较高的成就。《湖北通志》引用了陆游《老学庵笔记》中对蒲圻造纸的介绍："前辈传书，多用蒲圻纸，云厚薄紧慢皆得中，性与面粘复相宜，能久不脱。"[20] 同治年间的《蒲圻县志》对造纸业的繁荣，以及利用水碓以竹造纸的方式也有记载："邑南山之东，有地曰纸棚；左有洞，右有泉，其居人曰郑氏，凡四十余户，除耕者外，悉以造纸为业；其法：取稻槁渍而春之，暴于日，而以练水筒其秽恶，复渍于水，乃去其筋络而存液，采构浆和而汇于石窠，延江南工人，批竹篾如丝为帘，如其纸之式，置于木匣，以手纳石窠水中，水之精浮结于帘上者，皆成纸胎，覆于板，叠而累之，亦各如其数。其棚在宅之外，泉之下，或覆以瓦，或以茅，夹涧而处，凡造纸之具悉庀焉。时以竹笕乘泉而泻于石窠，不用则去之。朝夕治棚下者，约百余人。每岁值可获五六千金。凡此数十户，一切食用皆取给于此。"[21] 由于充足的竹资源和有利的水利条件，鄂南的造纸业成为了颇具规模的代表性手工行业。在现在的咸宁市境内，仍保留了不少叫"纸棚"的地名，如崇阳县白霓镇的纸棚村、通城县四庄乡的纸棚村、赤壁市陆水湖北岸的纸棚郑家等。

茶叶是鄂南最主要的经济作物，肥沃的土地、密布的泉水、充沛的雨量，以及充足的日照时间，都为茶树的生长提供了有利条件。赤壁市的羊楼洞镇自唐代开始种植茶叶，到明代嘉靖年间（1522—1566年）随着制茶业的兴起而形成集镇，由于地理位置便利，逐渐发展成为湖北、江西、湖南三省的茶叶贸易集散地。山西、广东等地的商人开始来此设立茶庄（图2-4-2）。鸦片战争以后，汉口成为通商口岸，俄、日、美、德等国商人也纷纷前往羊楼洞来开设茶庄，收购并加工茶叶，再转销到世界各地，羊楼洞一跃成为国际茶贸重镇，被誉为"万里茶道"的源头（图2-4-3）。

图2-4-4 清代茶农用独轮车将茶叶运至赵李桥转火车运往汉口
（来源：柯炳钟《寻茶问路》）

图2-4-5 清代晚期由汽车将砖茶运至赵李桥火车站
（来源：柯炳钟《寻茶问路》）

当地生产的茶叶品种有红茶、绿茶、砖茶。红茶主要销往英国，绿茶主要销往美国，砖茶主要销往俄国和我国的北方各地。在制茶业最为兴盛的时期，羊楼洞镇有五条街道，两百余家商旅店铺，人口达到四万余人（图2-4-4、图2-4-5）。同治年间的《崇阳县志》中记载了其街道的繁盛与嘈杂："今四山俱种，山民籍以为业。往年茶皆山西商客买于蒲邑之羊楼洞，延及邑西沙坪。……自海客入山，城乡茶市、牙侩日增，同郡邻省相近州县，各处贩客云集，舟车肩挑，水陆如织。木工、锡工、竹工、漆工，筛茶之男工、拣茶之女工，日夜歌笑市中，声成雷，汗成雨。食者既多，加以贩客搬运，茶来米去，以致市中百物，一切昂贵，而居民坐困。"[22]羊楼洞是一座因茶而建、因茶而兴的集镇，茶叶加工与茶叶贸易的历史背景，决定了古镇形成与演变的轨迹。出于贸易流通的需要，小镇街随河走、屋随河建，街道与建筑的布局、样式，都深受商业发展的影响，居民起居、交往、贸易等活动沿着街道展开，丰富了交往的空间，各条街巷门户鳞次栉比、山墙错落有致，形成丰富多变的街道景观。

注释：

[1]戴志中．中国西南地域建筑文化[M]．武汉：湖北教育出版社，2003：18.

[2]戴志中．中国西南地域建筑文化[M]．武汉：湖北教育出版社，2003：18.

[3]山地气候（Mountain Climate）：属局地气候，多出现于地面起伏大，山峰与谷底相间的多山区域，以类型繁多、地区差异大、垂直性强为其特征。

[4]逆温现象（Temperature Inversion）：是对流层中由于气温垂直分布而产生的一种特殊现象，即在对流层中出现的气温随地形高度增加而升高的情况。主要形成原因有两种：a. 地面辐射冷却。在晴朗无风或微风的夜间，地面温度很容易产生快速辐射冷却，使贴近地面的大气层的温度也随之降低。由于空气越接近地面，所受的地面影响就越大，所以空气离地面越近则降温越多，反之则越少，因此形成了自地面开始的逆温。随着地面辐射冷却速度的加剧，逆温现象逐渐向上方延伸，并在黎明时达到最强。一般日出后，太阳辐射逐渐增强，地面很快增温，逆温便从下至上逐渐消失。夏季夜短，逆温层较薄，消失较快；冬季夜长，逆温层较厚，消失缓慢。b. 空气下沉。常发生在山地，山坡，冷空气沿着山坡下沉到谷底，使得谷底原来的暖空气被抬挤上升，从而呈现温度的倒置现象。这样的逆温主要是在一定的地形条件下形成，所以也被称为地形逆温。鄂南南部山区的逆温现象，主要是由第二种原因造成。

[5]（阳新县）梁氏宗谱：卷首 梁氏倡修宗谱序．1988（重修本）.

[6]（清）通山县志：卷一 舆地志·乡里.

[7]杨国安．空间与秩序：明清以来鄂东南地区的村落祠堂与家族社会[J]．中国社会历史评论，2008（1）.

[8]咸宁市政协文史资料和学习委员会．品读咸宁[M]．北京：三辰影库音像出版社，2009：59.

[9]高曾伟．中国民俗地理[M]．苏州：苏州大学出版社，1999.

[10]李惠芳．中国民俗大系：湖北民俗[M]．兰州：甘肃人民出版社，2004：12.

[11]朱先生在《中国古代建筑区划与谱系研究初探》一文中，将中国古代建筑用亚文化圈的概念来作出表述，将其分为京都文化圈、黄河文化圈、吴越文化圈、楚汉文化圈、新安文化区、闽粤文化区、客家文化圈七个文化圈。楚汉文化圈通行于东起安徽经湖北、江西、湖南直达四川盆地，西南跨越贵州达到云南的广阔地域。矢光亚．中国古代建筑区划分与谱系研究初探[A]．陆元鼎，潘安．中国传统民居营造与技术[C]．广州：华南理工大学出版社，2002：7-8.

[12]沈康荣．山地农业三十年[M]．北京：中国农业科学技术出版社，2008：6.

[13]李惠芳．中国民俗大系：湖北民俗[M]．兰州：甘肃人民出版社，2004：5.

[14]孙大章．中国民居研究[M]．北京：中国建筑工业出版社，2004：471.

[15]赵之枫．传统村镇聚落空间解析[M]．北京：中国农业科学技术出版社，2015：8．

[16]（清）吴大训等．中国地方志集成：湖北府县志辑：光绪兴国州志 [M]．南京：江苏古籍出版社，
　　2001．

[17]通城县志编纂委员会．通城县志[M]．湖北省通城县志编纂委员会，1985．

[18]戴志中．中国西南地域建筑文化[M]．武汉：湖北教育出版社，2003：74．

[19]李惠芳．中国民俗大系：湖北民俗[M]．兰州：甘肃人民出版社，2004：5．

[20]湖北省地方志编纂委员会．湖北通志[M]．武汉：湖北人民出版社，2010．

[21]蒲圻县地方志编纂委员会．中国地方志集成：湖北府县志辑·32　同治江夏县志·同治蒲圻县志
　　[M]．南京：江苏古籍出版社，2001．

[22]崇阳县志编纂委员会．崇阳县志[M]．武汉：武汉大学出版社，1991．

地域文化（Regioral Culture）或称"区域文化"，是一门研究人类文化空间组合的地理人文学科，在某种意义上等同于文化地理学，它们都是以广义的文化领域作为研究对象，探讨附加在自然景观之上的人类活动形态、文化区域的地理特征、环境与文化的关系、文化传播的路线和走向以及人类的行为系统，包括民俗传统、经济体系、宗教信仰、文学艺术、社会组织等等。但在某些方面，地域文化又与文化地理学有着明显的区别。一般来说，文化地理学是以地理学为中心展开文化探讨的，其中"地区"概念具有极强的地理学意义，它区域明确，系统稳定，与现实的"地区"是吻合的。而地域文化是以历史地理学为中心展开的文化探讨，其"地域"的概念通常是沿袭自古代或者俗称的历史区域，它在产生之初当然是精确的，但在漫长的历史中逐渐泯灭了地理学意义，变得疆域模糊：景物易貌，人丁迁移，只剩下大致的所在区了[1]。

随着历史进程的推移，"地区"的精确性逐渐下降，通过历史文化来分界的模糊的"地域"概念，更加为人们所接受。鄂南相对优越的自然条件，孕育了这里悠久而古老的历史文明，作为人类早期活动的地区之一，至少在五千年前的石器时代，在幕阜山脉和长江之间就生活着一些原始部落，并发展出了一定规模的聚落。

3.1　先秦时期的建筑雏形

在距今约 5000 年的新石器时代，鄂南地区就有人类居住生活的痕迹，人们在这里定居、繁衍，并利用石器进行生产活动。新中国成立以后，在鄂南各地都陆续有新石器时代的遗址被发现，这些遗址多沿河分布，集中在陆水、淦水、富水三大流域（表 3-1）。人类在从事生产活动的早期阶段——狩猎、采集时期，对大自然的依赖性极强，这些看似散落各处的生活遗址，大多都是依山临水，具有渔猎农耕之利。

表 3-1　鄂南地区新石器时代遗址分布与出土情况

遗址流域	遗址地点	遗址名称	遗址情况
陆水流域	通城县麦市镇陈墩村尧家林	尧家林遗址	距今约 4500 — 5000 年左右，与龙山文化接近，兼有南越文化因素。
	嘉鱼县陆溪镇	界石遗址	跨越新石器时代到夏、商、周代。出土鼎、豆、罐等。
	崇阳县沙坪镇进口村	戴家窝遗址	新石器时代遗址。出土石斧、陶网、大量瓦片。
淦水流域	咸安区龙潭蛇山	蛇山遗址	新石器晚期。出土石斧、陶片等。
	咸安区黄畈村背后山河右岸	背后山遗址	年代晚于蛇山遗址。出土鬲、鼎、缸等陶器。
	咸安区龙潭大畈淦水拐弯处	猫儿山遗址	新石器时代晚期。内含灰烬与烧土层，出土石斧、石凿及陶碗等。
	咸安区窑嘴村伍家湾	雷打半边遗址	新石器时代的龙山文化晚期至春秋之际。遗物以红陶为主。
富水流域	通山县燕夏乡	黄金岭遗址	出土石箭、双孔石刀。
	通山县横石潭镇	墩头山遗址	出土石斧、石刀，绳纹、布纹陶片、陶器。
	通山县大畈官塘	磨盘山遗址	出土石矛、石刀，以及陶片等。

3.1.1　历史背景

　　鄂南在古代曾属于三苗的疆域。在距今四千多年以前，华夏部落联盟黄帝的后代，先后形成了以尧、舜、禹为领袖的北方部落联盟，为了掠夺土地，与三苗集团进行长期的征战，使得战败的三苗不得不向中国的南部地区迁移。《战国策·魏策二》记载："昔者三苗之居，左彭蠡之波，右洞庭之水，汶山在其南，而衡山在其北。"[2]其他记载，如《史记·吴起列传》"昔三苗氏，左洞庭，右彭蠡。"[3]《淮南子·修务训》高诱注："三苗，在彭蠡、洞庭之野。"[4]都可以表明，三苗聚居与活动的区域在洞庭、彭蠡之间。关于洞庭、彭蠡所在之地，则存在着不同看法，《史记·五帝本纪》正义载："洞庭，湖名，在岳州巴陵西南一里，南与青草湖连。彭蠡，湖名，在江州浔阳县东南五十二里，以天子在北，故洞庭在西为左，彭蠡在东为右，今江州、鄂州、岳州，三苗之地也。"这是一种流行的解释，多为后世舆地册籍所袭用，要言之，即在今洞庭湖与鄱阳湖之间[5]。这一古老民族的人民也被称为"三苗民""有苗""有苗氏""苗民"。1982年，在通城县药姑山（古名龙窑山）发掘的尧家林文化遗址，发现有垒石堆砌的房屋基址（图3-1-1、图3-1-2）、水渠、水井、哨卡等人类聚居的痕迹，出土各种石斧、石锛、石铲、石刀、石凿等石器与石制的祭祀神台（图3-1-3），以及鼎、盘、碗、罐等陶器300余件，瑶族特色银佩饰、脚箍等装饰品100多种。考古研究表明，遗址距今约5000年，与湖北龙山文化面貌相近，又具南方百越文化的因素，是一个典型的新石器时代晚期文化遗址[6]。在2001年的《龙窑山千家峒认定意见书》中，该区域被认为是瑶族历史上最早期的千家峒，并确认药姑山是瑶族先民的发源地。

图3-1-1　石砌房屋基址（龚益来 摄）

图3-1-2　石砌房屋基址（龚益来 摄）

图3-1-3　石制祭祀神台（来源：通山县博物馆）

周朝，咸宁处于楚国和麋国（今岳阳）、罗国（今平江）、艾国（今修水）、鄂国（今湖北鄂州）等小国之间。熊渠继任楚国国君后，国力增强，后方稳固，开始有重点有选择地攻打邻国，开拓边境。《史记·楚世家》记载："周夷王之时，王室微，诸侯或不朝、相伐；熊渠甚得江汉间民和，乃兴兵伐庸、杨粤（扬越），至于鄂；……乃立其长子康为句亶王，中子红为鄂王，少子执疵为越章王，皆在江上楚蛮之地。"[7] 照此分析，鄂应在扬越范围以内，而并非与扬越并列，咸宁、江夏、鄂州、大冶四县区交界之处属于鄂王故城的遗址，则咸宁地区应属于古鄂国。

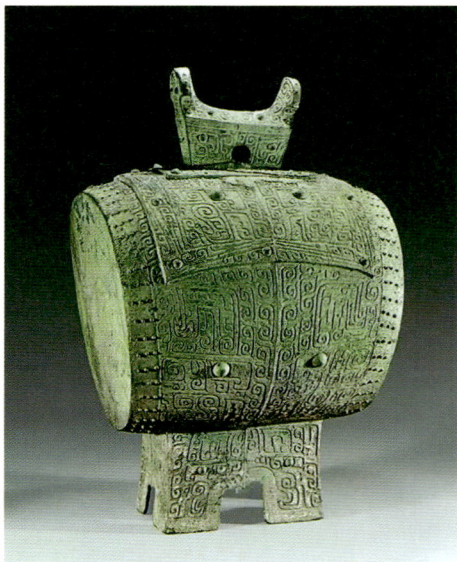

图3-1-4 商代饕餮纹青铜鼓（来源：通山县博物馆）

在楚伐扬越之后，咸宁地域正式纳入楚国版图。虽然对于这一地区的文献记载付诸阙如，但大量的出土文物可提供想象和研究的空间。宋代时，在嘉鱼太平湖出土"楚公镈钟"，铭文为"楚公为自作宝大镈钟孙子其永宝"，应为楚王熊仪之物。若敖在位27年，即周宣王三十七年（公元前791年）至周平王七年（公元前764年），镈钟当作于此段时间。新中国成立以后，在通山县境内发现有春秋青铜剑和铜戈，战国铜鼎、铜甬钟和铜矛；在通城县发现有西周乐器云雷纹甬钟；在咸安区发现有战国青铜剑；在赤壁发现战国乳丁纹铜编钟；在崇阳县发现春秋时期的青铜鼎、簠壶，战国青铜剑，以及震动中国文博界的商代铜鼓（图3-1-4）。这座商代兽面纹铜鼓是我国迄今为止发现得最早的一件木腔皮鼓型铜鼓，很大程度上是商代晚期遗留下来的战鼓，并与文献所载的"武丁征伐荆楚"有关。崇阳县肖岭乡五塘畈，还发现一处春秋时期的城址，至今仍留有西南两面城墙。

3.1.2 原始雏形

原始社会人们居住条件的演变与文化的进程存在着对应的关系。楚国灿烂的楚文化既是人们生活状态以及生存智慧的集中体现，也影响到楚国各地乃至周围地区的建筑风格及居住文化，它是拥有数千年发展历程的长江流域的文化，是人类黎明时期的几个古老文化之一[8]。迄今为止，在湖北境内发现的古人类化石和旧石器时代的遗址，几乎分布于各个地区，无论是旧石器时代晚期还是新石器时代早期，都还没有出现黄河流域那种以"横穴"为起点的穴居序列[9]，说明在这一时期，长江流域的楚地居民，并没有黄河流域先民那样的穴居经历。在《楚国的建筑与城市》一书中，作者通过对长江南岸洞庭湖滨澧县的一处旧石器时代中期遗址[10]的分析，认为该遗址地处低洼的湖区，文化层并非洞穴堆积，同时这里没有天然形成的洞穴，也没有人工掘穴的有利条件，虽然没有架空巢居的直接证明，但除此以外也并没有别的更好的居住办法。所以，7000年前先进的河姆渡"干栏式"正是源于楚国的建筑形式[11]。而这种说法也被多数学者所认可，《论干栏式建筑的起源与发展》一文也认为："干栏式建筑在我国古代曾广泛流行于长江流域及其以南，可以说，整个南中国都是以干栏式建筑形制为主。"[12]（图3-1-5）

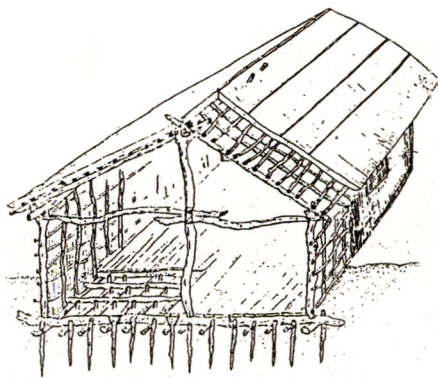

图3-1-5 早期的干栏式建筑复原图
（来源：刘致平《中国居住建筑简史》）

干栏式建筑的形成与发展，与南方特定的地理环境密不可分。鄂南属于亚热带季风气候，炎热、多雨，有害动物众多，人们为了躲避猛兽，本能地需要采取巢居的方式。从春秋晚期吴国铜盘上的纹饰可以看出，干栏式建筑物的下方和周围，有明显的禽兽活动（图3-1-6）。《庄子》曾描述："古者禽兽多而人民少，于是民皆巢居以避之。"[13]《韩非子·五蠹》也有类似记载："上古之世，人民少而禽兽众，人民不胜禽兽虫蛇。有圣人

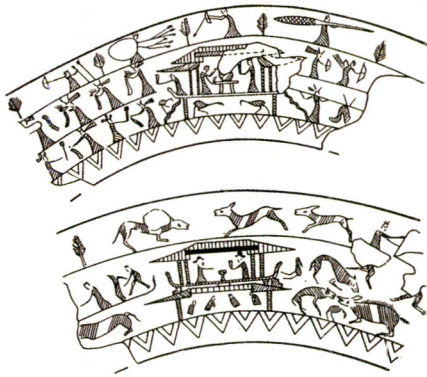

图3-1-6 铜盘上的人类生活场景纹样
（来源：高介华、刘玉堂《楚国的城市与建筑》）

图3-1-7 崇阳县石城镇石门村的干栏式建筑（杨昀琰 摄）

作，构木为巢，以避群害，而民悦之，使王天下，号之曰有巢氏。"[14] 在野兽多而人民少的时期，人类无法展开有效的对抗和驱逐行为，只能采取躲避和回避原则，所以才有干栏式建筑的产生。而在鄂南多丘陵、多湖泊的地形条件下，干栏式建筑更能适应高低起伏的基地状况，这些构造简易、方便的房屋搭建在一起，形成了最原始的聚落雏形。

干栏式建筑通常选择在河道旁的滨水低洼地带，多为冲积平原沼泽地，以未加工的圆木或加工过的方木作为桩柱，墙体以竹竿、树枝编织，里外抹泥，屋顶则用树枝或竹竿编夹树皮，建筑方法有篾片绑扎，也有穿榫结构，居住面一般高出地面，栽桩架板，也有立柱式地面建筑[15]（图3-1-7）。这种纵横相连的棚架组合结构，具有构件小、围护轻巧、便于装饰的特点。由棚架发展而成的穿斗式结构更是成为了南方建筑中的主流[16]。所以也有学者认为相对于穴居体系，干栏式建筑对中国传统木构件体系的发展有着更为重大的影响和作用[17]。

3.2　秦汉时期中原文化的融入

3.2.1　历史背景

图3-2-1　嘉鱼县鲁肃三夫人墓（来源：咸宁市委宣传部）

公元前208年，楚国郢都被秦将白起带兵攻占，楚国被纳入了秦国的版图，随后秦分楚为三郡，在楚都设南郡，湖北南部的大部分地区便是属于南郡。

汉高祖五年（公元前202年）置下隽县，隶属长沙国。汉高祖六年（公元前201年）分南郡，始置夏雉县、沙羡县，属江夏郡。今咸宁市域在当时分属三县：西部属长沙国下隽县，包括今天的崇阳、通城、赤壁和咸安区西南部以及湖南的岳阳、临湘；北部属江夏郡沙羡县，包括今天的咸安区东北部、赤壁市沿江地区、嘉鱼县大部、武汉市江夏区；东部属夏雉县，包括今天的通山和黄石。汉武帝元封四年（公元前106年），划全国为十三个州，其中荆州总领江夏等七个州郡，咸宁市域属江夏郡。

东汉末年，著名的赤壁之战在今湖北汉口与江陵之间的长江沿岸爆发，此战役为之后三国鼎立的格局形成奠定了根基。赤壁之战的烽烟尚未散去，孙权和刘备又展开了对荆州的争夺，咸宁成了东吴的军事前沿。鲁肃（图3-2-1）、吕蒙、陆逊、潘璋、吕岱等先后驻扎陆口（今嘉鱼陆溪）。魏黄初二年（公元221年）四月，孙权都鄂，并改名武昌，内辖武昌、寻阳、阳新、下雉、沙羡、柴桑六县；吴黄武二年（公元223年）孙权分下隽地，置蒲圻县（今赤壁市），包括今天的赤壁市和嘉鱼县全境、咸安区部分地域，蒲圻县属长沙郡，通山县域属阳新县。

东汉到两晋时期，由于黄河流域地区的长期战乱和自然灾害，人民生活凄苦。在永嘉之乱后，大批北方人民纷纷南迁，这即是历史上第一次大规模的人口迁徙。

大量人口从黄河流域迁移到长江流域，他们以宗族、部落、宾客和乡里等关系结队迁移，大部分东移到江淮地区，因为当时秦岭以南、淮河和汉水流域的一片土地还是相对稳定的，也有部分人南迁到太湖以南的吴、吴兴、会稽三郡，也有一些迁入金衢盆地和抚河流域，再有部分则沿汉水流域西迁到西川盆地[18]。这次大规模的由北向南的大迁徙，造就了长江流域经济、文化的大发展。规模性的移民运动实际上可以看作是文化与先进生产力的迁移。南北地区的自然环境、人文习俗以及历史社会因素都存在客观差异，来自北方的移民将北方的文化观念带到南方，给南方社会的居住与生活方式带来一定程度的影响，也促使不同文化在移民社会中相互交流融合，从而焕发出新的生机，并产生新的文化特征。随后，蜀汉政权、孙吴政权与中原的曹魏政权三雄割据，形成了长达半个世纪之久的三国鼎立局面。长时间的社会稳定，为长江流域的经济繁荣和文化发展创造了必要条件。人类社会的生产生活与社会活动的正常进行，均是建立在一定密度的人口数量这一基础之上的，大量移民的定居过程也成为长江流域经济恢复的过程，这些移民重新构成了南方社会经济活动的主体。既然主体文化的性质与形态已经转变，那么文化的调控机制也将随之变化，这势必影响到社会的政治经济制度、社会组织方式以及人们的价值观、生活方式等等，而这些组成文化的深层因子的变化将最终在其物质层面上表现出来[19]。

西晋太康元年（公元280年），晋灭吴，下隽、蒲圻改属荆州长沙郡，设沙阳堡（嘉鱼）为沙阳县，隶属于武昌郡。公元291年，北方爆发了为期十六年的"八王之乱"，随之西晋灭亡。在这十六年中，参战的诸王相继败亡，国家空虚，民生凋零，社会经济遭到严重破坏。中原汉军力量颓败，胡人趁机起兵反抗西晋并导致中原大乱。此后的百余年间，先后形成了数十个强弱不等的政权，被称为"五胡十六国"。北方的混乱战局导致大批的人口避乱南方。公元317年，东晋建立，成帝咸和年间（公元326—334年）在金口侨置了汝南县，今咸安区所处的地域便是属于汝南县。公元420年，刘裕废晋自立，南方进入了宋、齐、梁、陈四个朝代，统称为南朝。南朝文化繁荣，武力昌盛，并大力发展工商业，局面相对于北朝更为安定。鄂南地区的行政建置在南朝变化较大，赤壁、通城、崇阳的地域范围时而属于巴陵郡，时而属于江夏郡，通城县的地域在南齐永元元年（公元499年）被设为锡山市，在梁朝大同五年（公元539年）又被设为乐化县，沙阳县一度被废县，并先后成为江夏郡郡治、沙州州治。

3.2.2 基本结构

在中原文化的影响下，南方建筑的木构体系日趋成熟，同时砖石建筑和拱券结构也有了发展。木构建筑虽然没有遗物，但从当阳、襄阳、云梦等地出土的画像石及明器陶屋（图3-2-2）等间接资料来看，抬梁式与穿斗式两种结构体系已经形成，作为中国古代木构建筑显著特点之一的斗栱，已经普遍使用[20]。同时，北方具有代表性的合院式建筑形式开始形成，从两千年前的汉代画像砖上可以看到，住宅由单栋的房屋围合而成，组成院落式的群体（图3-2-3）。庭院分为左右两部分，左边又分为前后两重院落，由四周的房屋和廊庑围合而成，从前面的大门进院穿过中间的房屋再到后院的主要堂屋；右边应当是附属的部分，这里有厨房、水井，还有一座高起的楼台，想必是作瞭望之用；画面的堂屋正中有人席地而坐，西侧的院内有工作打扫的家丁，庭院中还饲养了鸡、狗以及雀鸟等动物。这应是对一座官吏或富户的住宅的体现[21]。围合式院落的住宅形式随着中原文化一起被传入南方社会，并根据当地的地域特征产生简化与变形，既具有围合式的建筑特征，又针对本地气候环境进行改良，逐渐发展出自身的建筑特色。

图3-2-2　通山大畈熊家山出土的南朝陶屋（来源：通山县博物馆）

图3-2-3　汉代画像砖上的院落建筑（来源：中国科学院自然科学史研究所《中国古代建筑技术史》）

3.3 唐宋时期持续稳定的发展

3.3.1 历史背景

隋朝统一后，于开皇九年（公元 589 年）并嘉鱼入蒲圻县；开皇十二年（公元 592 年），崇阳、通城所在的乐化、下隽并入蒲圻县，改阳新为永兴，通山属永兴县。唐贞观七年（公元 663 年），以沙阳县地置为鲇渎镇；唐天宝元年（公元 724 年），分蒲圻南境置唐年县（今通城、崇阳），隶属鄂州；大历三年（公元 768 年），在今咸安区境内置永安镇，今咸宁市市域先后隶荆州江夏郡、武昌郡 [22]。在唐朝，湖北南部所属的鄂州地区，在农业生产与手工业方面都取得了相当高的成就，麻丝织与竹编工艺天下闻名，茶叶等经济作物的生产与贸易空前繁荣。

唐朝灭亡后的五代十国时期，杨行密 [23] 于公元 902 年建立了吴国，公元 907 年，马殷在幕阜山脉的南面建立了楚国。鄂南地属杨吴，刚好处于吴楚之交，为了改变唐朝末年民生凄凉的局面，杨吴停止战争，并和相邻的割据势力保持互不侵犯的关系，同时还采取一系列安抚民众的政策，安置流民，恢复生产。公元 937 年，李昪灭吴后建立了南唐，仍然延续"与民休息"的治理方针，鼓励发展农耕、养殖业与手工业。保大九年（公元 951 年），南唐灭楚，升鲇渎镇为嘉鱼县；保大十三年（公元 955 年），改永安镇为永安县；北宋乾德二年（公元 964 年）[24]，南唐分永兴县，始置通山县，隶属

于鄂州。在同治《咸宁县志·沿革》中有记载："咸在禹时为荆，史记鬻熊子事文王，其孙熊绎事成王，绎孙渠甚得江汉民，伐庸荡粤至于鄂，封中子红为鄂王。汉置江夏郡，黄祖始于沙羡置邑，吴置武昌郡，晋咸和中置汝南郡，南北朝为郢州，为北新洲。隋为鄂州，唐天宝仍为江夏，大历三年割金城、丰乐、宜化三乡置镇，吴乾贞三年改为永安场，南唐保大十三年始升为永安县，北宋景德四年更名咸宁县，属鄂州，哲宗元祐元年又割蒲圻长乐以益之，元属武昌路，明改路为府，咸宁属焉，国朝因之。"[25] 可见，自保大十三年，即公元 955 年起，在先后划分出江夏郡金城乡、宣化乡、丰乐乡与蒲圻的长乐乡以后，四乡合设永安县并基本稳定下来，成为咸宁县的前身，这一行政区划体制直到清朝末年都没有发生显著变化（图 3-3-1）。永安县各城镇发展较为缓慢，且发展规模均比较小。在《咸宁县志·疆域》中记载："古者，万二千五百人为乡，咸之有四乡，其古制钦，曰非也。……又按唐《九州志》一万户以上为望县，七千户以上为紧县，五千户以上为下县，咸十户为一甲，十甲为一里。今十又六里计户仅当下县三分之一，兹非邑之最小者乎钦？"[26] 咸宁还是一个最小规模的县城。

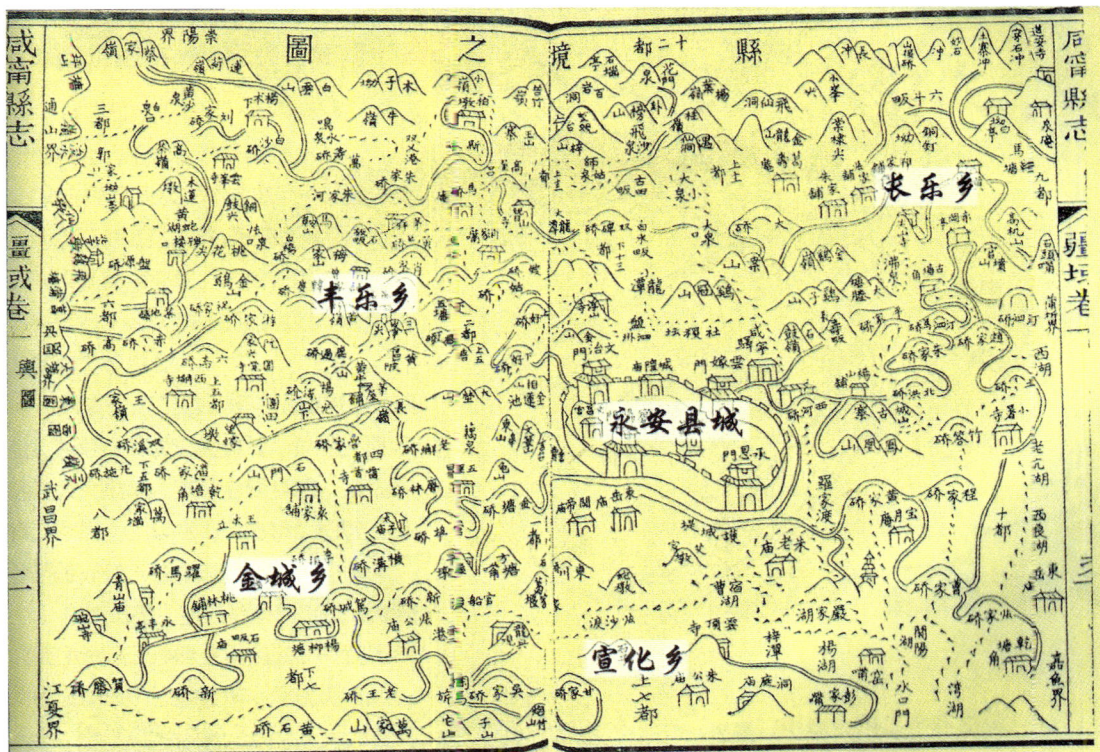

图3-3-1 永安县四乡（来源：清同治《咸宁县志》）

北宋建国三年以后，统一全国的战争爆发。开宝七年（公元974年）十一月十五日，宋军攻鄂州（治江夏，即湖北武昌）；二十七日，宋军攻破江宁城，李煜奉表投降，南唐天亡，市域[27]归宋；开宝八年（公元975年）置崇阳县；宋真宗景德四年（公元1007年）改永安县为咸宁县（今咸安区）；熙宁五年（公元1072年）分崇阳县，置通城县。宋元时，市域大部分属宋荆湖北路武昌军、荆湖北路鄂州、元湖广行省武昌路。通山在太平兴国二年（公元977年）以后长达三百多年时间内，历属江南西道、江西路、江淮行省蕲黄道、江西道，直到元至元三十年（公元1293年），才改属湖广行省兴国路。元末，农民政权韩宋龙凤十年（公元1364年）改置武昌府、兴国府，市域各县分隶两府[28]。

北宋时期，张咏、崔遵度、蒋之奇等著名的官员曾在鄂南任职，这些官员的到来往往会带来一批旧地的家族。在蒋之奇任通山县令期间，通山的人口就由原来的3000余口，迅速扩大了三倍。官员的频繁调动促进南方社会的人口流动与文化交流。在政府的扶持与鼓励下，他们兴修水利、发展桑蚕、兴办教育。生产力的发展促进了生产工具的改进，农田排灌的改良，提高了农田复种指数和粮食产量，鄂南地区的各种经济作物的种植规模和产量都有所扩大，其中比较突出的有茶叶、桑蚕、麻棉等。元至元二十六年（公元1289年），湖广设木棉提举司[29]，"责民岁输木棉十万匹，以都提举司总之"[30]；元统元年（公元1333年）又在湖广设榷茶提举司[31]。与此同时，造纸、纺织等手工业也发展到较高水平，尤其是蒲圻的造纸技术。随着科技的进步、农业生产水平的提高，手工业的发展，在交通便利的城郭周边，还出现了用于交换物品的草市。

3.3.2　制度影响

传统聚落的形成是自发且多元的，它与所处地域的经济、社会、文化结构关系密切。聚落的社会组织形态从人员组成上看，可分为家族聚落与杂居聚落两种。家族聚落是由血缘关系构成的社会群体，是一姓家族分户聚居的村落；杂姓聚落则是在自然灾害、社会战乱的影响下，出于自身安全的需求，被动形成的聚居场所。在家族聚落中大多由族长来负责聚落中的组织管理，在杂居聚落中，也会由占大多数的家族族长管理村落。同时，在制度上还存在着系统的组织管理体系。王安石变法后，在乡村基层社会实行保甲制，以十家为一保，五十家为一大保，十大保为一都保。每保设置一人为保长，每大保设置一人为大保长，让主户有能力的人充当。保甲制采用了与自然村落组织完全不同的方式来进行编组，建立起了新的乡村结构，但是，在实行保甲制时，政府不会为了正好组成十家而迁移居民，所以自然村落的社会结构并不会被改变。这种做法，一方面减少了地方村落组织的影响力；另一方面，以户或家为基准，以中国传统的家庭为单位，从聚落形态上产生一种无形的力量，把各种人、户、村落冻结、固定在各自的土地上，限制了人口（家庭）的迁徙。[32] 血缘与制度的双重影响，是乡村聚落得以稳定发展的前提。

唐宋时期的人才选拔依托于科举制度，对于社会各等级的人来说，只要科举中第便可以走上仕途，跻身士大夫阶层，学而优则仕成为了读书人改变自己命运的出路。随着科举制度的发展，士族与庶族之间的界限被打破，宗族制度受到了巨大的冲击。宗族制度在中国的封建社会中，是用以维持家族关系的重要手段。尽管这一时期的皇族、贵族仍然强大，但皆是以官僚宗族为主体，而从民间情况来看，宗族从总体上说已进入无特权时代，再加以唐末农民战争和五代战乱的冲击，宗族关系渐趋松弛。宗族关系的松弛必然带来孝悌、忠义等伦理观念的弱化，这对封建专制统治是极为不利的。因此宋朝统治者认为"非孝弟不足以敦本"，极其重视宗族制度的建设。经过地主阶级的一番努力，以"敬宗收族"为突出特征的宗族制度在宋代社会逐渐确立下来。[33] 对外，它起到了巩固阶级统治、维护社会秩序的作用；对内，加强了对家族成员的控制，发挥了增加聚落内部凝聚力的功能。

3.4　明清时期大移民的影响

3.4.1　历史背景

鄂南地区在历史上经历过多次的文化冲击，其中以移民对文化的影响最大，因为在传播媒介并不发达的传统社会中，人口往往是文化传播的主要载体。

北宋末年由于金兵扰乱中京，发生了著名的"靖康之难"，导致了中州百姓再一次大规模南迁。这次南迁也是中国历史上规模最大的一次移民，它使南方的人口第一次在数量上超过了北方，对江南文化产生了重要的影响，最终人口、经济、文化都由北边的黄河流域至南边的长江流域形成转移。此后，中原人民持续南迁，在宋末元初、元末明初、明末清初这几段

朝代交替、社会动荡的时期，长江中下游地区的人口在全国总人口中的比例逐渐增加。由于鄂南地处湘鄂赣交界的边缘地区，且各县地形皆为丘陵山地，所受到的战争破坏比中部的平原地区要轻，从宋元时期就已迁入的土著氏族保留下来的，也较湖北其他地区更多，而且即便是由于元末明初的战乱有所逃散，战事甫定，逃散的土著大多回归故乡，所以有学者称鄂东南地区在明初洪武年间为人口补充式的移民区[34]。"洪武大移民"中，在湖北地区，江西籍的移民仍是主流，占到了百分之七十[35]（图3-4-1）。

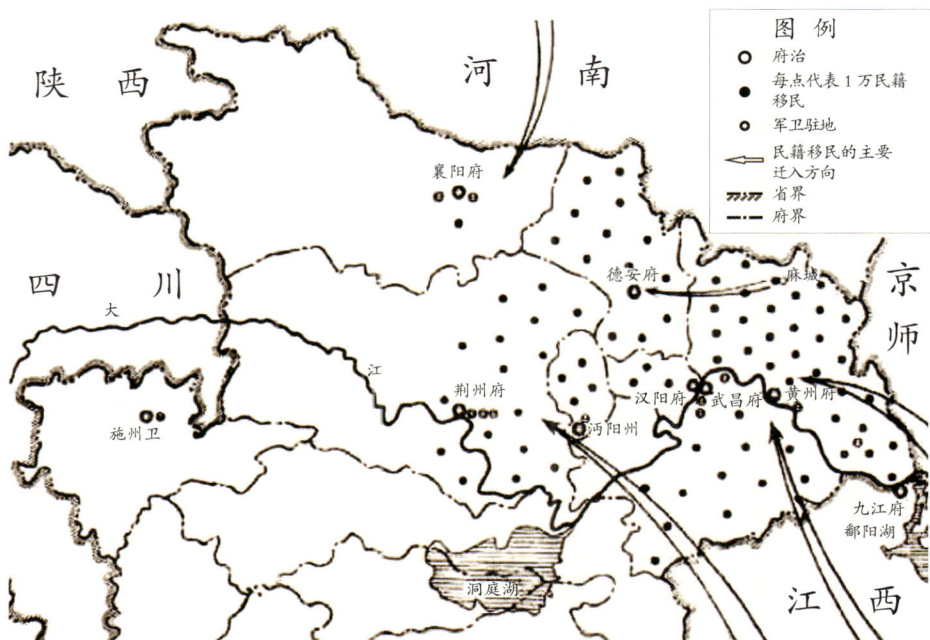

图3-4-1　明初洪武时期湖北地区的移民迁入分布（来源：葛剑雄、吴松弟、曹树基《中国移民史》）

明朝建立以后的时间里，政府筑城浚池、招集流亡、恢复生产。明初，朱元璋平定陈友谅，重置湖广行省，市域内的咸宁、嘉鱼、蒲圻、通城、崇阳俱属武昌府；洪武九年（公元1376年），通山县所属的兴国路降为兴国州，改隶武昌府，至此，各县地域范围和隶属关系基本定了下来[36]。在明朝后期，两湖地区仍不断地接纳着以江西为主的各省的移民，江西移民不堪江西的重赋，纷纷外迁以寻求生活、经济上的满足。

清朝初年，在社会动乱、灾害、战争等不安定因素的诱导下，湖北及周边省份的人口结构出现了较大的变动。对这一区域影响较大的移民运动，要属明清时期的"江西填湖广"和"湖广填四川"。虽然在历史上这两次在全国人口调整中都属于小规模移民，但是它对湖北、江西、四川三省的农业经济、文化习俗、聚落形态等各个方面的影响巨大。"江西填湖广"是一个自东向西波浪式的移民过程，即鄂东南—江夏平原—鄂西北—鄂西南的渐次拓展过程[37]。鄂南由于与江西毗邻，成为接纳移民较早的地区（图3-4-2）。在"湖广填四川"的移民活动中，湖北成为了移民入川的重要输出地（图3-4-3）。

随后发生了"三藩叛乱"，清兵的武力镇压，给国家带来了重大的损失，也给人民带来了巨大的灾祸，战乱导致我国南部的四川、湖北、湖南、江西等省份人口骤减。《清史稿·王骘传》里记载，王骘在给康熙皇帝的上疏中说"四川祸变相踵，荒烟百里，臣当年运粮行间，满目疮痍。自荡平后，休养生息，然计通省户口，仍不过一万八千余丁，不及他省一县之众"[38]。四川连接遭受战祸，几百里地都荒无人烟。王骘当年运粮时满目疮痍，好不容易平定了，能让百姓休养生息，可是全省也不过有一万八千多人口而已，还比不上其他省一个县的多。不止四川，康熙十八年，浏阳县知县曹鼎新说："自甲寅吴逆倡乱，……以至王师赫怒，整兵剿洗，玉石难分，老幼死于锋镝，妇子悉为俘囚，白骨遍野，民无噍类。"[39]江西等地同样在战乱中遭受了大量的人口损失。在对沿海反清力量的隔离和清理活动中，还有一批来自福建、广东地区的居民被迫内迁，以填补两湖及江西地区的人口缺失，这也是现今客家人在长江流域存在的历史动因。鄂南地区的移民活动历时较长，但以明末清初一系列移民活动的影响最大。

图3-4-2 移民迁入两湖地区的路线（来源：李晓峰、谭刚毅《两湖民居》）

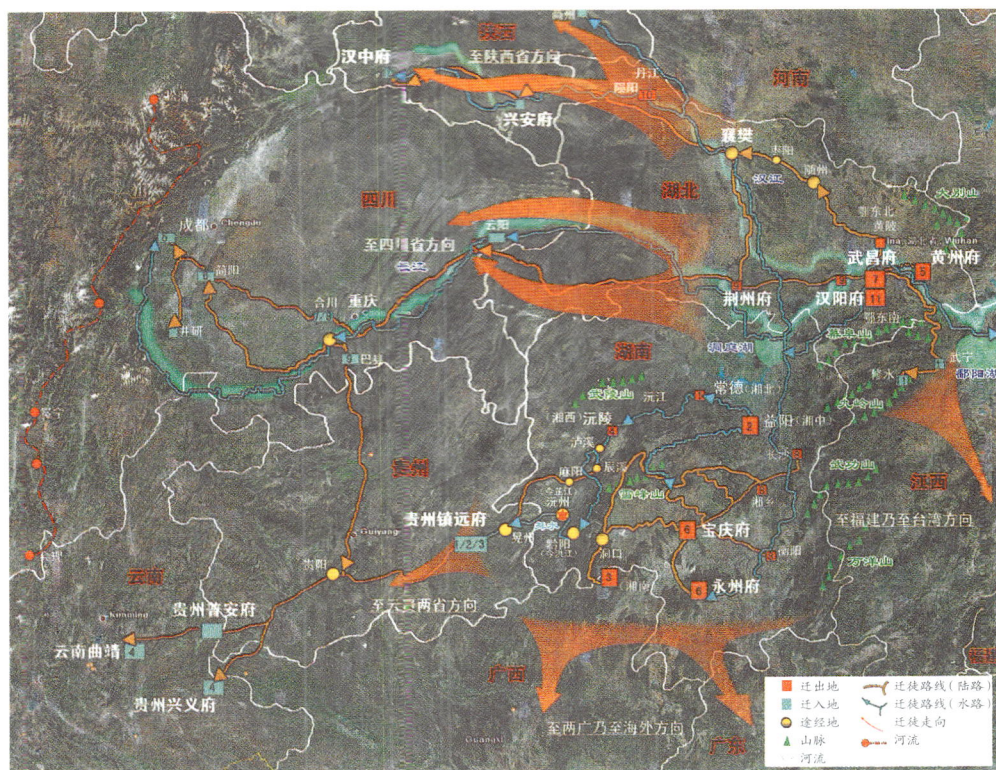

图3-4-3 移民迁出两湖地区的路线（来源：李晓峰、谭刚毅《两湖民居》）

3.4.2 社会影响

在中国传统社会，人口的流动是文化交流与传播的重要方式，它不仅是生产力与生产水平的重新分布，也是文化与地域风俗的再次交融。大量人口涌入鄂南，形成聚居场所，带来了当时江西一些经济文化较为发达、宗族组织较为严密地区的建筑风格和样式，也对鄂南本土的建筑文化形成冲击，使之在形式上产生一定的模仿和趋同。

明清时期，鄂南的农业经济得到很大的发展，人口密度为两湖地区最大（图3-4-4）。茶是鄂南地区最重要的经济作物，蒲圻羊楼洞、崇阳大沙坪、通山杨芳林、咸宁柏墩和马桥成为名扬中外的茶区。1863年俄商在汉口建立顺丰砖茶厂，接着在茶叶主产地大沙坪、羊楼洞相继设立顺丰、阜昌、新泰砖茶厂，鄂南数万人从事茶叶种植与加工工作。社会经济的高速发展促进了人口的增长，而随着社会需求不断地增多，社会分工也更加细致，使劳动力趋向各行各业。"至居民之生产作业，武昌一府，……嘉鱼官舫照耀江滨，咸宁子弟多为人佣，蒲圻大冶世传匠作，崇阳多贩松薪，通城亦以采买营生，兴国办为小儿种痘，通山舟子襄水为宅。"[40] 以咸宁县来说，这里"山多田少，人满于土，不愿工作，多事贸迁；查邑乡镇，除典质外，本薄利微，非长袖善舞也；若汉口、沙市、襄樊诸繁盛地，悉谋生理，家累巨万，未可一二数；各省大小码头皆有咸帮会馆，操奇计赢，称极盛焉；俗尚浮华，亦由于此"[41]。人口的增多也导致了人地关系的紧张，鄂南地区的劳动力开始出现部分外流，不少乡民离开县城去往更加繁华的城镇从事贸易活动，这不仅刺激了本地的劳动作业，也将更多的财富带回了家乡。清康熙四年，咸宁县城内形成前街、后街、横街及施家沟（小街）四条主要街道，县衙居于正北，儒斋居于东北，中部为资福寺、安澜宫、城隍祠及便民仓等，南部为居住区（图3-4-5）。

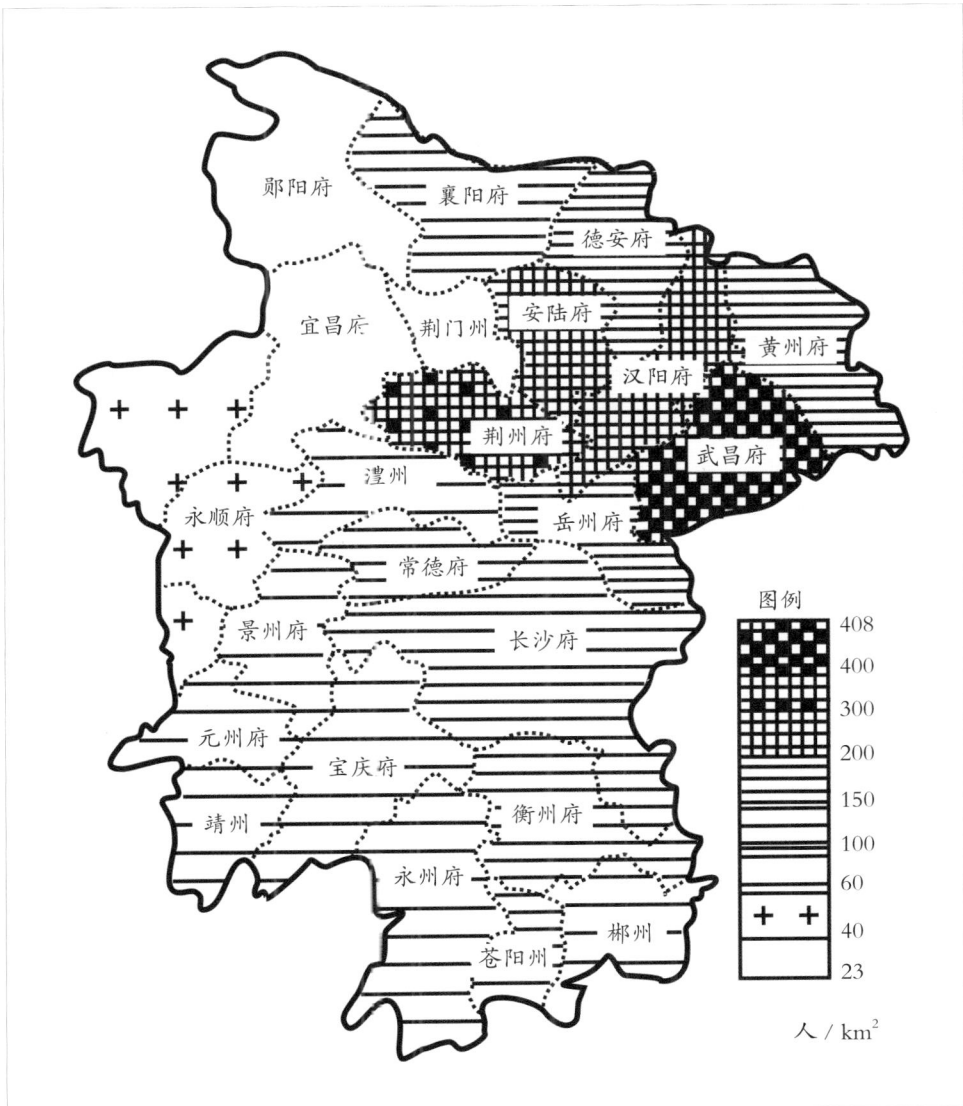

图3-4-4 嘉庆二十五年两湖人口密度图(来源: 龚胜生《清代两湖农业地理》)

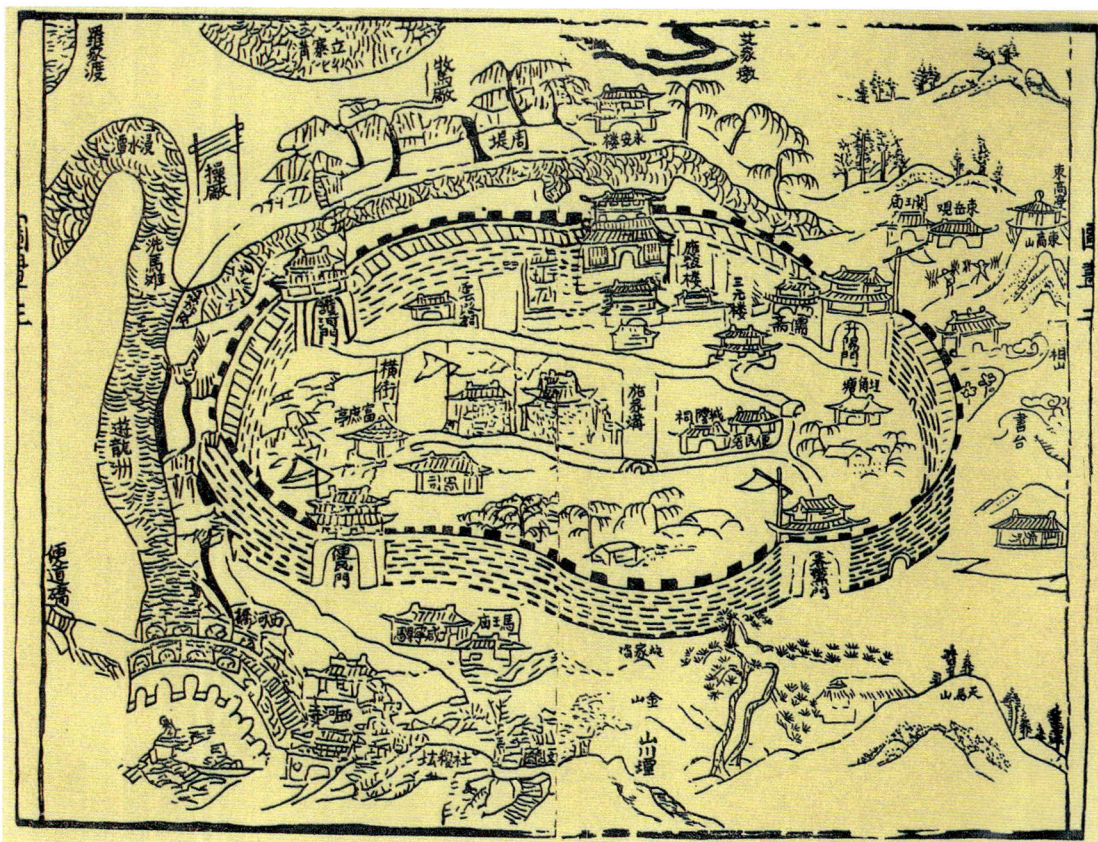

图3-4-5 清康熙四年咸宁县城布局图（来源:《咸宁县志》）

至清同治年间，县城内的建筑物显著增多，道路也增加为五街九巷（中街、前街、后街、横街、小街和黄家巷、五显巷、永丰巷、虔树巷、社稷巷、冷铺巷、石坛巷、屠铁巷、杀鸡巷），城墙上设置了承恩、宾阳、云稼、文治四门，城内北侧依次布局县衙、寺庙（五显庙、朱公庙、资福寺、安澜宫、城隍祠）、宗祠（节孝祠、六忠祠）、书斋（东斋、西斋）等公共建筑，南侧为居住区。城外还建有亭、台、楼、阁、庙、碑、坊等十余座，县城已形成一定规模（图3-4-6~图3-4-8）。商品经济的繁荣，使街道成为最有活力的公共空间，沿着街道分布的货栈、茶坊、店铺，成为了居民室外交往与商业活动的场所。各地贸易行为的繁荣，形成一种

人口重新调配的力量，加速了文化的传播与融合。人口的增多还导致聚落里的建筑密度加大，并由此催生出组织更为灵活、空间更为紧凑的建筑形式，可同时满足居住与商品交易的需求，前店后宅，商住一体。

鄂南聚落的居住模式与建筑风格不是一朝一夕，或因为某次移民的到来一次性形成的，它是南迁的人们在到达这里以后，与当地人相互交流、相互沟通、相互磨合甚至是相互争斗后产生的一种更为先进的生活模式。在相互的融合过程中，旧的风俗习惯被摈弃，落后的生产、建造技术被改造和革新，南北的人们相互吸收对方的优点，各种生存的智慧被保留下来并得以深化，从而也影响到聚落的空间构造与

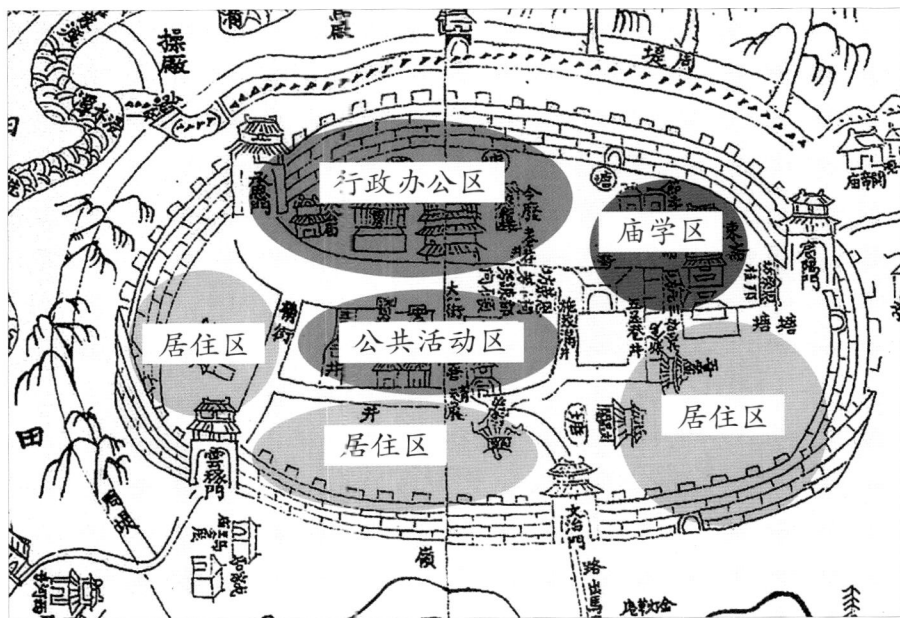

图3-4-6 咸宁县城的功能分区（来源：改绘自《咸宁县志》）

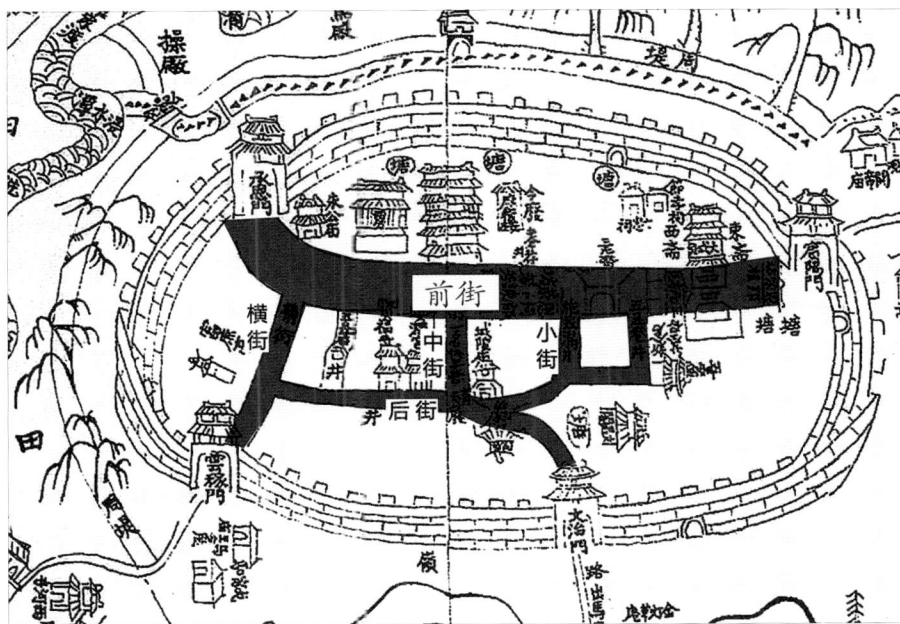

图3-4-7 咸宁县城的主要道路（来源：改绘自《咸宁县志》）

文化表述。纵观历史上具有代表性的三次大规模南迁，都对南方地区的生产、生活产生了重大影响。三次的移民中，除了宗室、贵族、官僚、地主、宗族乡里以外，还有众多的士大夫、文人、学者，他们的社会地位、文化水平以及经济实力较高，在到达南方以后，无论是在经济上还是文化上，都为南方地区带来了新鲜的活力与动力，使得南方人的经济与生活均得到了明显的进步与发展。

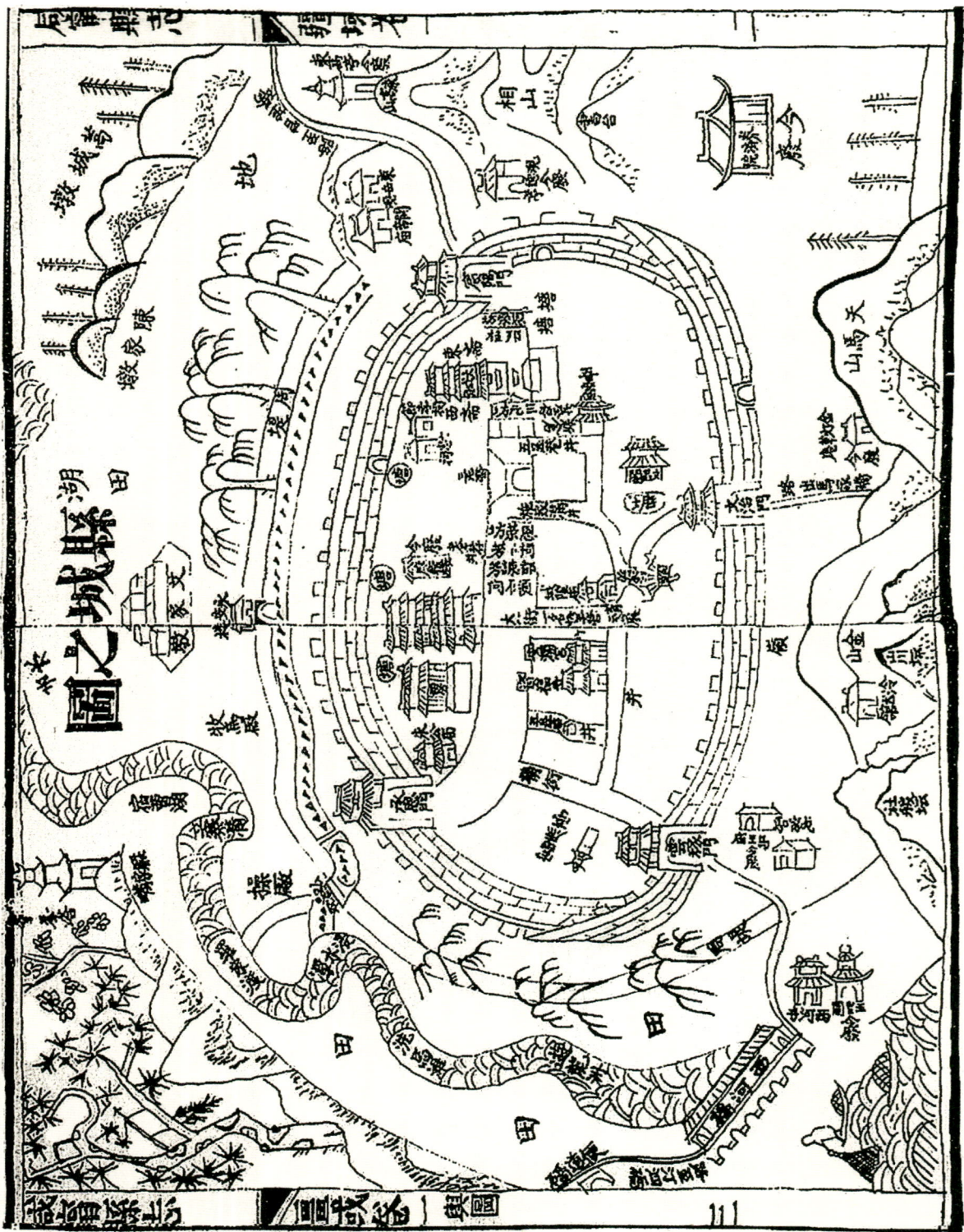

图3-4-8 清同治五年咸宁县城布局图（来源:《咸宁县志》）

注释：

[1] 王建辉，刘森淼．中国地域文化丛书——荆楚文化 [M].沈阳：辽宁教育出版社，1995：1-2.

[2]（汉）刘向．战国策 [M]．武汉：崇文书局，2007.

[3]（汉）司马迁．史记 [M]．北京：中华书局，1982.

[4]（汉）刘安．淮南子 [M]．长春：时代文艺出版社，2001.

[5] 郑莉．蚩尤和炎帝的关系考 [J]．湖州师范学院学报，2005（8）.

[6] 1982 年，药姑山姚家陵文化遗址由武汉大学和咸宁博物馆联合发掘，部分文物现收藏于通山县博物馆中。

[7] 丁堂华．楚国与鄂国及古越族 [J].鄂州大学学报，2010（1）.

[8] 苏冲湘．楚文化新探 [M].武汉：湖北人民出版社，1981：46.

[9] 杨洪勋．试论中国黄土地带节约能源的地下居民点 [J]．建筑学报，1981（5）.

[10] 长江南岸洞庭湖滨澧县澧水北岸鸡公垱的二级台地上发掘的一处距今约 10 万年的旧石器时代中期遗址。原文引自《洞庭湖区发现十万年前人类活动遗迹》，《中国文物报》，1989（10）.

[11] 高介华，刘玉堂．楚学文库：楚国的城市与建筑 [M]．武汉：湖北教育出版社，1995：25.

[12] 李先逵．论干栏式建筑的起源与发展 [J]．四川建筑，1989（2）.

[13] 向群．庄子的幸福观研究 [D]．济南：山东大学，2011.

[14] 马冬艳．韩非子法哲学思想管窥 [D]．保定：河北大学，2011.

[15] 谭继和．论古"江源"流域巢居文化渊源及其历史发展 [A]．中国四川联合大学文学院历史系，日本早稻田大学长江流域文化调查队．四川岷江上游历史文化研究 [C]．成都：四川大学出版社，1996：238.

[16] 杨洪勋．建筑考古学论文集：中国古典建筑凹曲屋面发生与发展问题初探 [C]．北京：文物出版社，1987：277.

[17] 高介华，刘玉堂．楚学文库：楚国的城市与建筑 [M]．武汉：湖北教育出版社，1995：395.

[18] 李晓峰，谭刚毅．中国民居建筑丛书：两湖民居 [M]．北京：中国建筑工业出版社，2009：4.

[19] 戴志中．中国西南地域建筑文化 [M]．武汉：湖北教育出版社，2003：23.

[20] 湖北省建设厅．湖北建筑集粹：湖北古代建筑 [M]．北京：中国建筑工业出版社，2005：14.

[21] 楼庆西．中国古建筑二十讲 [M]．北京：生活·读书·新知三联书店，2001：34.

[22] 咸宁市政协文史资料和学习委员会．品读咸宁 [M]．北京：三辰影库音像出版社，2009：79.

[23] 吴王杨行密"宽仁雅信，善取人心"，深受四方拥戴，后来很多地方修建吴王庙，就是用来纪念杨行密。

[24] 北宋乾德二年，即南唐后主李煜即位的第二年，此时的南唐遵北宋年号。

[25]（清）咸宁县志（同治）. 卷一 疆域。

[26]（清）咸宁县志（同治）. 卷一 疆域。

[27] 该市域是指现今咸宁市市域范围，后同。

[28] 咸宁市政协文史资料和学习委员会. 品读咸宁 [M]. 北京：三辰影库音像出版社，2009：80.

[29] 负责征收棉布税收事宜的机构。

[30]（明）宋濂. 明史：卷 15 本纪第 15 世祖十二 [M]. 北京：中华书局，2005.

[31] 掌管茶叶税收事宜的机构。

[32] 丁俊清. 中国居住文化 [M]. 上海：同济大学出版社，1997：87.

[33] 王善军. 宋代宗族和宗族制度研究 [M]. 石家庄：河北教育出版社，2000：3.

[34] 葛剑雄，吴松弟，曹树基. 中国移民史：第五卷：明时期 [M]. 福州：福建人民出版社，1997：136.

　　另：就湖北历史人口发展与分布而言，秦汉时期人口主要分布在汉水中下游和江陵一带。从东汉到三国时期，在吴国控制下的湖北东部地区出现发展迹象；到了宋元，鄂东南地区的人口数量已大幅超鄂西北的襄樊等地区，武昌府七路和兴国路三县的人口密度达到了每平方公里 50 人数以上，而襄樊路十县的人口密度平均每平方公里仅有 5 人，相差 10 倍之多。（参见：谭崇台. 中国人口·湖北分册 [M]. 北京：中国财政经济出版社，1988：46.）

[35] 葛剑雄，吴松弟，曹树基. 中国移民史：第六卷：清民国时期 [M]. 福州：福建人民出版社，1997：148.

[36] 咸宁市政协文史资料和学习委员会. 品读咸宁 [M]. 北京：三辰影库音像出版社，2009：81.

[37] 张国雄. 明清时期的两湖移民 [M]. 西安：陕西人民出版社，1995：36.

[38] 赵尔巽. 清史稿：卷二七四 王骘传。

[39] 曹树基. 中国人口史：第五卷：清时期 [M]. 上海：复旦大学出版社，2001：43.

[40]（清）章学诚. 湖北通志检存稿。

[41]（清）陈淑楠等. 续辑咸宁县志，（清）光绪十年（公元 1884 年）。

随着原始农业的诞生，人类社会开始由逐水草而居的游牧生活，发展成为依附于田地的定居生活，并出现了有组织并相对稳定的生活场所——聚落。农作物从种植到收获的过程需要人们长时间地固定在一个区域，加上用于耕作的石制工具与狩猎工具相比数量更多，也更加沉重，人们逐渐考虑建造适宜长期居住的稳定住所。随着农业的发展和生产力的提高，社会由母系氏族向父系氏族转变，继而导致家族与宗族的出现。

随后，在漫长的历史进程中，乡村聚落依托于农耕社会逐渐发展起来。随着生产力水平的提高，自然环境因素对于聚落发展与演变的作用力逐渐减小，而生产环境和社会文化则随着生产力的发展在不断变动，成为引起乡村聚落演变的主要因素。

每一个聚落都经历了从成长到发展，再逐渐稳定的过程。在这一发育的过程中，聚落的形态与结构受到所在地域的经济、社会、文化的不断影响，形成特定的文化意义。有些是单一因素起主导作用，有的是多重因素相互影响，随着时间的推移，这些影响因素也在发生转变，有的会逐渐式微或被取代，有的作用会被凸显而成为主导，这是聚落之间产生巨大差异性的重要原因。

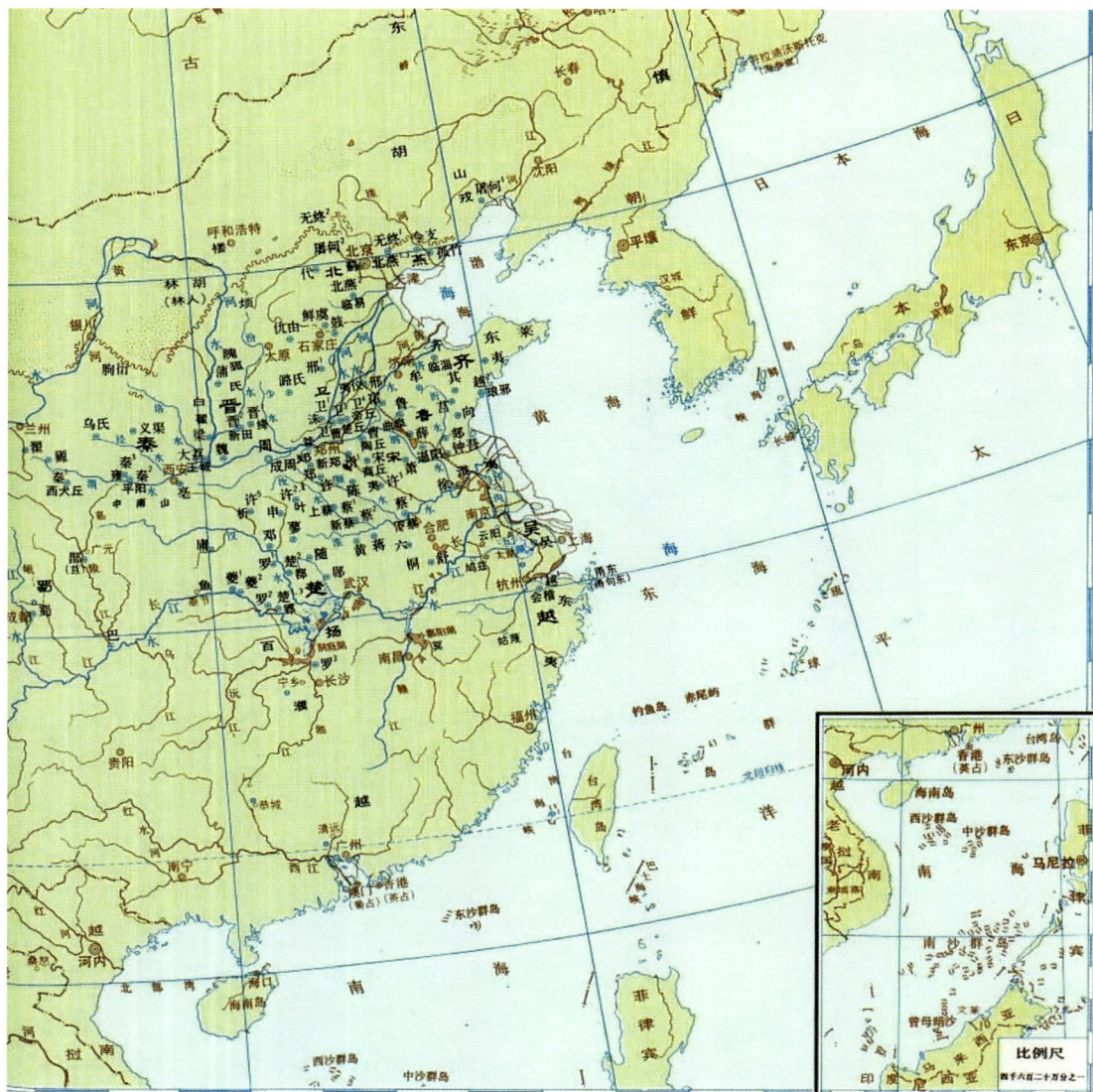

图4-1-1 春秋时期楚国位置图（来源：谭其骧《中国历史地图集》）

4.1 荆楚文化的体现

早在五千多年前的新石器时代，鄂南就出现了人类活动的痕迹。随着数次的人口迁徙，族群结构也在不断地发生变化，直到清朝初年，才基本稳定下来。就地域性而言，鄂南所处的荆楚旧地，原本就是多民族聚居的地区，民族偏见极少，并且由于其地理位置处于东西南北之中，介乎华夏蛮夷之间，文化上的创造和交流十分频繁；就文化渊源而论，楚文化的源头本就是多元的文化相互作用而成[1]。这种由历史产生的文化包容性，一直作用在这片土地上（图4-1-1）。

高介华先生与刘玉堂先生的《楚国的城市与建筑》一书，在肯定了楚文化在中国南方经济文化发展过程中的基因作用的同时，还提炼出了这种基因中所具有的变革性、开创性、兼容性、适应性特征，并对城市所具有的文化包容性作出了诠释：作为各种文化的集结、交汇之处，并非仅仅是让几种文化互不干扰地充斥其间，而是在集结的同时兼有融合诸种文化的功能，不同地域或民族的"社会距离"，难免会导致不同文化之间的相斥性或排他性，但是，这种相斥性并非永恒不变的，在城市这个特殊的文化生态环境中，文化冲突中的对立诸面不可避免地在相互撞击中，潜移默化地改变着自身原有的心理结构，相互吮吸于己有用的文化特质，从而在对流、互补、整合、调适的过程中趋于一体化，升华至新的境界[2]。这段描述表达了几个概念：1. 不同文化的相遇并不是各自独立的并列关系，必定会经历相互渗透的过程；2. 在融合初期，不同地域的文化具有天然的相斥性；3. 融合的过程，实际上也是不同文化之间相互补充、取长补短、趋于完善并逐渐整合的过程。文化，并非诸成分的机械拼接，而是各要素有机组合的生命整体，是不断进行物质交换、能量转换、信息传递的动态开放系统。文化除了具有共时态的综合特征以外，还有历时态的积淀特征，且具有延续性和变异性的双重品格，这些特征与品格只有在文化的不断碰撞与吸纳之中才能得到完整、集中的体现[3]。生活繁衍在黄河流域的汉族先民，在黄土地上创造了华夏农业礼仪传统，又不断吸收和融合了周边少数民族的文化内涵，形成了独特的中原文化。中原文化自先秦时期儒、墨、道、法并兴，百家荟萃，开中华民族古代文化之先河。而后，经历了从秦汉时期的孔孟之学，魏晋南北朝的唯心与唯物之争，隋唐时期儒、佛、道的相互融合，到宋明理学的漫长发展历程。随着人口的迁移和流动，在不同时期、不同地区，文化的发展都会同时受到多种外来文化的影响，随着文化的传播，本土文化与外来文化的碰撞与融合，孕育了丰富多彩的多元文化，并反映到各地的乡村聚落中。[4]

东晋南渡以后，在金口设置了汝南县来安置渡江避难的汝南人，这可看作是荆楚文化与中原文化的最直接的接触。南方稳定的生产技术与农业制度为中原文化的进入创造了条件，同时也带动了社会经济的繁荣发展，这极大地改善了人们的物质生活水平。在物质生活条件提高的前提下，人们对精神层面的文化生活水平也有了较高的要求，这刺激了中原文化与地域文化之间的相互交融，也加速了中原文化在鄂南的传播。

中原传统的宗族观念、礼教制度、儒学思想等，都在鄂南产生了深远的影响，在聚落的选址与布局，以及民居建筑的风格与样式上均有体现。鄂南多山地丘陵，早期的建筑形式以干栏架空为主，在北方的合院式住宅风格进入以后，经过长期的共存，形成了相互渗透、融合的态势。受地势条件所限，合院式住宅的布局与尺度不可能完全复制与照搬，所以形成了小巧、朴素的天井院式的住宅组合，聚落中的房屋顺应地势而建，院落之间灵活分布，将干栏式建筑对地形的适应，与合院式建筑的院落空间巧妙地融合在了一起。

4.2 地域文化的渗透

由于地理位置的接近，鄂南与湖南、江西、安徽三省在气候、降雨、地貌上都存在一定的相似性，加之南方地域之间的移民活动以及贸易往来，整个华中一带的人口与文化交流日益频繁，建筑的形态也随之出现一些共同特征，如小尺度的天井院空间，以及风格显著的马头山墙，在民居的装饰部位、装饰手法上也颇为相似。尽管如此，不同自然地理条件与社会人文环境所产生的差异性仍然贯穿于聚落营造的始终，在多元文化的影响下，体现出各具特色的聚落形态特征与建筑风格。

鄂南还处在四个颇具代表性的地域文化圈中间（图4-2-1）。这四个区域的文化特征相对比较明显，其聚落中的建筑风格也比较清晰。鄂南处于它们的边缘位置却并没有融入其中的任何一种。这种地域上的边缘性，凸显了它的特殊性，因为它正是文化的过渡、交流以及冲突最为明显的地方，这导致了鄂南多元地域特征的形成。反映在鄂南聚落的面貌中，它虽看似没有特点，实际上却容纳了周边地域特征中最普遍的一种表达方式。

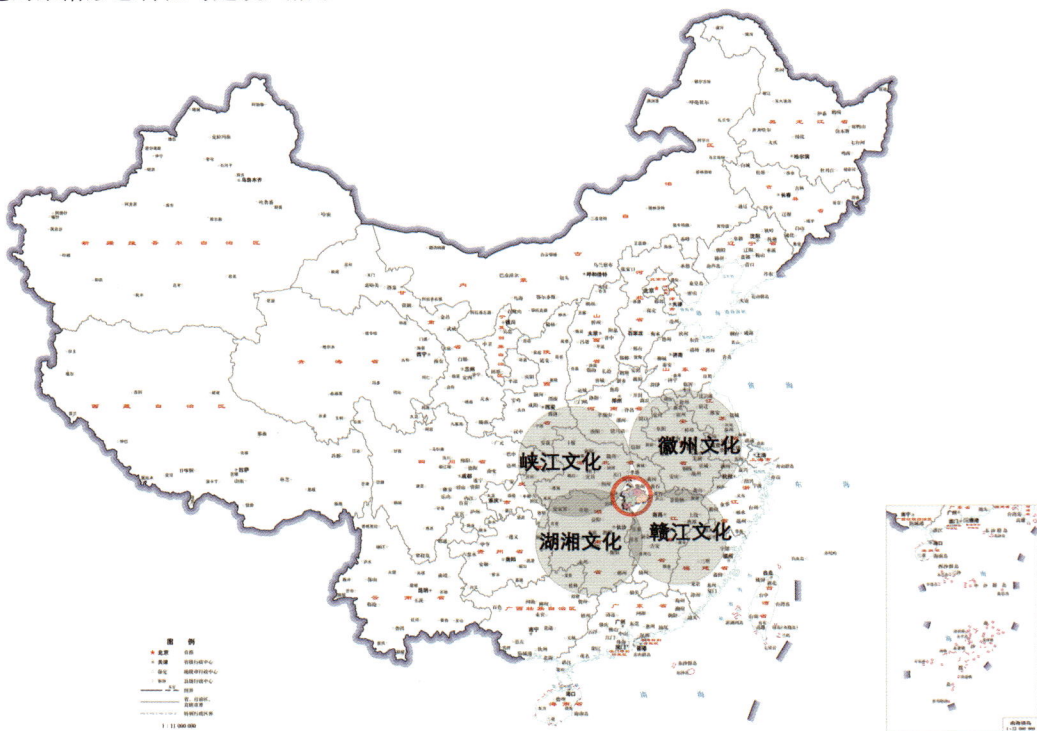

图4-2-1 鄂南地处四个地域文化圈的中间
审图号：GS（2020）4630号 自然资源部 监制

4.2.1 赣江移民的影响

　　移民对文化的影响最直观地体现在语言的共融上。明末清初的大移民中，江西是最主要的迁出地，赣方言不仅深刻地影响了湖南的方言分布，还对湖北、安徽等地的方言产生了影响，鄂南的大部分地区都被赣语语系所覆盖（图4-2-2）。一个时代的客观社会生活决定了那个时代的语言内容；也可以说，语言的内容足以反映出某一时代社会生活的面貌、社会的现象，由经济生活到全部社会意识，都沉淀在语言里面[5]。语言往往是文化传播的重要条件，随着文化的传播，这些区域在语言上的相似性更为明显。

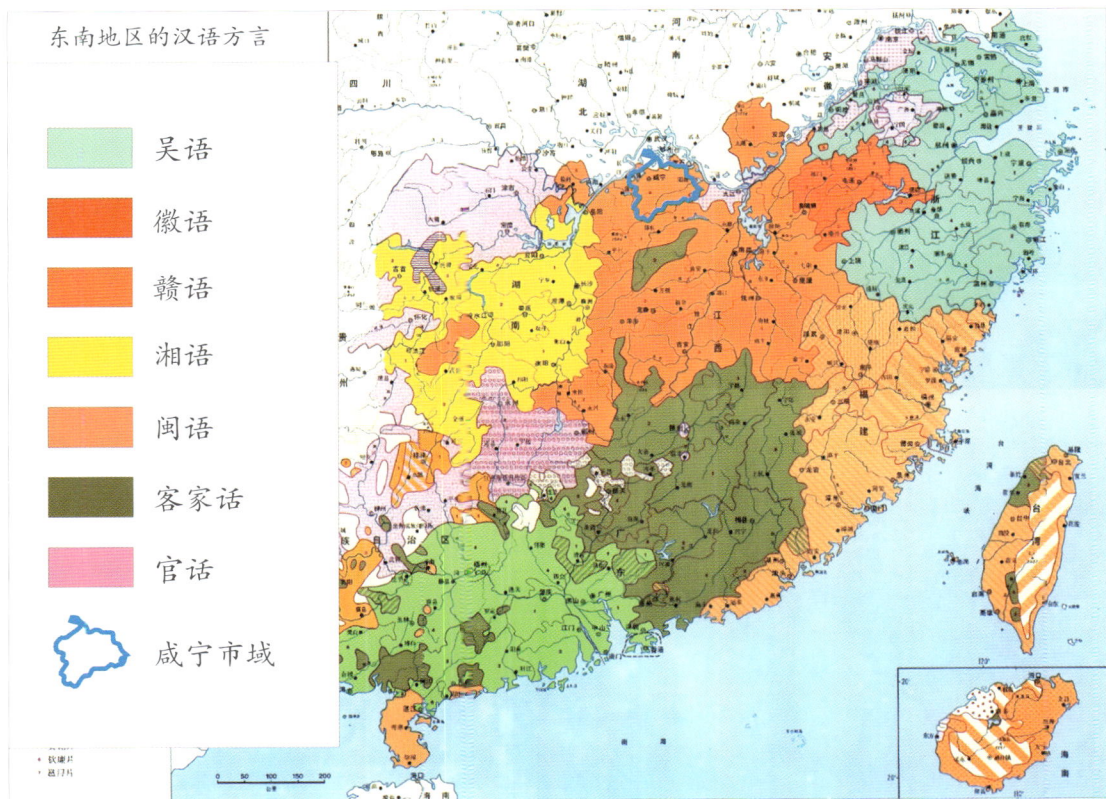

东南地区的汉语方言

吴语
徽语
赣语
湘语
闽语
客家话
官话
咸宁市域

图4-2-2 鄂南所在的赣语语系地区分布示意（来源：中国社会科学院和澳大利亚人文科学院《中国语言地图集》）

早在唐代，江西就出现了人口向湖北一带迁移的社会活动，在此后的一千多年时间内也从未停止，直到明清时期"江西填湖广"的移民风潮产生，将两省间的移民推向高潮，并导致了现今江西籍的人口仍是湖北地区移民的主体构成，占到近七成。明代的人文地理学家王士性在《广志绎》中，曾描述过江西一带的人口状况："江西、浙江、福建三处，人稠地狭，总之不足以当中原一省。故身不有技则口不糊，足不出外则技不售。惟江右尤甚，故作客莫如江右。"[6]当时的江西省人口稠密而用地紧张，导致了大量人民离乡外出以谋生计，这些谋生的人们在选择迁入地区时，优先去往周边较为发达或是风景秀美的区域，其迁移方向向南主要往广东一带，向西北最终进入湖广地区，因为梅岭的阻隔为迁移广东带来了不便，所以进驻湖广的人口占到了多数，最终形成了移民风潮。

移民往往以家族为单位，大规模、长距离跋涉迁徙，在建造新的家园时，会在新的环境中最大程度地去复制原本的生活空间与生活方式。家园再造时，现实环境的调适与原乡的模拟成为两个重要的考虑因素，主要表现在布局的模拟、地景的比拟和一些建筑的遗风上。移民新的建成环境尤其注重安全防卫的功能，防御工事相对完备。这既是出于防御当地贼寇侵扰或外族滋事的考虑，也是强大的社会、政治压力下精神得以寄居的一种保障和外在表现[7]。移民们在实际的建造过程中，会将成熟的建造经验与技能带到新的移民地，这些经验多是原乡的、祖传的传统技术，到达当地后成为与众不同的特色。新的构造和形式与当地的营建行为互相作用和影响，更为成熟和更具优势的技术工艺逐渐占据上风，最终彼此产生同化。

大量江西移民的迁入，造成了鄂南与江西两地在社会文化上的同源性，反映在聚落空间上，其一脉相承的发展特点也十分显著。自唐末以后，风水学说大致可以分为"形势派"和"理气派"。"形势派"也称"赣派"，是风水理论中的"形"与"势"这两个最基本概念的实际运用，就其本质而言，就是运用环境构成要素，如地形地貌、山川植被等等，进行空间组合。[8]这是在江西特殊的地理环境中发展出的形法理论，并以此来指导聚落的选址与规划。鄂南境内湖泊广布、丘陵绵延，在客观环境上与江西十分接近，这为"形势派"风水法则的实践提供了物质依托。聚落在选址时优先考虑地形与山势而不拘于朝向，以高大雄伟的山体为靠山，以低矮秀美的山体为朝山，聚落的布局后有靠山，前有朝山，前低后高，既符合心理上的安全方位，也利于防洪排涝（图4-2-3、图4-2-4）。在房屋的单元组织上，与鄂南关联密切的江西环鄱阳湖地区，因受省会南昌这一行政中心的节制影响较强，民居较严格地遵循"不越三间"的封建制度，平面严谨、规则。正屋一般3—5开间，很少再在横向拓展。由于正屋规模小，民居的平面拓展以在纵深方向增加进数为主，因此2—3进民居的比例相对较大。而多所多进民居的拼合常先作横向拼接，形成基本

图4-2-3 位于缓坡、背靠大山的选址（冠安区沈鸿宾故居）

图4-2-4 位于缓坡、背靠大山的选址（崇阳县曾家大屋）

组团，再间以横巷谋求纵深发展。[9]原乡聚落的基本形态使移民迁入地的聚落呈现出更多的同构性和相似性，但在明初洪武大移民之后至清中期的400余年里，鄂南地区的移民活动并未间断过。江西移民进入鄂南也并非是直线的定居过程，其中大多是经历了二次或者多次的移民过程。这些充满变数的迁徙活动为建筑与居住文化的交流创造了机会，也促使原乡聚落形态不断衍化。

图4-2-5　黟县西递村全貌

4.2.2　徽州商业的影响

　　我国历代的封建统治阶级都采取抑制工商业的政策，通过限制自由商业的发展来稳定社会格局，使得工商阶层的发展长期受到压制，也导致商人在经商成功以后会回到家乡，通过购置土地和建造房屋的方式来提高社会地位和囤积财富，长此以往，"衣锦还乡，光宗耀祖"逐渐成为商贾们奋斗的终极理想。

　　明代徽州的商人遍布祖国各地，与扬州、苏州等地商人一起，成为当时国家经济运转的重要力量。商人的一宗最大的消费，便是建造房屋、建设乡里。在不少村镇中，商人资本的投入并不是专注于扩大再生产，而是用于宗族的公共事业，修桥、铺路、建祠、立学，这一方面固然可以看出这种商人资本缺乏近代气息，但从另一方面看，这种公共事业对于增强宗族的凝聚力和稳定性，起到了很大的作用，这便是具有中国特色的古老血缘型社会的保障机制。[10]富商巨贾通过兴办社会公益事业和捐资纳官，既可以实现其政治抱负，也在一定程度上摆脱了官方对于修建民间宅院的限制，极大地促进了聚落的建设与发展。

清代朝廷视商人为钱财之源，商人则视官府为庇护之所。富商得到官府的保护，商业活动的限制减少，财富的集聚更加便捷。商人家若有人入仕，可以享受到较高级别的房屋建造数量和等级，院落众多，装饰豪华，宽大气派，借此光宗耀祖，庇荫后人[11]。明清以来，不少衣冠大族均选择以商从文，继而以文入仕，以仕保商，这种连带效应大幅拉动了乡里的经济与文化发展，形成了诸多特征鲜明并具规模的村镇聚落。黄山市黟县的西递村便是这样逐渐壮大起来的。在明清年间，一部分读书人弃儒从贾，在获取商业利益后，回乡大兴土木，建房修祠，架桥铺路，至乾隆年间，形成规模宏大的村落景观，共有深宅大院 600 余幢（图 4-2-5）。

随着商品经济的发展，工商阶层虽然在社会地位上不及士大夫和农民阶层，但掌握着大量的财富，在生活条件上更加优越，并发展出一套与士人价值体系完全不同的、以追求利益最大化为原则的商人价值体系，这套新的价值观衍生出商业气息浓厚的新的道德体系、新的文化体系以及新的审美体系。随着商人积极建设乡里的活动的展开，新的市井文化因素被带到聚落中，向地方传统民俗文化发起了强有力的挑战，这在聚落结构、建筑装饰以及家具陈设中都有所反映。

　　徽州民居以清雅、精致、秀丽的外观和风格闻名。被黄山山脉和新安江水自然圈定的徽州，山高水阻，在地理上处于相对闭塞的状态，徽州地方志称其"山限壤隔，民不染它俗"，自古就是一个偏安避祸的好地方[12]。自汉末孙吴政权重兵慑服山越，打开徽州的门户之后，徽州就成了北方士族躲避战乱的栖息之地，也成为文人雅士纵情山水的理想之所，经过晋、唐末、南宋三次重大的人口南徙之后，徽州这一弹丸之地接纳了来自北方十三个省的人口，这为各种区域文化在这一狭小地区的融合发展创造了条件，大大促进了中原文化的传播和徽州地区经济和文化的发展，为综合不同地区特点的建筑风格产生提供了重要的契机[13]。在漫长的历史过程中，形成了不同于北方合院也不同于南方干栏的新的建筑形式，即敞厅加天井的建筑样式。随着人口的持续膨胀，聚落的发展与生活用地都十分紧张，所以建筑的风格并不以规模的宏大见长，而是在有限的空间内体现出装修华美、装饰精致的总体特征。由于其建筑体量对外无法进行有效的扩展与延伸，人们将更多的文化表达与情感抒发体现于宅院内部，不论是空间的划分、功能的布局，还是装饰装修的手法，均体现出精致与优美的整体气质。徽州民居的平面形制以规整的四方矩形居多，以四面或三面房屋产生围合，形成"三间两搭厢"或"对合"式布局样式（图4-2-6~图4-2-8）。

图4-2-6　西递村中的街巷

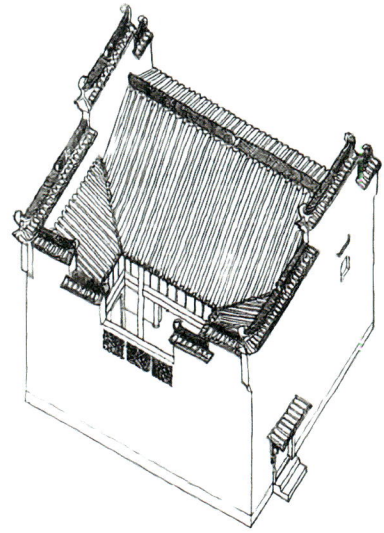

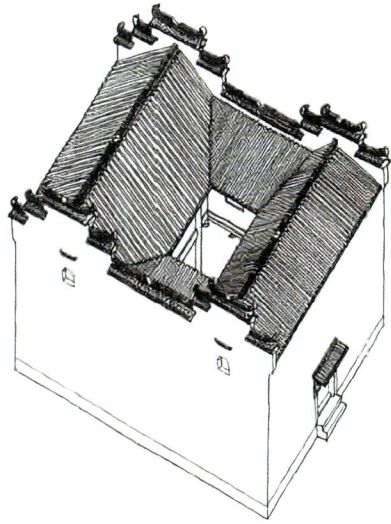

图4-2-8 三间两搭厢（上）与对合式天井院（下）
（来源：楼庆西《中国古建筑二十讲》）

图4-2-7 西递村中的街巷

图4-2-9 安徽省黄山市黟县宏村

房屋大多是二层楼房，也有一些为三层，山墙为错落有致的马头墙，既能够确保房屋的私密性，也可以在住宅密度极高的情况下，起到防火的作用。成片的马头墙构成了富有节奏的空间，使聚落整体呈现出具有秩序的美感（图4-2-9）。

徽州文化自南宋崛起，到明清时期发展至顶峰，其体系完整，内容丰富，特点鲜明，主要内涵有：程朱理学（即新安理学，以程颐、程颢为先导，朱熹集大成）、江戴朴学（考据学上的重要流派）、新安教育（徽州历史上文风昌盛，教育发达，府县学、书院、社学、私塾、文会形成完善的教育体系）、新安画派（明末清初以浙江为代表，坚守儒家崇尚节操的人格思想，笔墨清简淡远，体现孤高冷峻的格调）、新安医学、徽派篆刻、徽州刻书、徽派版画、徽派建筑、徽州三雕、徽剧、徽菜，以及众多的地方民俗风情等。[14]徽州在商业上的兴盛和

稳定的社会环境，造就了其独树一帜的地域文化。依据文化传播的规律，强势文化势必借助其经济优势向经济相对落后的地区辐射，同时，其特征鲜明的文化符号也对周边地区产生吸引。长江是古代重要的贸易通道，各地的物资与货物通过水陆运送要比陆路更为快捷与安全，安徽与湖北处于长江沿岸的同一纬度，由于频繁的贸易往来与人口流动，在文化与习俗上的交流十分活跃，徽州成熟的建筑样式与建造方式

都对周边地区产生了吸引。鄂南与徽州地区在地理环境与气候特征上颇为相似，所以接纳程度也更高，在构造和工艺上进行复制和借鉴的情况十分普遍。在持续的商贸往来与合作中，徽派建筑文化和建造优势逐渐渗透到鄂南聚落中的各个层面，不论是聚落的空间组织还是建筑物上的装饰细节，鄂南聚落都与徽派建筑体现出了一定的相似性。

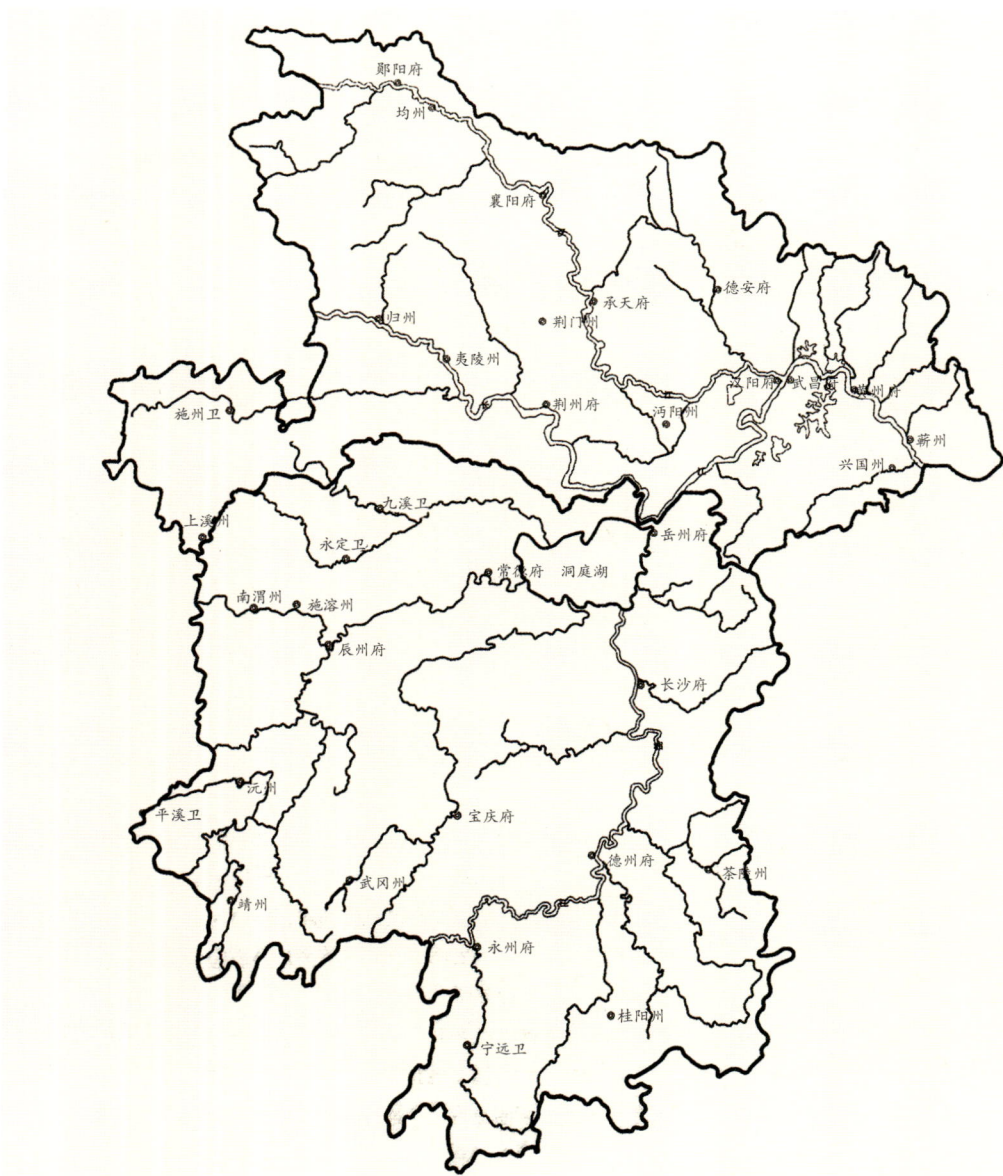

图4-2-10 明代嘉靖时期湖广政区图(来源:李晓峰、谭刚毅《两湖民居》)

4.2.3 湘鄂区划的影响

　　湖南与湖北在很长一段时间里都处于同一政治区划的范围,两省在地理位置上接近,在历史上也曾有着极为密切的联系。作为长江中游地区的核心区域,两省以洞庭湖为中心,分居南北而得名。这一地区的历史可以上溯到元朝,长江以南的湖北、湖南、广西、海南以及贵州大部都被划分在"湖广行中书省"的范围内,简称"湖广省"或"湖广"。到了明朝,在此设立了"湖广承宣布政使司",将管辖范围缩小至湖北、湖南两省全境以及河南省的一小部分。

随后"湖广"这一区划概念一直沿用至清朝。在康熙年间正式将湖南、湖北分为独立两省（图4-2-10）。明代后期长江下游的粮食多依靠湖广等地供应，到清乾隆时期还有了"湖广熟，天下足"的说法。当湖广成为全国的粮仓之后，由于江汉平原也已经开发成熟，因而湖广的农业开发日益重要。而明代中期长江荆江大堤合龙，荆江江段沿岸口穴封闭，也使得湖北与湖南之间传统的水运航线发生变化。这一系列经济基础上的改变，带来了一系列政治与文化的变化。从管理的需要上看，湖南强化省一级行政区成为必要，因此在清中叶以后湖广行政区为湖南一省的独立地位得以加强。在经济地位提高后，湖南本身的政治影响也随之愈发扩大，而湖湘文化在清后期，随着湘人政治地位的提高也逐渐形成了巨大的影响。但从更大范围来看，湖南、湖北的文化均属于中原—江南地区为核心的中华汉文化的分支，在本体上是高度同构的。以中原—江南地区为核心的汉文化在两湖地区的主体传播方向是由东向西、由北向南，清初的"江西填湖广""湖广填四川"移民大潮，同样也是这一文化传播方向的写照。[15]在"江西—湖广—四川"的移民过程中，各地众多的移民和流民向两湖地区移动，两湖处于移民通道的位置，接纳了大量以江西籍为主体的移民。在许多社会学的书籍中，两湖地区也常常被看作是一个整体来进行研究。这种政治上的统一编划，使湘鄂两地之间的文化交流密切，也使两地的聚落与民居建筑形态在整体风格与外在表现上极

为相似，这些聚落在形态布局、营建方式、装饰手法上都体现出一脉相承的区域文化特色。

湖湘文化是自南宋起于洞庭湖流域形成和发展起来的一种区域文化，其中"湖"指洞庭湖，"湘"指湘江。湖湘文化体系有两个源头：一个是可称为南楚文化的本土源头，它主要本现为通俗文化层面的民风民俗、性格心理以及民间宗教等；另一个是从中原正统儒学南渐的湖湘学术，表现为精英文化层面的学术思想、教育以及知识群体。这两个源头使得湖湘文化体系既有很强的丰富性和独特性，又相互影响和渗透[16]。从地理形态上看，湘江、资江、沅江、澧水四条河流在这里交汇，为多元文化的汇聚提供了条件。同时，这里还是中原汉族聚居地与西南少数民族聚居区之间的过渡区域，居住着汉族和土家族、苗族、侗族、瑶族、壮族、回族等二十多个少数民族。不同的民族习俗、生活习惯、生产方式在相互影响中产生变化和融合，但各民族中最具有特点的部分在文化冲突中被凸显出来，成为最具有代表性的民族特色。多姿多彩的民族文化也造就了丰富而厚重的湖湘文化，在这种博采众长的开放精神的影响下，其聚落格局明显带有南北建筑文化相互交融的结构特征。如滨河区域的干栏式聚落、业缘式渔村聚落，平原区聚族而居的大屋、受耕地影响的散居聚落，流动的疍民聚落以及山地坡间的吊脚楼聚落等等，最终形成独具特色的区域文化。

图4-2-11 赤壁羊楼洞

图4-2-12 新店建设街的尽头便是湖南

　　湘鄂两地的聚居方式与聚落形态相似性很大，但由于在社会经济结构上的差异，在发展上也体现出一定区别。两地的社会生产模式都是以农业经济为主导，人们依托天然的湖泊和河川资源，在肥沃的土壤上围湖造田。自明成化年间起，由于移民与流民人口的增加，围垦活动急剧扩大，至清代时，政府采取一系列措施进一步鼓励垦荒开田。康熙年间"赏助米粮人工之费，共计银六万两"[17]。雍正时期颁布诏令，通过减少地方官员的干涉，对百姓垦殖给予保护："嗣后各省凡有可垦之处，听民相度地宜，自垦自报，地方官不得勒索，胥吏亦不得阻挠。"[18]乾隆六年，出台"直隶新垦之地，不足二亩，免其升科"[19]的优惠政策，使两湖地区的垸田进入全盛时期。这时洞庭湖区已经成为全国举足轻重的产粮区，邻近洞庭湖区的汉口也因此成为全国最大的米市转运中心。雍正年间的奏折显示："湖广汉口地方，向来聚米最多者。"[20]汉口凭借四通八达的水陆交通，再将汇集至此的粮食销往全国各地。湖南是以水田稻作为绝对优势的农耕结构，而湖北由于买卖、运输带来商品经济的繁荣，并发展出农商复合产业结构，为新型聚居场所的形成提供了动因。在鄂南地区，随着制茶与造纸等手工业的兴盛，形成由商住一体的街屋所组成的商业集镇，它们依靠便利的交通条件发展并逐渐成熟，在聚落布局上以商品交易与运输的便利为首要条件，呈现出与农耕聚落截然不同的发展方向。商品经济促进了周边地域文化的相互渗透与吸收，也大大丰富了建筑的样式与形态，使鄂南聚落呈现出更为多元的面貌（图4-2-11、图4-2-12）。

4.2.4 峡江文化的影响

在"江西填湖广"后的几百年时间里，移民的不断进入导致了两湖地区产生人口压力，于是也有不少人随着江西等省的移民一路西迁，这既是移民活动发展过程中的必然规律，也是政府鼓励移民入川政策的大势所趋。峡江地区，指自重庆奉节瞿塘峡以下至湖北省宜昌市的长江沿岸及其支流区域，因为其地理位置和独特的地形地貌，成为中部人口迁移的交通要道和文化传播的重要通道。在长期的商贸活动和多种外来文化的影响下，峡江地区的文化呈现出多元融合共生的风貌。从其形成与发展来看，既有历史性原因、地域性原因，还有民族性原因；从其地理环境上看，长江流域的东西部文化在此融合，南北文化在此交汇；从文化发展角度来看，这种区域文化的形成是历史上生活在这里的多民族文化长期碰撞的结果。

峡江地区是我国最早的人类文化发祥地之一，先后存在过郧县文化、长阳文化、大溪文化、香炉石文化等等。其中，大溪文化是长江流域重要的一支古文化，影响范围很广，东起鄂中南，西至川东，南抵洞庭湖北岸，北达汉水中游南岸。而香炉石文化即为早期的巴文化，上起夏朝，下至西周，前后长达千余年，影响东至鄂中江汉平原，与北方中原的商文化相接触、相融合，西至川中成都平原，与早期蜀文化交叉融合，形成我国历史上具有重要地位和深远影响的巴蜀文化。[21]

楚与巴相邻，长期以来玉帛互致，也会干戈相见。楚人占领巴地后，广迁其民至江州一带，与巴人杂居共处，至秦汉时期，江州及其以东已出现巴楚混融的局面。从峡江地区部分周代遗址出土的遗物来看，巴、楚文化相互参透、相互吸收的现象十分明显。在三峡地区巴人活动的区域里，考古发现的遗存经常包含有楚文化因素，在巴人的遗址地层或墓葬中发现有楚文化的遗物，此外有些地方还发现了楚人的墓葬。[22]峡江地区遍布山脉与河流，一些山间与河畔成为巴人聚居的首选落脚点。在生产力并不发达的原始时期，巴人逐水而居，其聚落形态依山就势，因地制宜，形成独具特色的干栏式建筑——吊脚楼。与我国长江流域以南广泛出现的干栏式建筑的成因不同，通风与躲避猛兽的要求倒在其次，更重要的是地形与地势的限制。聚落背山临江，房屋依坡地而建，前厢吊脚，后堂坐基于山石上，形成随山地起伏，随高就低的布置样式，这也成为峡江地区早期聚落的雏形。

影响峡江文化的另一个重要因素来自商业的发展。丰富的盐业资源和航运优势使峡江流域的商贸活动相当活跃。早在秦汉时期这里便是全国重要的产盐地，宋代《舆地纪胜》记录安阳（今云阳县）"岁产盐三十余万斤"[23]，明清时设盐课司专门从事盐务课税。繁忙的盐运贸易造成了大规模的人口流动，同时催生出新的物资集散地和商业聚居场所。从整体形态上看主要分为三种：①聚落平行于等高线带状分布；②聚落街巷垂直于等高线布置；③网格状布局形态。其中，沿江平行等高线的布局方式最为常

图4-2-13 新滩南岸桂林村郑万琅老屋山墙（来源：宋华久《三峡民居》）

见。商业的繁荣一步步促进文化的交流和进步，聚落的多样性特征也愈发明显，如龚滩聚落中便出现了吊脚楼与马头墙并存的现象。

峡江自古就具有"上控巴蜀，下引荆襄"的地理区位优势。邻近区域的文化彼此渗透，多元并存，这是其文化的多样性在本土环境下的体现。而外乡的移民运动同样是影响峡江聚落向多元化发展的重要因素。明清时期的移民活动造成了大量外乡人的涌入，他们在与原乡聚落文化冲突和向其渗透的过程中，一方面不可避免地受到新的生活环境和新的风俗民情的影响，另一方面，又在潜意识里对家乡的文化习俗、建造工艺、生活方式等进行复制，其聚落风格既有当地材料与构筑方式的体现，又有对原乡空间组织的模仿，其独特性十分明显。如秭归新滩镇聚落中的天井院民居，根据族谱记载此处居民是由江南江宁县戍征迁徙而来[24]。聚落从外观上看，带有明显的江南一带建筑元素，如高墙小窗、白墙黛瓦、马头山墙、石雕门罩等（图4-2-13、图4-2-14）；从空间上看，对天井院式的中轴对称式布局进行了延续，在山地条件下，通过多进院落在缓坡上层层递进来调节地势高差；从构筑方式上看，以穿斗式与硬山搁檩为主，形成较为轻巧、灵活的梁架结构。这些特征与鄂南山地聚落的表现形式高度重合，从布局到构筑，均体现出了江南民居在受到山区环境制约时的适应和调整。其差异性的部分主要体现在装饰上，鄂南聚落的装饰纹样以花草植物、吉祥鸟兽为主，并在装饰题材的选择上透露出浓厚的耕读文化，峡江聚落中的装饰则更多体现出河神崇拜或自然崇拜的文化观。

移民运动不仅仅是看上去的单向文化输出过程，也有双向的互相影响，虽然受到影响的大小不同，但文化间的渗透与吸收不会停止。中国的传统社会格外讲究宗亲世祖，移民在背井离乡与迁出旧地后仍然通过地域以及血缘关系产生联系，所以也时常会发生一些外出了好几代的乡民最后认祖归宗、回到故乡的故事。这种移民虽然由一地迁往另一地，但由于各种原因回迁的情况也并不少见。回迁者往往为了光宗耀祖，大行修缮祠堂，兴建房屋之事，无形中将先进、进步的营造技术与装修方式带回家乡，促进了居住文化的进一步交流。

图4-2-14 郑万琅老屋石门罩（来源：宋华久《三峡民居》）

4.3　农耕形态中的家族与宗法

以血缘氏族为纽带的族类聚居，千百年来总是相对稳定在某一经过自然选择的地点上。这些地点多是靠近水源，便于开展农业生产活动；或者是位于河流交汇之处，获得交通的便利；若选址于山坡处，则较多处于阳坡。从中石器时代开始，聚落进入了相对快速发展的阶段，并出现明显的内聚式特征。这些聚落并非单独的居住地，而是与耕地等各种生产基地配套建置在一起，呈现出一定的功能分区与向心性格局。随着农业生产技术的创新和第二次社会大分工，剩余产品有直接交换的可能，于是集市出现。[25]经济与权力的集中促使聚落产生分化，形成最初的以城邑为中心、乡村为附庸的基本关系雏形。

我国传统的宗法伦理观念极其深刻地影响着人们生活、居住的各个方面，并对村落的选址、宅院的布局都产生了巨大的作用。聚族而居的村落形态，实现族权的宗族祠堂都是传统思想在居住文化上的物化体现，而在与地域民俗文化与生活习惯适应与融合之后，聚落中还产生了新的建筑形制，如集表彰与居住为一体的、前坊后宅式的牌坊屋。

4.3.1　聚族而居的村落形态

一般而言，村落的布局与形态主要受三个因素的影响和制约：第一，地理环境，如地形、地貌、水源等；第二，经济因素，如生产方式、土地占有情况等；第三，社会及文化背景，如居住传统、移民的迁移方式、家族制度等，这三者有时是交叉作用，综合制约的[26]。鄂南的传统聚居方式以宗族血缘型聚落为主，多数为早年从江西移民而来的家族定居发展而成，这些移民在鄂南地区落脚以后，经过几代人的繁衍生息，家族的规模越来越大，进而呈现出现在的聚落形态，其特征是大量村庄皆为单姓聚落，如通山宝山村为舒氏家族聚落，大冶水南湾为曹氏家族村落等[27]。这也体现在村庄的命名上。《通山县志》中对清朝年间通山地区的村落聚居也有这样的描述："本县人口按姓氏聚居的习俗，与江南各县略同，多以一姓聚居于一个地区或一个村庄，并多以姓氏命名所居村名，如汪家畈、祝家楼、毛坪、坳上焦、瞿塘张、洞口罗等村即是；两姓同居一村的村名，则以人口多少区别先后，如焦夏等村名；同宗同姓聚居在一处，主要是长期受封建思想和保守势力的影响而形成，特别是某姓历史名人、宗祠、谱乘等更具有凝聚力，无论是从本地迁出，或外地迁入，或本地土著，皆不例外。"[28]聚落的名称表明了家族的姓氏，如果出现两种姓氏共同居住的情况，村名则以两种姓氏来命名，将人数占多的姓氏放在前面。同时，村落的名称还对村落的位置信息进行了描述，"坪""坳""瞿塘""洞口"等等，都是对村落聚居环境的简单概括。类似的还有《崇阳县地名志》中记载的"石垄陈家"，便是由于陈姓的村落都居于丘陵山冲之间而得名，以及"堰上庞家"，是由于庞家居住在远坡堰这一位置等等[29]。通常，描述中村落名称里的地理位置指的是家族中"祖屋"的地理位置，即最早移居而来的祖先所居住的地理环境，这些家族经过数十年、数百年的繁衍生息后，聚落的规模逐渐扩大。

聚族而居的村落分布，南方胜于北方，礼制影响也大于北方。这种现象源于北方战乱频繁，人员聚散不定。在古代移民中，战乱和垦荒造成的移民最多。在东汉末年、三国时期、两晋之交、南北朝对峙、安史之乱和藩镇割据、唐末五代时期、北南宋之交、宋元之交、明末清初等战争年代，少数民族进入北方和中原后，北方汉人逐步南徙至江西、湖南、江苏、浙江、福建、广东等东南地区。中原衣冠氏族数次南迁，定居浙赣闽湘，偏安一隅，延及数世。在举族迁徙或宗族中相当一部分共同迁移的过程中，宗族组织把族人聚集到一起，发挥了重要作用。[30] 从气候与地理的角度看，聚落在南方的发展条件也更加有利。我国南方属于亚热带向暖温带过渡的地区，气候温暖湿润且四季分明，适宜农作物的生长和人类生存。和北方相比，气候的变化幅度较小，适宜于聚落的成长和发展。鄂南地貌以山地、丘陵和湖泊为主，适宜于耕作的平原地区相对较少，所以单姓聚落的规模并不非常大，一个小村都是一个家族姓氏的现象非常常见。而在我国北方，气候条件恶劣得多，所以自然条件有优势的区域，往往会吸引多个家族聚集，多个姓氏家族居住在一起，其聚落的规模和体量也更大。

由内至外逐渐展开是聚族而居的村落在布局上所呈现的最显著的特点，它使得建筑群呈现出明显的内聚向心性。村落中的"老屋""祖屋"多是处于聚落的中心区域附近，其他的房屋簇拥在周围，体现出一种由中心到四周的生长格局。美国传教士何天爵曾对整个中国民居的聚族居住形态作出过这样的描述："中国人的地域观念和彼此之间的地域联系非常强烈和紧密，因此，当新的家庭建立时，他们总是将房子盖在所分化出来的'老家'最近的周围地方，这样在中国你就会发现一组组的家庭群落，或一窝一窝的家庭组合紧密围绕在其老根——父母双亲的周围。"[31] 这种围绕着同一个中心空间而展开布局的平面构成方式，其渊源可以追溯到人类社会发展的早期阶段，早在石器时代伴随着房屋的出现便产生了这种向心型格局的雏形，所有居住单元的开口都朝向场地正中的一间房屋，形成一个半封闭且具有内聚性的整体形态（图 4-3-1）。

聚族而居的村落以血缘为纽带而派生出邻里关系，建立起每一房、每一家、每一户之间的群体关联，形成宗法严明的聚居文化。从《礼记·丧服传》记载的五服图中可以看出这种结构的层次（图4-3-2），它是以村落为单位，形成一村一姓的主要原因。反映在聚落的空间形态上，常常表现为以家族或氏族的宗祠为核心形成的一种节点状向心聚合形式，同时反映出不同层次的宗族结构关系。所以，聚居村落并不仅仅是一个地域上的概念，还是在宗族制度的基础上构建起的家族社区，更是凝聚家族情感的精神家园。

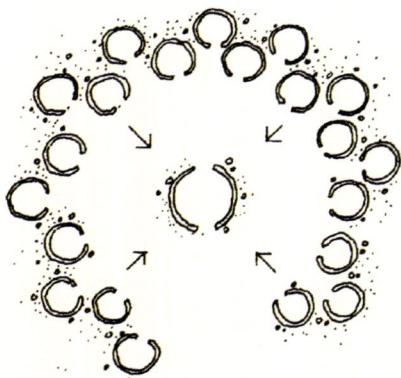

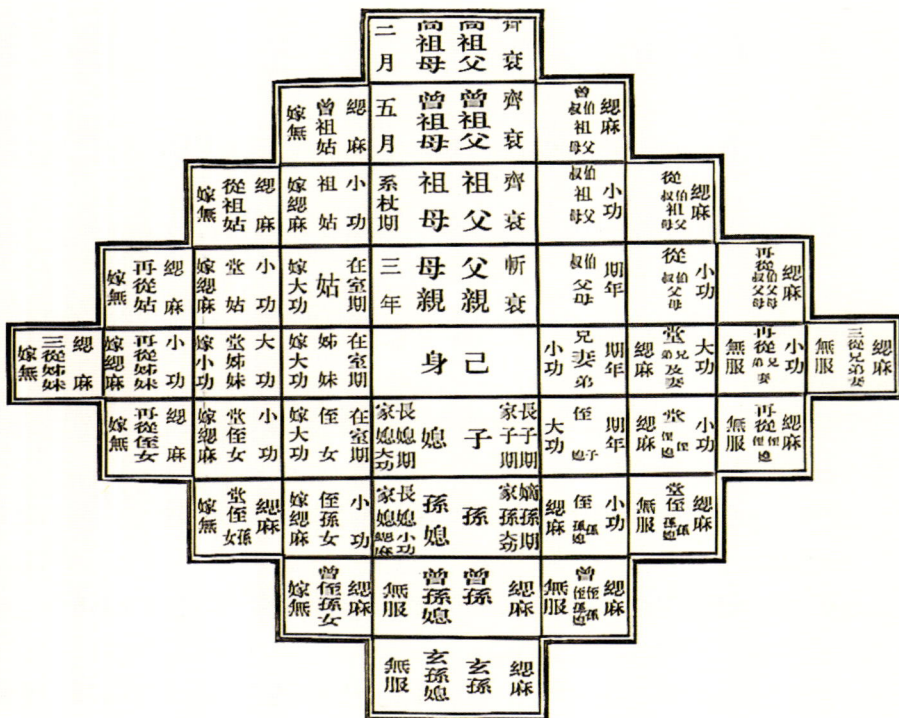

图4-3-1　早在石器时代就存在的"向心型"聚落形态（来源：李允鉌《华夏意匠》）

图4-3-2　五服图（来源：丁俊清《中国居住文化》）

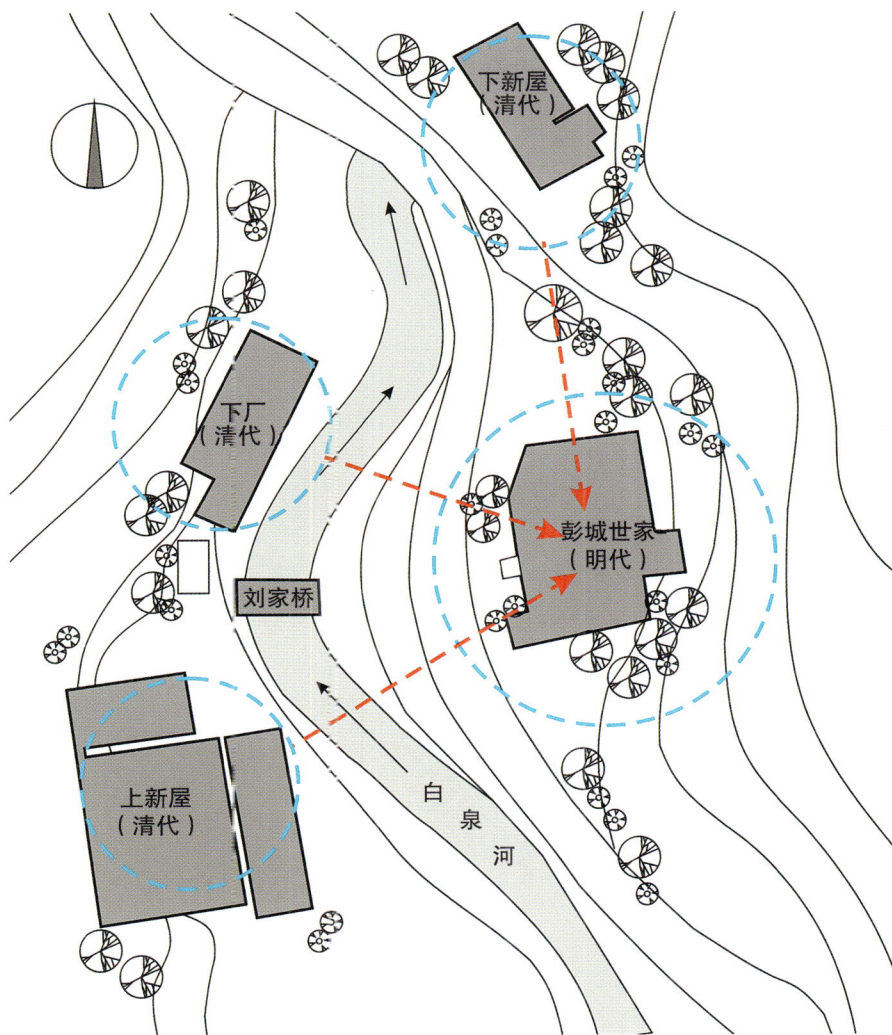

图4-3-3 刘家桥聚落示意图

咸安区桂花镇的刘家桥是血缘型聚落发展的典型案例。刘家桥是汉高祖刘邦同父异母的弟弟彭城王刘交后裔刘用谋的府地。刘用谋随明太祖朱元璋起义，任副总戎之职，待天下平定后镇守岳州，洪武十一年（1378年）以病告休，在返回江西瑞州老家时途经咸宁，卒于白沙，灵柩停放在当地的包方村，后移灵刘祠村下葬，其子刘元武就此落居刘祠村。

明朝崇祯三年（1630年），刘氏子孙刘伯常发现刘家桥四面环山，其中有河流经过，河畔有一片开阔地十分适宜居住，便在这里行基建房。刘伯常与其子刘如鹤先建老屋（彭城世家），后又由刘如鹤二子刘世宏分支出来建了上新屋与下新屋，接着由四子刘世元一支建了下厂（用于苎麻造纸）与杨家垄[32]（图4-3-3~图4-3-8）。

图4-3-4 刘家桥彭城世家老屋

图4-3-5 刘家桥上新屋

图4-3-6 刘家桥彭城世家老屋

图4-3-7 刘家桥下厂

图4-3-8 刘家桥下新屋

图4-3-9 刘家桥

随着刘氏家族的不断繁衍与扩大，该血缘聚落也逐渐形成规模，建筑总面积达3.5万平方米，大小房屋740余间，天井54个，楼道38条。清朝道光十三年，刘家在白泉河上修建了刘家廊桥与桥头的白鹤学堂[33]，"刘家桥"也因此作为地名一直沿用至今。廊桥独孔、拱形，垒石而成，桥上盖有廊亭，以青瓦盖顶，两侧桥身用青砖建起两米高的方孔花格拦护墙，墙内置有长凳（图4-3-9）。昔日这里是江西、通山通往咸宁、汉口的主要通道，村民在廊桥东头设炉灶和茶桶，一年四季轮流烧茶，供行人免费饮用。随着往来客商的增多，在桥西边的造纸工坊下厂附近逐渐发展出可供交易和吃饭、住宿的店铺。在原本依靠血缘关系形成的聚落里，由于商业活动的产生，吸引了少数非血缘关系的人群生活和定居。但由于受到了四面环山的场地限制，这些商业房屋并没有足够空间用来继续扩张，发展到一定程度就饱和与停滞，因此刘家桥聚落在客观条件的局限下无法向业缘关系转变，仍是属于血缘型的社会关系。

图4-3-10 宝石村鸟瞰

通山县闯王镇的宝石村建于明朝初年，据《舒氏家谱》记载，是江西右江的舒氏家族在躲避战乱时迁移而来，到通山定居后经过了数百年的经营，最终发展成为三大份若干房的宗族组织，在明末清初时达到了鼎盛规模。宝石村坐落在地势较为平缓的河边坡地，宝石河将村落分为南、北两个部分，由舒氏宗祠门前的木拱桥相连；宗祠建于北岸中部，占据了全村最佳的地理位置，与南岸的民居群隔河相望；风水师用"双龟下河"来形容宝石村北岸的地形，舒氏宗祠四进五重，占据了从龟颈到龟背的地段，第五重作为祭祖的场所，更是占据了村落地势的最高点 [34]（图4-3-10~图4-3-15）。

村中的其他房屋呈团状纷纷围绕在宗祠的周围，清晰地体现出依托于血缘村落之上的宗法组织关系。宝石村的南岸则出现不同的布局方式，由居住组团和商业街市相结合，其结构方式为线形和团块式的组合型，在一定程度上体现出业缘型聚落的基本特征。传统聚落的空间形态是在农耕社会中形成的，其典型特征是依托于自然经济发展起来，具有很强的封闭性与内向性，这为聚族而居的生活模式提供了生存的土壤，但每一个聚落的经济运行机制和村民的经济生活都有可能对聚落的构成产生重要的影响，并使聚落形态朝不同方向产生衍化。

图4-3-11 宝石村聚落北岸老屋

图4-3-12 宝石村的鹅卵石

图4-3-13 宝石村聚落南岸房屋

图4-3-14 宝石会场

图4-3-15 鹅卵石铺地

图4-3-16　通山县谭氏宗祠庭院

4.3.2　实现族权的宗族祠堂

宗法制度是中国古代社会制度的重要组成部分，而血缘关系则是影响乡村聚落形态的最显著的因素。以血缘关系为基础的聚居状态，从原始社会到奴隶社会，再到封建社会，历时千年之久，使得聚族而居的宗族观念不断地巩固和发展。这种由血缘派生的空间关系，数千年来一直影响着中国传统聚落的形态。

4.3.2.1　宗族制度的发展

宗族里有组织的祭祀活动最早出现在宋朝[35]，而祠堂正式成为宗族祭祀的场所，是源自于朱熹的《家礼》[36]。他认为人之所以有家，其开业传世的根本就是先祖，为了表达敬意，以及报答先祖的恩德，应该设庙来进行祭祀。宗法制度在明朝得到了进一步强化，《明会典·祭祀通例》对民间祭祀的范围作出了规定："庶民祭里社、乡厉及祖父母、父母，并得祭灶，余皆禁止。"至此，老百姓才修建祠堂用以祭拜祖先[37]。明清时期，宗族制度在民间得到了较大的发展，祠堂的修建之风逐渐盛行并迅速遍及各地。国内大规模修建祠堂的热潮出现在清朝康熙年间，康熙甚至颁发圣谕提倡忠孝治家："敦孝弟以重人伦，笃宗族以昭雍睦。"[38]他为祠堂的修建提供了权威性的参考。鄂南的宗族祠堂基本都是清代中后期修建的，其原因主要是受到经济文化更加发达，宗族组织更为严密的江西移民的影响。由于地理位置的靠近和接纳移民的时间较早，通山、阳新一带在家族组织结构以及家族文化观念等方面，与湖北省的其他区域相比表现得更为强烈。

图4-3-17 二层的观戏台

图4-3-18 谭氏宗祠中厅

在古代社会交通、通讯较为落后，不同区域相对封闭的情形下，家族聚居是宗族组织构成并发挥作用、实现家族式管理的前提和基础。只有当某一共同祖先所繁衍的家庭和村落集中定居和分布在特定的乡村范围之内，即血缘和地缘紧密结合时，该地方社区的社会、经济、文化等活动才会具有宗法特色。在国家正式权力难以直接渗透到基层社会时，作为重要民间组织的宗族就能在基层社会管理中发挥重要作用，因此，家族血缘的地域化是构成功能性宗族团体的重要条件[39]。鄂南同一姓氏聚族而居的村落形态，为宗族组织的发展提供了有利条件。祠堂对于传统的同族村落而言，无论是在仪式象征还是实际运作方面，都具有重要的地位和意义。族权的行使需要活动的场所，这使祠堂成为族权得以实现的重要空间，人们从事权力行为的活动场所。无论是作为祭祖和族学的场地，还是作为执行家法和族人汇集的场所，祠堂都体现了族权的真实存在，没有这种物理性的空间，公共行为和公共决策都要受到影响和制约；另一方面，祠堂又是族权的精神空间，因而它是一种权威的载体，是族权象征性的建筑物，是族人的根底所在，由于祠堂具有这种精神上的象征作用，族权才变得具体而有质感[40]。

祠堂的作用是多功能的，除了作为宗族的精神象征以外，还是社交、娱乐以及教化的场所。明清时期，宗族的组织功能由以往以政治功能为主，发展到以社会功能为主。宗族组织演变的过程中，在性质上，逐渐由贵族组织转变为民间组织，平民性日趋增强，在成员上，逐步实现由社会上少数人参加变为多数人参与。它以兴办宗族义庄、族学、祀田等多种形式，倡导宗族互助、赈贫恤老，增强了其社会功能[41]。当家族中出现婚丧嫁娶等红白喜事时，会在祠堂宴请宾客，举办酒席；逢年过节时搭台唱戏、喝茶聚会；族人犯错逾矩时，祠堂依靠其在精神方面的绝对领导地位，成为行使约束与执法功能的场所。族长及族中士绅可以在祠堂执行祖法、家规，审判族中违反家法的族人，轻者在祠堂治以家法以儆效尤，重者送入公庭治以官刑，并要求村中其他族人旁听，以起到教育与警示的作用。同时，祠堂亦为家族提供助学授业的场所。"耕读"文化是中国南方农耕形态下形成的一种半耕半读的生活方式，倡导耕读治生的价值取向。随着明清时期科举的盛行，各个家族都鼓励族人耕读兼营。通过读书走上仕途，光耀门楣，所以常有在祠堂内设私塾的做法，祠堂成为家族教育的场所。

4.3.2.2 宗族形态与内部结构

朱熹在《家礼》中对祠堂的形态有所约定[42]，在当时的民间广为流传，并且影响深远，主要遵循以下三点：其一是要有足够的使用面积，在家族聚集时所有成员都可容纳其中；其二是要有专门的房间或专属的位置来供放祖先牌位及遗物；其三是祠堂所在的房屋要由本族的宗子世代守护，不得拆分，以保证祠堂的世代延续[43]。鄂南的传统村落以聚族而居的血缘型聚落占大多数，祠堂是村落形态格局的主要控制因素。作为村落或组团最重要的也是最高级别的建筑，祠堂往往坐落于村落中最佳风水吉地，在外观上明显突出于其他房舍，不仅在建筑体量上显得比较高大，而且入口立面、山墙的处理都有其独特之处[44]。聚落中的祠堂按照等级与规模的不同，可以分为宗祠、支祠与家祠，这三者与聚落结构中的聚居空间、村落空间以及家庭空间一一对应。

宗祠通常是附近同一血缘多个村落共同修建、共同祭祖的地方，位于几个村落的中间。聚落中的房屋按照成员血缘关系的远近分布在宗祠的周围。通山富河北岸大畈镇白泥村的谭氏宗祠，占地约 2100 平方米，始建于乾隆辛酉年（1701 年），宗谱记载其为"谭计六首捐百金，为合族先声始建"，是由谭文奇（字计六）出资百金，提出倡议，举全族之力营建的祠堂和议事、执事的场所。宗祠进门处为戏台，长约 20 米，宽约 10 米，由四根石柱支撑，台上饰有两只石象、两只石狮，顶部为装饰秀丽的画棚。戏台两侧有观戏台，中间为看戏的庭

图 4-3-19 中厅石柱

图 4-3-20 用料粗大的石础

图4-3-21 檐下廊轩

图4-3-22 抬梁结构

院，地坪由青石板铺设，面积约400平方米。祠堂的中厅由六根高5米的石柱支撑，厅堂顶部的拱顶分为五层，呈塔状抬高，木质的天花上雕有象征"福寿"的"寿"字纹样与蝙蝠图案。中厅两侧是各个房头所设立的四个厨房与两间小会客厅。往里由天井隔开又有一进，由八只石柱支撑，用料比中厅更为粗大，柱础为70厘米见方的整石雕刻，四面均有浮雕的动物与花草，屋架为抬梁结构，爪柱雕刻成狮子造型，仿佛是由一只只小狮子抬起横梁，设计十分别致。金柱与前檐柱上以燕子步梁撑起棚轩，梁枋下的斜撑采用圆雕与透雕工艺雕刻，整体比前一进中厅更为雄伟与精美。后方的木

板墙上悬挂着皇帝御赐的书有"德隆昌炽"四字的匾额，意指家族前辈的德高望重，荫及家族的昌盛，是对谭氏一族先辈的褒奖与肯定。在木板墙两侧通往后堂的入口上方，分别书有"礼""法"二字。再往里是后天井，两旁是饰有人物画像的古乐楼，为族上议事和祭祀时演奏乐器的场所。天井中有一座祭亭，与最后一进的神龛厅相连，用于供奉祖先的牌位以及皇上御赐的物品（图4-3-16~图4-3-24）。谭氏宗祠是鄂南现存的为数不多的宗族祠堂，建筑的空间组织结构清晰而完整，观戏的戏台与庭院中可容纳近五百人同时就座，由此也可见谭氏家族的大致人口数量。

图4-3-23 圆雕撑栱

图4-3-24 祭亭

图4-3-25 琳公祠戏台

图4-3-26 祭亭中的牌匾

图4-3-27 神龛台

　　支祠是鄂南存在最多的祠堂类型，是同一姓氏的大家族中的某一房支脉，一般来说，由发展得较为兴旺的支房为扩大影响与实施教化所建，修建在支房聚落的中心地带。如通山县燕厦乡的琳公祠，便是谭氏在碧水村的分支，名为公祠，实际上是谭氏支祠（图4-3-25~图4-3-29）。同样还有芭蕉湾的焦氏宗祠、大畈村的西泉世第吴氏宗祠等，虽然命名为宗祠，但并非是通山全境的焦氏与吴氏宗祠，而是迁居到某地的同姓聚落中的支祠。支祠在建筑的空间组织上与宗祠保持一致，基本包含了戏台、观戏台、庭院、中厅、祭亭等几个必要的功能空间。琳公祠的祭亭中悬挂着一块光绪二十三年的"贡元"牌匾，是对高中会试的贡生中第一名的称呼。在科举时代，属于州、县之中成绩极为突出的优异者，将作为人才被贡献给皇帝，从而获取功名，实现抱负。此牌匾挂在祠堂中，彰显整个谭氏家族的荣耀。

图4-3-28 琳公祠庭院与中厅

图4-3-29 碧水村琳公祠

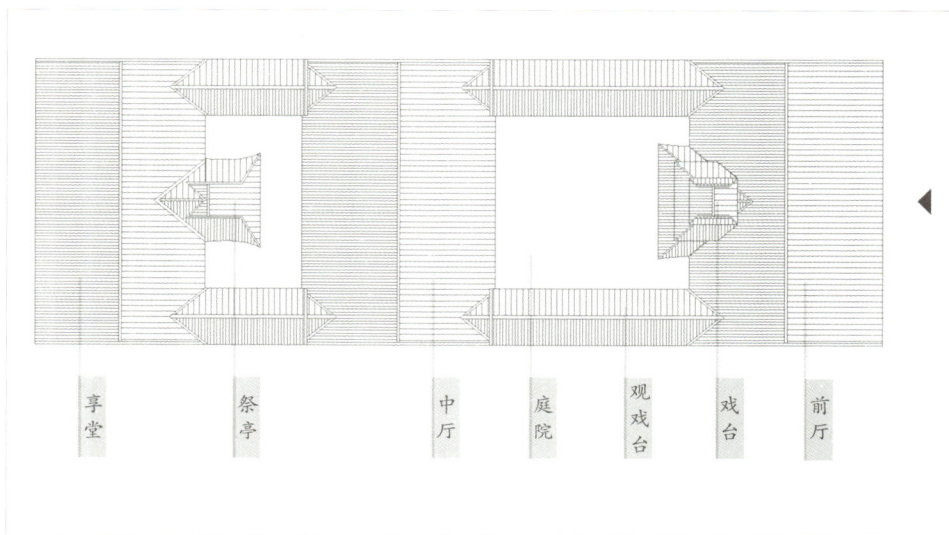

享堂　祭亭　中厅　庭院　观戏台　戏台　前厅

图4-3-30　通山焦氏宗祠顶面图

图4-3-31　焦氏宗祠中厅

焦氏宗祠是高湖芭蕉湾村焦姓的支祠，始建于明朝永乐年间，在清康熙时期被拆毁，之后于异地重修，在民国初年又因火灾原因损坏，在1937年由族人重新修缮完成并形成现在的规模。祠堂进深三重，逐级抬高，总面积约400平方米。第一进是戏台，早年被毁，已无留存；第二进为中厅，由八根双料柱支撑，七架抬梁式结构；第三进是享堂，与亭阁式的拜厅相连，厅堂尽头的墙壁上设有供奉先祖牌位的神龛。祭亭的屋顶结构为单檐歇山，屋脊飞翘冲天，顶部处理为八卦藻井，层层向上，营造出丰富的天花层次，檐下装饰有四层斗拱，显得屋顶极为华美。最具特色的是额枋上的腾龙雕刻，采用透雕与圆雕工艺相结合，三只龙头伸出梁外，栩栩如生，极尽华丽与庄严（图4-3-30~图4-3-34）。

图4-3-32 祭亭的天井

尊宗睦族

忠孝
堂

中山

图4-3-33 焦氏宗祠祭亭

图4-3-34 祭亭的木雕

西泉世第位于通山县大畈镇的西泉村，是西泉畈吴姓的支祠，面积约240平方米，与焦氏宗祠相比构架相对小巧，装饰也显得更为朴素。宗祠始建于清嘉庆年间，于同治四年进行过一次修整，光绪丙申年又作过一次大的修葺。入口大门上方书写着"西泉世第"，与大多数以姓氏命名宗祠的办法不同，吴氏支祠用所在的西泉村的地名来作为祠堂的名称，凸显吴氏家族在西泉这一地区的核心地位（图4-3-35、图4-3-36）。祠堂为三进，依次是戏台、中厅和祖堂，中厅前悬挂"光绪庚寅恩科庶吉士"的匾额，厅内有同治四年所立的禁赌石碑，以及1935年立的《保甲规约》（图4-3-37）。清朝从开国之初即厉行赌禁，各个家族之中不论是出于对儒家治家思想的尊崇还是出于对家族财产的维护考虑，均对赌博持抵制态度。在祠堂中设立禁赌碑，是依托祠堂在家族中活动中心与精神中心的地位，对族人的行为起到约束与教化的作用。民国年间的《保甲规约》也是为了加强地方治安和提高公民素质所颁布的条例，之所以选择公布在宗祠中，一是祠堂作为聚落中的公共活动场所，能够最大限度地聚集族人，增加传播力度；二是祠堂具有处理族内公共事务的功能，能赋予《规约》一定的神圣性，加强威慑力。

图4-3-35 吴氏宗祠西泉世第

图4-3-36 吴氏宗祠中厅

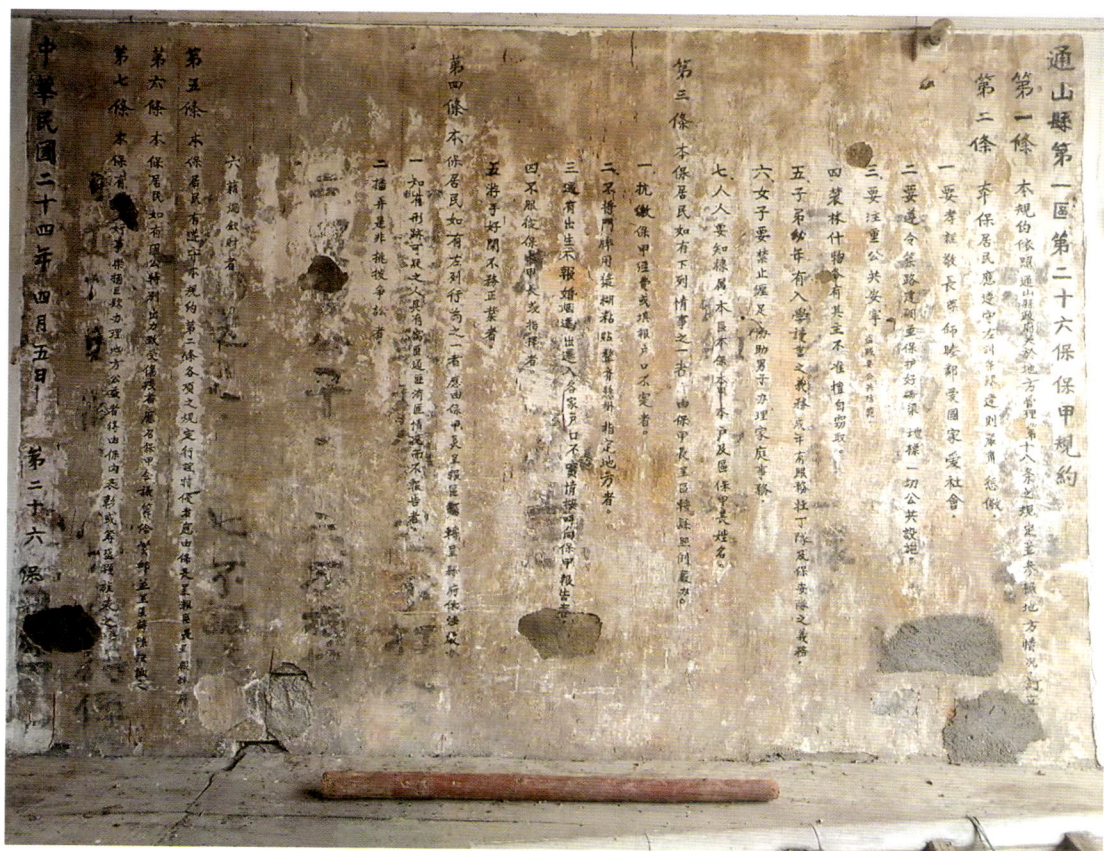

图4-3-37　《保甲规约》(杨光 摄)

　　支祠总体在布局上与宗祠十分类似，并在命名上以"宗祠"来作为称呼，其功能也与宗祠完全保持一致。第一进均为戏台，提供聚落中休闲与娱乐的场地，因为人口的关系，戏台的规格会比宗祠的稍小，但在装饰装修上仍是尽善尽美；戏台的两侧为看戏的排楼，上下两层。第二进是中厅，修建得宽敞而通透，容纳族人聚会与休憩。再往里是祖堂，设有神龛和拜台，既是祭祀的空间，也是宗族中行使教化权力的场所。

　　当聚落中单位家庭的数量有限，无法共同修建支祠时，会在家庭内部设立祠堂，形成家祠。鄂南的家祠主要出现在相对显赫的大户人家，由于有一定的社会地位，在聚落中拥有绝对的话语权，于是设家祠行使管理的权力，形成"祠居合一"的居住方式。"祠居合一"并不是建造者的理想模式，他们更愿意将建立独立祠堂的"祠居分离"的形式视为终极的聚居模式。建立"祠居合一"的居住方式更多的是由于迁移生活的不稳定：他们唯恐因战乱或是其他变故还要迁走他处；或是初来乍到家族的人口较少，在一处白手起家面临经济困难等，因此在有限的条件下既需要生活又需要祭祀。这种"祠居合一"的大屋和这种祭祀方式也就成了本非所愿但又合情合理的最优选择。[45]家祠一般位于整座宅院的中轴线上最后一进的位置，较典型的有被誉为"楚天第一大夫第"的王明璠府第，左右的四进院落为住宅，中间为宗祠，实际上是家祠，正中悬挂着"朝议祖祠"的牌匾。"朝议大夫"是从四品文官的散官，可在朝廷议事与

图4-3-38 祠堂入口

图4-3-39 祠堂戏台

图4-3-40 大夫第家祠

插话，皇帝不可打断，且"朝议大夫"发问后，有关部门的负责人必须如实答复，再由皇帝决策并发"朝报"。"朝议大夫"更多是一种荣誉官职，是对其学识与人品的认可与肯定。将家祠命名为"朝议祖祠"，对外彰显出家族的声望与名誉，强化其权威性。家祠规模虽然不大，但其作为祠堂的功能却并未简化，祖堂正对的过厅上还搭建有非常小巧、精致的戏台和观戏的回廊，以满足祭祀祖先和家人聚会娱乐的需要（图4-3-38~图4-3-40）。

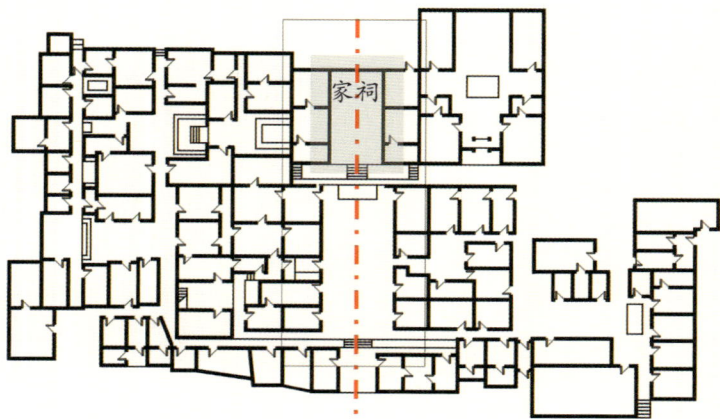

图4-3-41 刘家桥彭城世家平面图

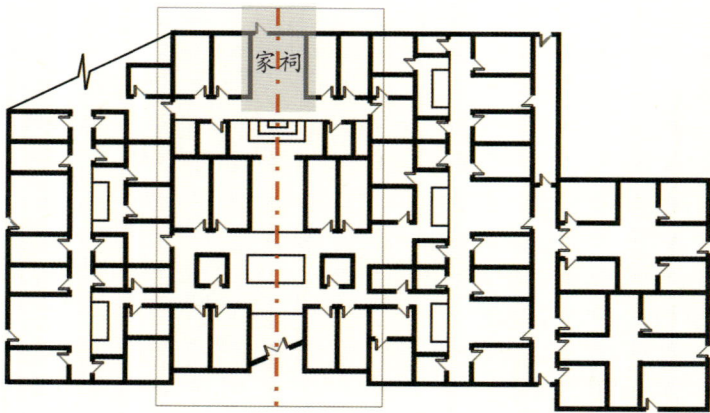

图4-3-42 熊家大屋平面图

　　类似还有刘家桥彭城世家老屋（图4-3-41），以及位于通山通羊镇岭下村的熊家大屋（图4-3-42），宅院的布局虽然不似王明璠大夫第那样呈中轴对称分布，但在安排家祠的位置时，都是将院落靠中路的最里面一进作为祠堂的空间。祠堂所在的多进院落基本呈对称式布局，两侧房屋的形制则相对自由，或是受到地形的影响，或是随着人口增多而加建扩张，或是为了满足功能的需要，在空间上的表现相对灵活。

4.3.3 表彰节孝的牌坊屋

牌坊屋是一种特殊形制的住所，是牌坊与房屋的结合，它兼具了居住、表彰和教化的功能。牌坊是由乌头门、棂星门的样式演变而来，一般位于建筑群的入口处或交通的重要节点上，最初的功能也较为类似。乌头门因立柱的顶端装有防雨水浸湿的墨色瓦筒而得名"乌头"《营造法式》记载："一曰乌头大门，二曰表揭，三曰阀阅。"《汉书注》介绍："古者以积工为阀，经历为阅。"所以乌头门除了分隔空间的功能以外，还起到宣告文书和旌表门第的作用。棂星门是对乌头门的简化和升级，它简化了乌头门作为"门"的防御功能，去除了门扇，只留下立柱、横梁和额枋；它升级了旌表和象征的功能，吸纳了雕刻精致、造型华贵的华表的特点，将立柱改为高耸的华表柱样式。牌坊是明清两代特有的装饰建筑，是以道德教化、标榜功德、纪念追思为主要功能的纪念碑式建筑，木作、砖作、石作都有。

礼制与礼教思想贯穿了上自封建帝王，下到平民百姓的社会活动。牌坊用于表彰被传统礼教所赞许的功德事迹，明代主要以鼓舞人才为主，如状元坊、进士坊、尚书坊等等，到清代，逐渐以表彰节孝为主，有孝子坊与贞节坊，贞节坊居多。它没有防御或居住功能，主要用于记录一些有关忠孝、贞节、功名、功德的事迹，昭示正义与高尚的准则，是荣耀的标榜，并以此规范人们的行为（图4-3-43、图4-3-44）。

图4-3-43 修建于道光戊子年的乐节山孝子坊

图4-3-44 修建于宣统年间的宝石村贞节牌坊屋

图4-3-45 前坊后宅的牌坊屋

鄂南聚落中的牌坊屋，将旌表功勋的牌坊与住宅结合在一起，形成了可以用于居住的实用空间。其代表形式有两种：一种用于宗祠，用来强调宗祠的入口外观，所以做成牌坊式；另一种是经过朝廷御批允许兴建的牌坊，前坊后宅，实际上是一座拥有牌坊的住宅。在前一类中，只有一个家族的宗祠入口才被允许建成牌坊的样式，而支祠和家祠入口，通常只能做成八字影壁的样式，以示其不同于一般住宅，但宗祠入口的牌坊构架多不是真正的牌坊，只是做成牌坊构架的样式，起到强调房子的标志性和重要性作用，其上枋间牌匾处的文字很少，仅标示"某氏宗祠"；后一类牌坊屋是牌坊与住宅的结合，它兼有牌坊的纪念功能和居住功能，在鄂南地区境内，尤其在通山县所见最多的是一种前坊后屋的建筑形式，这种将房屋与牌坊结合而成的产物，利用牌坊的构架，按照牌坊的规格建造，在立面上增添装饰性的构造，如增加牌坊和横枋，使层数增高等，使房屋主立面保持了牌坊的精美和纪念性，是一种节材节地的灵活做法[46]。鄂南在清朝的中晚期所修建的牌坊多数是前坊后屋的形式，主要为表彰"节孝"所立。

洪武元年（1368 年），明太祖诏令："民间寡妇，三十以前夫亡守制、五十以后不改节者，旌表门闾，除免本家差役。"[47] 将妇女的守节行为与其家族荣誉和经济利益捆绑在一起。清承明制，继续表彰各类节妇，寻致汉族社会守节之风日渐增长。建于同治六年的通山县通羊镇岭下村唐家垄成氏节孝牌坊屋修建的原因，是许显达去世后，其妻成氏守节 30 余年，独自将孩子抚养成人。建筑占地 34.2 平方米，砖木结构，面阔三间，进深只一间。牌坊屋正面的牌坊为四柱三门三楼样式，中间一门可出入。三个门楼分别用三层如意斗拱、六条鱼尾脊撑起楼檐。最上层是书有"节孝"二字的石匾，正下方是"儒士许显达妻成氏"的题款，左右两侧分别是"冰清""玉洁"的石碑。建筑装饰以砖雕为主，墙面贴有蝙蝠图案的花砖，上层额梁为砖雕的八仙人物像，下层额梁中间为双龙戏珠，两侧为丹凤朝阳，雕刻工艺精美、造型生动，民间艺术色彩极浓（图 4-3-45~ 图 4-3-48）。

图 4-3-46　唐家垄牌坊屋立面

图 4-3-47　牌坊屋细部

图 4-3-48　牌坊屋细部

　　《通山县志·列女传》记载，乾隆至同治的两百年间，境内有烈妇1570余人，其中27人被敕建牌坊。这些贞烈女性的事迹，需要先通过各个地方的绅耆、族长、保甲向官府公举，再由官府上报到朝廷，经皇帝御批才可以立牌坊。牌坊的修建也需要一定的财力支持，清代《礼部则例》规定，凡朝廷批准立的牌坊，均可获得三十两白银的地方拨款。三十两白银在当时大约可供一户普通家庭生活一年，颇为丰厚，但是实际上修建牌坊的花费远远超过了拨款。光绪十四年，通山县南林桥镇石门村楚黄山的夏氏族人，为守节五十余年的蔡氏修建贞节牌坊。据《夏氏族谱》记载，除了御赐的白银，夏家还卖掉了几十亩肥沃的良田，总计花费近千两才得以建成。这些钱财用来大摆宴席，以答谢皇上的恩典和前来祝贺的四方宾客，也用来聘请能工巧匠，为牌坊设计精美的雕刻与装饰。所以修建牌坊在当时看是一件十分奢侈的事情，它需要家族雄厚的财力支持，需要合全族人的力量，捐款、集资或出卖田地才能落成。牌坊的荣耀除了属于守节的妇女，也属于整个家族。

图4-3-49　复建后的株林张氏节孝坊

图4-3-50 节孝坊石碑

建于光绪十一年（公元 1885 年）的通山县杨芳林乡株林村的节孝坊，是为表彰儒士黄保赤的结发妻子张氏而建。张氏在丈夫去世后照顾其年迈的母亲和身患残疾的孩子，在清贫、艰苦的生活条件下守节 40 年，在乡里传为佳话。在张氏晚年，当地绅衿联名上书官府为其旌表，并纷纷出资予以修建。牌坊屋占地 75.6 平方米，前坊后宅，正立面的牌坊为四柱三间三楼，砖石仿木结构，上、下檐均为庑殿顶，置正吻和宝瓶。牌坊的顶部是一块书有"皇恩旌表"的石碑，正下方为光绪皇帝亲笔题写的"节孝坊"三个字，象征着最高的荣誉，再下方是"儒士黄保赤之发妻张氏""冰心""霜操"的碑文。牌坊装饰精美，有多幅以灰塑、雕刻与彩绘等手法表现的民间故事图和大量吉祥纹样。牌坊后的房屋只一间，被隔成三间房，两层高，为砖木混合结构，穿斗式梁架，硬山顶，上覆小青瓦[48]（图 4-3-49、图 4-3-50）。

庑殿顶是清代屋顶等级最高的样式，由于是御赐的牌坊，所以采用了这种高规格的形制。当地虽然将牌坊和房屋结合为一座整体建筑进行建造，但是在"后屋"的规模和形制上却不敢出现僭越。清朝的营缮法令规定，六品及以下的官吏和平民的住宅只能采用悬山顶或硬山顶屋顶建造样式，所以在民间以等级最低的硬山顶最为普遍。牌坊屋在立面的牌坊上采用精美的雕刻与彩绘装饰，在后方的居住区则采用最基础的硬山顶构造和最简单的平面布局，一间堂屋、一间卧室与一间厨房，并不设井院，不作装饰，在功能上仅满足独居者最基本的生活需求。

在封建社会，礼制思想长期约束着人们的社会行为，要求每一个人都严格遵守封建等级社会的道德规范，成为维系家族秩序、稳定传统社会的无形法则。礼制是聚落精神空间形成的基础，体现了对家族和先祖至高无上的崇拜和绝对的服从，增强了家族的凝聚力和控制力。礼制也是中国传统聚落空间形成的基础，讲究礼制秩序的建筑布局，在居住内环境上追求儒家的教化性空间，而在聚落外环境上则是以老庄思想为主导，强调对自然环境的尊重。

注释：

[1] 萧兵对楚文化的背景的多源描述，总结如下：先楚文化地处南方苗人原住地，其文化富集着众多苗人的文化因子，苗文化很可能是楚文化基础的骨干；楚王常常自认"蛮夷"而不愧，显然祖居江汉流域偏南的地方；但他又说"托东海之上"，显示其与百越的关系很大；楚姓芈，是羊形或羊鸣，羊是羌族集团的崇拜对象；楚王名字多有"熊"字，似乎又是西北山原熊图腾文化的投影；楚人又视东夷先祖颛顼、祝融等为祖先，以东方的帝舜为精神领袖。仅仅从楚王族来看，他们与四方文化都沾亲带故，从此可寻绎其文化多元性的踪迹。萧兵. 楚辞新探 [M]. 天津古籍出版社，1988：10–12.

[2] 高介华，刘玉堂. 楚学文库：楚国的城市与建筑[M]. 武汉：湖北教育出版社，1995：465.

[3] 冯天瑜，何晓明，周积明. 中华文化史[M]. 上海：上海人民出版社，1990.

[4] 李昕泽，任军. 传统堡寨聚落形成演变的社会文化渊源——以晋陕、闽赣地区为例[J]. 哈尔滨工业大学学报（社会科学版），2008（6）.

[5] 罗常培. 语言与文化[M]. 北京：语文出版社，1989：88.

[6]（明）王士性. 五岳游草：广志绎[M]. 北京：中华书局，2006.

[7] 李晓峰，谭刚毅. 中国民居建筑丛书：两湖民居[M]. 北京：中国建筑工业出版社，2009：29.

[8] 潘莹，施瑛. 论江西传统聚落布局的模式特征[J]. 南昌大学学报，2007（5）：94.

[9] 潘莹. 江西传统聚落建筑文化研究[D]. 华南理工大学，2004：260.

[10] 郭谦. 湘赣民系民居建筑与文化研究[M]. 北京：中国建筑工业出版社，2005：99.

[11] 赵之枫. 传统村镇聚落空间解析[M]. 北京：中国建筑工业出版社，2015：18.

[12] 单德启. 中国传统民居图说：徽州篇[M]. 北京：清华大学出版社，1998.

[13] 赵群. 传统民居生态建筑经验及其模式语言研究[D]. 西安：西安建筑科技大学，2004：134.

[14] 吴晓勤. 世界文化遗产——皖南古村落规划保护方案保护方法研究[M]. 北京：中国建筑工业出版社，2002.

[15] 李晓峰，谭刚毅. 中国民居建筑丛书：两湖民居[M]. 北京：中国建筑工业出版社，2009：18–19.

[16] 李晓峰，谭刚毅. 中国民居建筑丛书：两湖民居[M]. 北京：中国建筑工业出版社，2009：35.

[17]（清）陈宏谋，范咸（纂修）. 湖南通志（乾隆）：卷21 堤堰.

[18] 清世宗实录：卷36 雍正元年四月乙亥条[M]. 北京：中华书局，1985.

[19] 清高宗实录：卷147 乾隆六年七月庚辰条[M]. 北京：中华书局，1986.

[20] 雍正. 宫中档雍正朝奏折：第6辑。引自（日）松浦章. 清代内河水运史研究[M]. 南京：江苏人民出版社，2010：14.

[21] 严广超，严文乐，赵婕. 多元文化影响下的三峡地区传统民居[J]. 华中建筑，2006（10）.

[22] 刘前凤，杨华. 三峡地区巴、楚文化的考古研究[J]. 长江师范学院学报，2013（5）.

[23]《舆地纪胜》卷182："云安（今云阳）监及云安县盐井，岁产盐三十万余斤。"至民国初年，云阳县仍有33口盐井，岁产盐近二十万担。

[24] 秭归新滩镇桂林村《郑氏家谱》记载：始祖有良，原籍江南江宁县，曾宦（官）四川达州东乡县，解组居桦皮村，明洪武元年从戎征夒国（今湖北秭归）。

[25] 李红. 聚落的起源与演变[J]. 长春师范学院学报（自然科学版），2010（6）.

[26] 杨国安. 空间与秩序：明清以来鄂东南地区的村落祠堂与家族社会[J]. 中国社会历史评论，2008（1）.

[27] 李晓峰，谭刚毅. 中国民居建筑丛书：两湖民居[M]. 北京：中国建筑工业出版社，2009：67.

[28] 湖北省通山县志编纂委员会. 通山县志：第二卷 人口·姓氏[M]. 北京：中国文史出版社，1991：60.

[29] 湖北省崇阳县地名领导小组. 崇阳县地名志[M]. 1982：140—145.

[30] 赵之枫. 传统村镇聚落空间解析[M]. 北京：中国建筑工业出版社. 2015：13.

[31]（美）何天爵. 真正的中国佬[M]. 北京：光明日报出版社. 1998：61.

[32] 杨家垄，1966年修建南川水库时被淹入水库之中。

[33] 白鹤学堂，2001年被拆。

[34] 李晓峰，谭刚毅. 中国民居建筑丛书：两湖民居[M]. 北京：中国建筑工业出版社，2009：70.

[35] 按照《礼记》的规定，帝王、诸侯、六夫、士各设有不同数目的宗庙进行祭祖活动，而庶人则不允许设专门的庙，只能在家里祭祖。在宋朝中期以后，民间逐步开始摸索宗族祭祀的形式，出现了许多名称不同，但是具有相同的宗族祭祀形式的场所。明朝以后，民间个人建宗祠才被允许，并在清朝时得到鼓励。

[36] 刘亚萍. 以朱熹的构想为基础的宋代祠堂[J]. 黑龙江史志，2009（6）.

[37] 楼庆西. 中国古建筑二十讲[M]. 北京：生活·读书·新知三联书店，2001：85.

[38]《康熙圣谕十六条》的第一、二条就是这两句。在鄂南实地的考察中看到，许多宗族在家谱的卷首处写着这两句话，以示修建宗祠的权威性。

[39] 杨国安. 空间与秩序：明清以来鄂东南地区的村落祠堂与家族社会[J]. 中国社会历史评论，2008（1）.

[40] 于峥嵘. 岳村政治：转型期中国乡村政治结构的变迁[M]. 北京：商务印书馆，2001：79.

[41] 余英. 中国东南系建筑区系类型研究[M]. 北京：中国建筑工业出版社，2001：66.

[42] 朱熹在《家礼》中对祠堂的形态的约定，原文为："祠堂之制，三间，外为中门，中门外为两阶，皆三级，东曰阼阶，西曰西阶，阶下随地广狭以屋覆之，令克容家众叙立。又为遗书、衣物、祭器库及神厨于其东，缭以周垣，别为外门，常加扃闭。若家贫地狭，则止为一间，不立厨库，而东西壁下五立两柜，西藏遗书、衣物，东藏祭器亦可，正寝谓前堂也，地狭则于厅事之东亦可。凡祠堂所在之宅，宗子世守之，不得分析，凡屋之制，不问何向背，但以前为南，后为北，左为东，右为西。"

[43] 游彪. 宋代的宗族祠堂、祭祀及其它[J]. 安徽师范大学学报，2006（5）.

[44] 李晓峰，谭刚毅. 中国民居建筑丛书：两湖民居[M]. 北京：中国建筑工业出版社，2009：68.

[45] 谭刚毅，任丹妮. 祠祀空间的形制及其社会成因——从鄂东地区"祠居合一"型大屋谈起[J]. 建筑学报，2015（2）：99.

[46] 李百浩、李晓峰. 湖北建筑集萃：湖北传统民居[M]. 北京：中国建筑工业出版社，2006：165.

[47] 明会典：卷79　礼部三十七·旌表[M]. 北京：中华书局，1989：452.

[48] 该建筑于2007年整体搬迁至武汉市黄陂区湖北明清古建筑博物馆内，进行了重新修复。

合院式建筑的文化根基源于中原文化，其形态样式与空间布局都可看作是这种文化的物质化体现。鄂南聚落中的传统建筑在整体上呈现出汉族合院式的建筑风格，但随着文化的进一步交流、融合，天井院式的民居渐渐形成体系，并日趋完善。它吸收了合院式建筑中的形制及其背后的礼制，根据地方的自然条件与人文环境做出最佳的适应性调整，形成具有地域性特征的聚落形态。

鄂南聚落的空间形态与整体布局不仅反映了建筑所处的气候、地理环境　同时还与地方的生产方式相对应，其总体特征从根本上说仍是受传统思想影响的居住空间，但也体现出了对山地灵活适应性布局。在地方农业与手工业的影响下，因商成集，从而产生了同时满足贸易与居住需求的集镇街屋。

鄂南的天井院式民居，并不像北方合院式建筑在形制上那么规范与严谨，它更像是基于一定逻辑有机生长起来的。虽然由于地形地势的不同或经济文化的差异，这些聚落在细节的处理上各有特点，但其本质上都是由几类基础的平面形制根据不同实际情况的变化与组合。

5.1　院落的平面组成

5.1.1　基本构成形式

在中国传统民居建筑的平面构成中有一种基本型，被称为"一堂两内"，其特征是"一明两暗"，这种简单的民居形式是其他类型平面格局的基础，可以说是其他所有平面形制的原型[1]。"一堂两内"的民居形式早在西汉年间就已经非常普及，在晁错《募民相徙以实塞下疏》中记载："臣闻古之徙远方以实广虚也，相其阴阳之和，尝其水泉之味，审其土地之宜，观其草木之饶，然后营邑立城，制里割宅，通田作之道，正阡陌之界，先为筑室，家有一堂二内，门户之闭，置器物焉，民至有所居，作有所用，此民所以轻去故乡而劝之新邑也。"[2]可见"一堂两内"在当时已经属于比较成熟的平面形制并广为使用。随着移民的南下与人口的流动，除了地形条件受限区域，或少数民族的聚居地，大部分地区都受到了这种简单的民居形式的影响。

"一堂两内"有两种布局样式，一种是"前堂后内"，即"一堂"在前，"两内"在后，房屋占地总体呈正方形，堂屋在前面，为会客、聚会的场所，所占面积较大；两间卧室并列于后方，面积加起来大致与堂屋相等，平面形式基本对称。另外一种是"中堂旁内"，即"一堂"在中间，"两内"在两边，东汉的《说文》一书中解释"内"即是"房"，"房，室在旁也"。段玉裁也在注释中对此做了解释："凡堂之内，中为正室，左右为房，所谓东西房也。"[3]其平面组成形式可看作是横向的三个大小相近的开间（图5-1-1）。

"一堂两内"在汉代早期还是以"前堂后内"为主流居住样式，到东汉时逐渐演变成房室在堂屋两侧的形式，"中堂旁内"在平面组织上的优势性更加明显。首先，它采用规整的开间排列，对于传统木构建筑的梁架结构来说，柱网的排列与扩张更加简便，并且有利于建筑群组的整体布局与规划；其二，它能提供大小适宜的居住面积，将"房"安排在堂屋的两侧比在后方更容易获得较大的使用面积，在保证私密性的同时使居住空间更加实用；其三是房间采光效果优于"后内"的做法，横向排列的三间房屋都可利用前后开窗获得良好的采光，并有助于住宅内空气的对流，使居住环境更加舒适。所以左中右式的"中堂旁内"在住宅平面形态长期的演进过程中更具有生命力。

以"中堂旁内"为原型的布局形式也广泛地存在于鄂南各地，被当地称为"三连间"或"连三"，由于布局简易、规整，所以非常适合组合与扩张，形成联体式的布局。在居住与使用的过程中，"三连间"为了满足更多的功能需求，逐渐演变为在堂屋的前后各退进一段距离，从

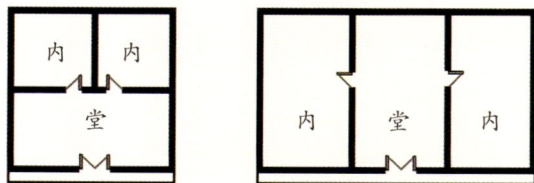

图5-1-1　"一堂两内"示意图

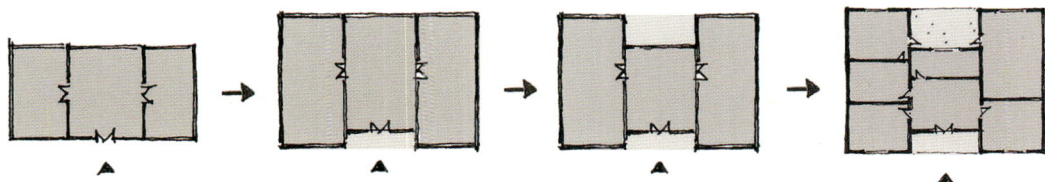

图 5-1-2 三连间向功能型布局演化的过程

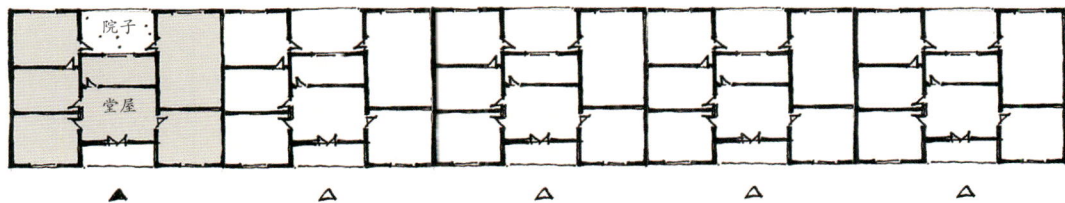

图 5-1-3 排屋的平面组成

而形成正面的入口空间与背面的庭院空间，大大增加了空间的变化并产生了更强实用性（图5-1-2）。"三连间"的中间一间为堂屋，两侧是厢房，两侧次间为厨房及储藏间，堂屋背后的退进自然形成一小块院子。数间"三连间"横向连接在一起的平面形式在 20 世纪七八十年代的鄂南广为流行，被称作"排屋"。现今在部分县市、郊区仍能看到不少类似形式。为便于横向组合，排屋中每一个单元的房屋均只在前后墙面开窗（图 5-1-3、图 5-1-4）。

图 5-1-4 鄂南民间的排屋

"一明两暗"式的布局方式对鄂南聚落的影响是巨大的，其影响范围以及规模数量都达到了一定程度。从其演化后的空间形式上看，由于小庭院的出现，堂屋与两座厢房之间形成了凹进式的半围合布局，使原本三股互不干涉的力量互相作用，创造出了新的"积极空间"。它不仅使居住空间更加富于变化，具有更多的功能，更重要的是体现出了"围合"的趋势，符合人们对内向型"家园"的心理需求，也符合建筑形制发展的一般规律。和天井院式住宅相比，三连间排屋的建造更加经济、便捷，对地形的要求也不高，容易被复制与生产，这种形制在漫长的历史进程中不仅未被淘汰，还一直沿用至现代，是具有其独特优势的。

5.1.2　围合天井式

"天井"的概念最早出现在《孙子·行军》中："凡地有绝涧、天井、天牢、天罗、天陷、天隙，必亟去之，勿近也。"[4]"天井"在注解中被释为四面陡峭、溪水所归的天然之井。后来天井的概念被引入到建筑中，指的是由四围或三面房屋和围墙围合而成的中部空地[5]。

天井院的围合形式实际可看作是"一明两暗"式的进一步演化。它在堂屋背后的院子后方再加上一排房屋，使原本半围合的院子成为四面围合的井院空间（图5-1-5）。出于通风换气的需要，以及居住使用方便的需求，厢房与前后堂屋逐渐隔开，产生若干连接房屋与天井的通道，最终形成今天看到的天井院的平面样式。与排屋的布局方式相比，天井院的围合感更为具体，将由建筑单元围合而成的室外空间，纳入到家庭内部空间中，形成一定的内聚力。

一组天井院就是一个居住单元（图5-1-6），通常包括门屋、天井、面向天井的厅堂、厅堂两边的房间（耳房）、天井两侧的厢房以及联系这些房舍的廊道等要素，在厢房的另一侧常常还辟有小天井，用于解决厢房和正屋间的通风

和采光问题，因此，一组居住单元通常由一个主天井及两个小天井组合而成[6]。天井是住宅内部与自然相连接的室外空间，既便于建筑采光、通风，也能满足日常生活的各种需要。由于天井的出现，房屋的空间组织也产生了更多的变化，封闭的厢房、半开敞的堂屋和露明的大、小天井共同存在于宅院之中，使得居住空间的层次更加丰富，居住模式与功能更加实用。多种空间形式的存在，使房屋被划分为不同私密程度、不同等级场所的多个区域，使其能更好地满足家族中的生活与秩序。

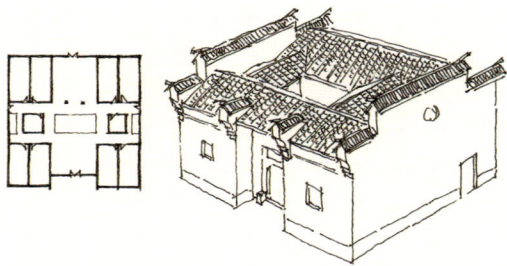

图5-1-6　鄂南天井院的基本形态

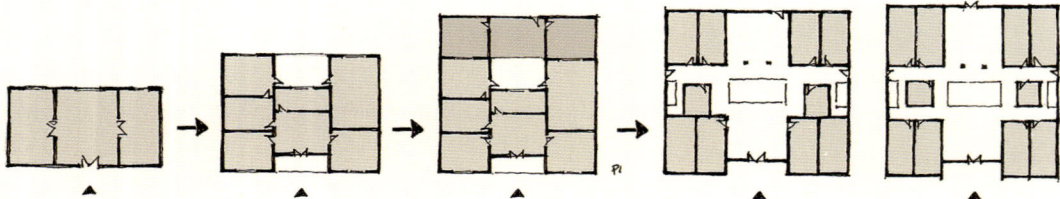

图5-1-5　从基本形态向天井院的演化

图5-1-7 通山县中港村周家大屋中的天井空间

天井院是中原合院建筑影响下的建筑形态，是中原文化与地域乡土文化结合的产物，其平面形制与北方合院在本质上是同构的，而两者之间的区别可以从三个方面稍作阐释：

①从尺度大小上看，天井含有"井"的概念，属于室内尺度，是由周围的建筑物包围形成，尺度较小是它与北方四合院的最大区别（图5-1-7）。《增补理气图说》中说："天井主于消纳，大则泄气，小则郁气，其大小与屋势相应为准。"[7]可见，天井的大小是受到周围房屋的大小、高低等因素的制约的；而庭院是室外尺度，围绕在其四周的正房、厢房及倒座都呈分离状分布，使内部庭院相应地显得更为宽阔。天井的空间形态与周围四面的房屋是一个整体，是一个形似"口"状，却无具体界面切割的泛空间，是介于室内空间与室外空间之间的灰空间，而院落则是属于彻底的室外空间范畴，在空间上具有开阔性的特征。

图 5-1-8　天井旁的廊道
（宋家大屋）

图 5-1-9　天井旁的廊道
（洪口赵家民居）

图 5-1-10　天井旁的廊道
（垅口冯家大屋）

图 5-1-11　天井旁的廊道
（黄燮商老屋）

②从空间组织上看，北方四合院的基本形态为一进式院落，由正房、东西厢房、倒座房围合而成，将基本形态进行纵向的组合，可形成两进或多进的复合式院落形态。由于受到中原文化中法教礼制、长幼尊卑等儒家文化的影响，合院式建筑的平面布局不论是空间还是尺度都要求得比较严格，具有明显的中轴对称关系。在整体朝向上，为了应对气候环境和追求更高的居住舒适度，建筑以坐北朝南为最佳。而当若干宅院集中在一起时，虽受到街道条件的限制，仍基本保持南北朝向不变，只对宅院的入口方向作出调整，在邻靠纵向街道时，则在正东、正西处设宅门，进门后再绕行至南边，由南向北进入宅院。而天井院聚落的布局最大的受制因素来自地形，房屋的朝向并不苛求南北，以背山面河为宜，平面布局也是在有限的地形条件中做出适应和调整，由天井和廊道将宅院内的房间组织和联系在一起（图 5-1-8~图 5-1-11）。整体上看，由天井院组合形成的南方聚落与自然环境的结合更加紧密。

③从功能构造上看，天井院的基本特征是由若干小天井来组织院落，含有采光、排水、散气的功能，在夏季小尺度的天井开口还有利于阻挡太阳辐射，能够在一定程度上避免阳光直接进入到室内，为房屋提供更多的阴凉空间，提高居住的舒适度，部分天井中还修建了水井，满足更多实际生活的需求。而四合院是以铺地、种植等室外构造为主，更像是一个健康、舒适的室外活动场所。它能够适应北方寒冷、干燥的气候特征，具有防风、避沙、抗震等优点，宽阔的庭院空间还具有纳阳、保温的作用。由于北方干燥、雨水缺乏，庭院里常常会摆上一口或几口水缸，既可以起到防火、灭火的作用，同时还能够调节庭院内的微气候。

5.1.3　灵活组合式

天井院是鄂南聚落中最典型的单元空间组成。在功能的需求和地形地势条件的作用下，多组天井院横向或纵向连接，构成颇具规模与气势的宅院，在当地被称作"大屋"（图5-1-12）。天井院纵向的连接被称为"进"，横向一排房屋称为"一进"，经过天井到达第二进，以此类推，较大的宅第有三进到五进或者更多；天井院横向的连接称为"连"，即"连接几个开间"的意思，比较典型的户型通常为"三开间"或者"五开间"等奇数房间，也被称为"连三""连五"。以一座横向三个于间，纵向两进房屋的住宅为例，当地人多用"两进连三"或"两进三于间"来对这一居住单元的规模进行描述。通常宅院以横向为临街的正面，入口位于正面的中央，所以房屋的横向开间数一般采用奇数，使房室的中轴位于正中的一间开间上，这与中国古典建筑在平面构图上所并求的中轴对称原则是一致的（图5-1-13、图5-1-14），但在更多情况下，丘陵地带的地势条件限制了房屋规模的大小，以及左右的对称关系，于是呈现出更加自由的组合方式。

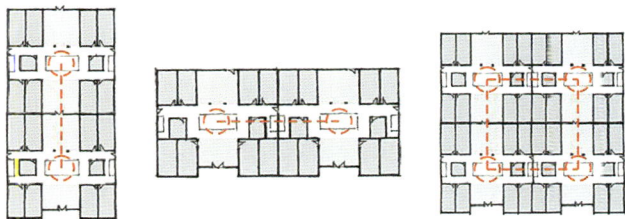

图5-1-12　天井院单元的连接示意图

图5-1-13　两进三开间（通山黄沙铺镇宋家大屋）

图5-1-14　三进五开间（通山通羊镇乐氏老屋）

图5-1-15 刘家桥上新屋

现存的大屋多数为清代所建，也有部分是明代遗存，一些来自大氏族的组合式井院住宅相继出现，可以看作是鄂南大屋发展至成熟阶段的典型代表，如咸安区刘家桥聚落的上新屋、下新屋，通山县洪港镇王氏聚落的迪德堂，通羊镇的熊家大屋，高湖乡的朱家大屋，翠屏乡的郑家大屋等等。

刘家桥上新屋始建于清代，有大小房屋七十余间，其平面形态看似无序，实际上是以天井院为单位将房屋划分为若干团块，横向与纵向组合，再以巷道连接而成（图5-1-15～图5-1-17）。建筑没有方位的限制，整体上也并不追求对称，只在每一个天井院单元中，围绕天井展开大致的对称式的分布，而在组合的过程中根据基地条件再对房屋的大小、多少作出调整，所以在平面布局上的灵活度更大。天井院的组合与变化是大屋中空间组织的内在逻辑，也因此形成具有当地地域特色的组合式"大屋"建筑。

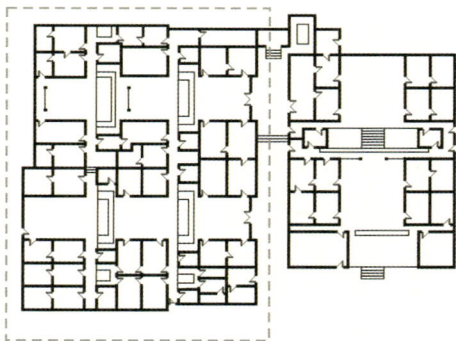

图5-1-16 上新屋平面图

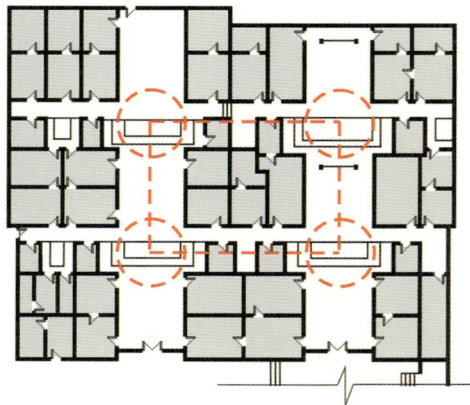

图5-1-17 上新屋平面图局部

图 5-1-18 通山王明璠大夫第

图 5-1-19 大夫第的多进院落

图 5-1-20 大夫第的多进院落

鄂南还有一种组合型的特例，即在大型宅院中天井院与庭院共融的情况。其组成形式类似庭院型民居出现两进或多进的天井院落，或者说是在天井院的门前出现用矮墙围合的小院，形成较为宽敞的前院空间。位于通山县大路乡吴田畈的王明璠大夫第（图 5-1-18~ 图 5-1-20），就是一座复合天井院式的联本大宅院。大夫第的主人王明璠是清代同治年间的奉政大夫、光绪年间的朝议大夫，"大夫第"即是士大夫的门第，是身份的象征也是家族的荣耀。宅院由王明璠父子在咸丰年间分两次修建完成，虽房屋阔大但十分简朴，除了宗祠和戏台稍有装饰以外，院内便再没有雕刻。王明璠为其命名为"芋园"，以凸显其大而无华的本质。大夫第坐西北朝东南，占地近 3000 平方米，共有大小 28 个天井，从平面形态上看，布局十分严谨、方正。整栋建筑中轴对称，主次分明，轴线上为祠堂，左右为住宅。祠堂共四进，每一天井为一进，每进均设有储藏用的阁楼，前三进空间较为狭长，最后一进的顶端为祖堂，天井院的空间明显较前三进更大。祖堂正对的过厅上建有小戏台，用于为祖先唱戏演艺，也是一家人聚会、娱乐的场所。左右两边的住宅也为四进院落，且各自以天井为中心，呈对称布局。三个区域的山面均为封闭的马头山墙，每一个天井院有一条通道通向祠堂的天井，形成建筑中部的一条封闭、狭长的祠堂空间（图5-1-21）。这种布局方式既封闭又连通，在功能上彼此独立，强化了大屋中宗族空间的主体地位。

　　建筑前方有一片以围墙围合的庭院，空间开阔，庭院一角为旧时私塾（图5-1-22）。天井的四面围合紧凑，空间尺度小巧亲切，在南方闷热、潮湿的气候条件下能起到良好的遮阳、通风效果，而庭院的空间开敞，更加适用于北方对于纳阳、保温的需求。像芋园这种融合了南方天井与北方庭院两种构成要素的大屋在鄂南并不常见。庭院的出现，使整个建筑群体在布局上更加统一。建筑主体部分原有三个入口，主入口通向祠堂，两个次入口通往住宅，增加了庭院空间后，均先由庭院的院门进入再各自分流，体现出了更好的组织性与私密性。同时，庭院还提供了更大的家族公共活动空间，除了设置读书学习的私塾，还可以成为族人聚会与休憩、劳动与晾晒的场所，使建筑内部的功能更为完善。大夫第之所以是这种形式，很重要的一个原因是其主人先在朝廷为官，后返回家乡建房，在很大程度上把北方合院式建筑体系的做法融入到了当地的设计之中，包括其严谨对称的平面形制、对庭院空间的吸纳，以及山墙上滚龙脊的处理等。在相邻的湖南省各地，前庭院后天井的形式相对要多，随着人口的迁移和流动，会在建筑文化与建筑形式上

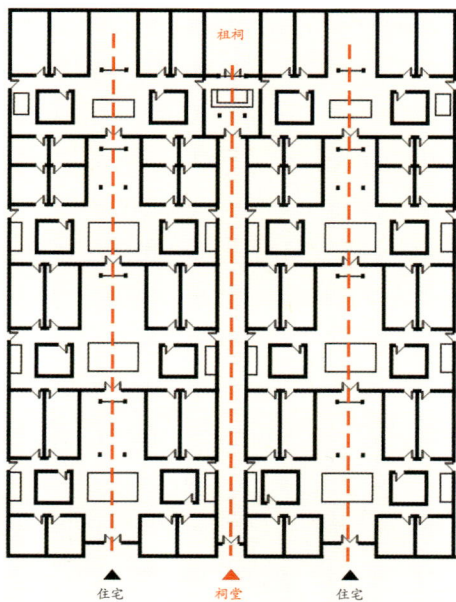

图5-1-21 大夫第平面图

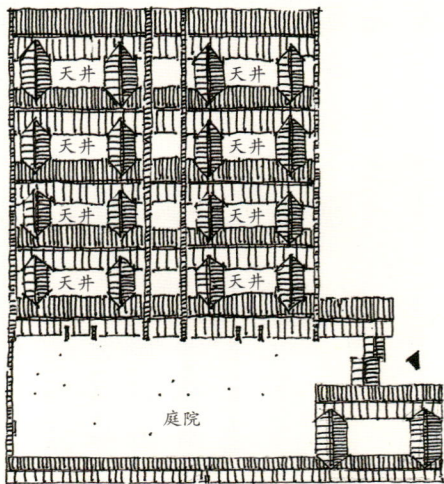

图5-1-22 大夫第中天井与庭院共同存在

图5-1-23 通山县中港村周家大屋（王卫和 摄）

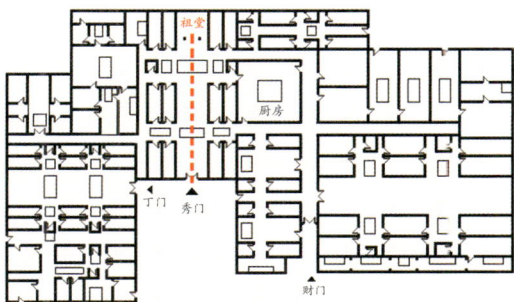

图5-1-24 周家大屋平面图

表现出相近的特征，大夫第样式的成因或有一部分也在于此。中国传统社会中除了几次大的移民活动，在南方地域之间，或是由于土地政策的影响，或是由于商业活动的需要，又或是出于其他社会及家族原因，进行了较为复杂的人口地域性再分配，加速了不同文化的交流与融合。具体到建筑的营造，受到了行业的技术交流、工匠间施工工艺的传授，以及业主的个人要求等多方面的影响，这些使用者、设计者和建造者的交流和往来，促使了类似的风格样式的产生。

通山境内还有一座颇具规模的平民院落——周家大屋。据《周氏宗谱》记载，周瑜的第三十五代后人从江西辽田迁到此地，在乾隆年间于九宫山镇建屋。周家以养林种地为生，属典型的农家院落，在天井院的组合上显得更为灵活（图5-1-23）。大屋建筑面积约4500平方米，天井48个，大小房间136间，是三座三进五开间的院落联合在一起，分别居住着周家的三个兄弟。三座院落里居中的正屋背山面河，坐东朝西，是三兄弟中长兄的宅院。家族祠堂也设在这里，位于第三进的厅堂内。上屋坐南朝北，下屋坐北朝南，分别由老二、老三居住。整座大屋贴着山势修建，正屋比两侧房屋退进去一段距离，在门前自然形成了一处凹进的空地，虽没有院墙相隔，实际却起到庭院的作用，成为三户共用的室外活动空间。三座房屋有三个入口，被命名为秀门、丁门、财门，分别象征着秀才及第、人丁兴旺和财源广进。宅院之间有巷道相通，关起门来自成体系，形成各自相对独立而封闭的空间，打开门又户户相连，方便交往，并且大屋内的各户不单独设火房，全都在正屋北侧一间带有大天井的厨房中共灶生火（图5-1-24~图5-1-26）。周家大屋是以祖堂为中心，以每一个天井院为单位，不断复制形成的平面组织，在这个组织关系中，既有主次、层级的反映，也有家族内聚性的体现。它不像芋园大夫第的布局所追求

图5-1-25 周家大屋祖堂

图5-1-26 周家大屋厨房

的中轴对称、左右对等，而是以顺应地形环境和追求生活便利为主要考量，灵活处理院落之间的组合关系。虽然周家大屋在整体结构上显得颇为随意，但组合成大屋的三个院落在小单元上仍保持以天井为中心的对称关系，与传统社会的礼法特征和家族制度是相对应的。

周家大屋是农家院落布局形式的典型代表，在家族内部有相对独立的生活单位，也有共同生活的空间，有体现封建礼教的组织结构，也有根据地形或功能需求在局部空间做出的调整和变化。从总体上看，在山地环境的限制下，大屋必然向着集约式形态发展，所以建筑依地形重于依形制，而鄂南地处山区边缘，封建阶级的统治思想较弱，因而建房受到的限制也相对较小，也为这类布局形式的产生创造了条件。

5.2 院落的空间组成

5.2.1 槽门

图5-2-1 通山县西泉村吴氏老屋入口

图5-2-2 通山县厦铺镇周家大屋入口

槽门是宅院空间序列的第一个组成元素，是从外部空间进入到内部空间的标志和符号，具有明显的过渡性和半开放性的特点。人由具有公共性的场所走进私人的宅院，在经过槽门时，光线由明转暗，声音由杂转静，地面的高低和地砖的铺设都发生变化，形成户外与宅院的内外之别，从而产生"回家"的心理感受。槽门的外观大小、造型风格以及装饰程度，代表了一户的门庭气象，体现出宅院主人的社会地位和财富多寡。不同类型的槽门样式，传递出不同的文化信息，具有明显的标志性与识别性。槽门的类型在形态上可总体分为平开式与凹进式两种。

平开式是直接在外墙上开设门洞，不做凸出或凹进的处理，门上有门头，但出檐较浅，没有实际功能，只起到装饰与强化入口的作用，门头下方有题字的门楣匾额，也是院落中侧门处常常采用的样式（图5-2-1~图5-2-4）。

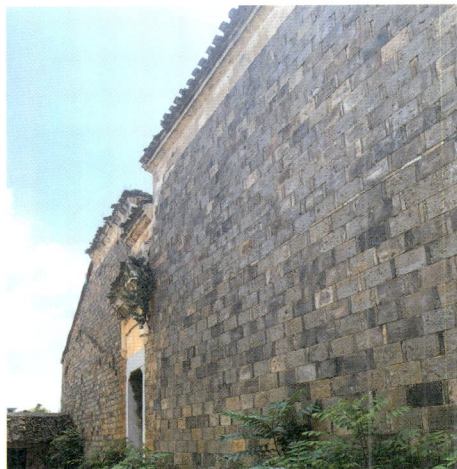

图5-2-3 咸安双溪桥镇大屋金侧门

图5-2-4 刘家桥上新屋侧门

图5-2-5 咸安朱家老屋

图5-2-6 宝石村老屋

图5-2-7 高桥八斗畈老屋

图5-2-8 白霓镇曾家大屋

　　牌坊屋的牌坊式入口也属于平开式入口的一种，由于具有纪念与旌表的作用，所以在规格、造型与装饰上更为精致和讲究，很容易成为聚落中最为突出与醒目的立面。

　　凹进式入口依靠屋檐、地面和凹进形成的三面墙壁组成半围合的入口空间，成为居民进

出家门的过渡场所，和平开式入口相比，它有效地扩大了宅门前方由外向内的停留区域，提供了遮风避雨和闲聊交往的场地，功能性与导向作用更强，这种入口处理方式在鄂南聚落中也最为常见（图5-2-5~图5-2-11）。

图5-2-9 太乙村沈鸿宾老屋

图5-2-10 咸安山里饶聚落

图5-2-11 咸安山里饶聚落

图5-2-12 咸安溪桥饶老屋入口

图5-2-13 石门村老屋入口

图5-2-14 白霓镇曾家老屋入口

图5-2-15 洪口龙家老屋入口

图5-2-16 游家畈老屋入口

图5-2-17 咸安洪口赵家老屋

凹进后的屋檐下方以看梁增加横向的连接，巩固了结构上的稳定性，也成为装饰的部位（图5-2-12~图5-2-17）。

当凹进的开间宽度进一步扩大时，还会增加立柱，以加强对屋面的支撑。如通城县塘湖镇的润田大屋，屋面为单檐硬山布瓦顶，由两根石柱与五座斗拱支撑，使其略高于两侧屋顶，形成较为宽阔的入口空间，石柱与墙壁之间还有雕刻精美的看梁连接，强化了入口立面上的视觉效果（图5-2-18）。咸安太乙柱沈鸿宾老屋也采用类似做法，由两根木柱承托起檐下的三层三十副斗拱，显得门头华丽、厚重（图5-2-19）。同样构造的还有通城县大坪乡的上屋黎家大屋不仅采用石柱支撑，看梁与斜撑部分均以石材作为材料再施以雕刻装饰。石雕比木雕的风格更加粗犷、大气，在入口处呈现出截然不同的面貌（图5-2-20）。凹进式还有一种代表样式为八字墙式入口设计，是将凹进式的两侧墙壁处理成向外打开的八字墙，产生约120°的夹角，如刘家桥上新屋的入口（图5-2-21、图5-2-22）、通山县黄沙铺镇宋家大屋入口（图5-2-23）、羊楼洞方明泰家入口（图5-2-24、图5-2-25）等。它不仅能进一步强化入口的导向作用，使门前的过渡区域向户外延伸，还无形中扩大了入口空间，在立面上显得更加宽阔和气派。江西赣水流域的房屋，其入口处理就是以此为特点，鄂南聚落中出现的八字墙大门也多为这一源流。

图5-2-18　汪润田老屋入口（来源：《咸宁日报》）

图5-2-19　咸安沈鸿宾老屋入口

图5-2-20　上屋黎家老屋入口

图 5-2-21 上新屋入口

图 5-2-22 八字墙入口

图 5-2-23 宋家大屋入口

图 5-2-24 方明泰家入口

图 5-2-25 方明泰家入口

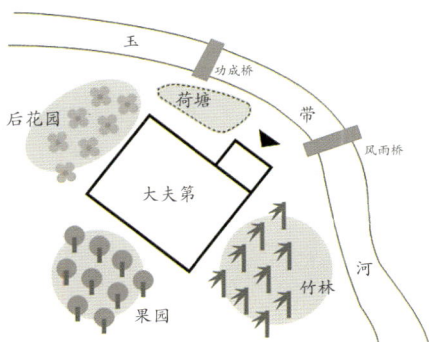

图 5-2-26 王明璠大夫第环境示意图

槽门的位置大多设在整个院落的中轴线上，也有例外，会根据地形与聚落景观，或民间风水的需要进行调整。以湖北大多数地方来说，正房的朝向和槽门的朝向多是由风水先生分开测定，根据风水学中的理论依据和基地现场的实际情况，槽门的位置会发生变化。这与北方合院式建筑中讲究的"坎宅巽门"，将入口设在方位东南角的做法相比，与客观环境结合得更为紧密。

芋园大夫第坐西北，面朝东南，槽门位于院落的东面侧墙上，与房屋的中轴线呈垂直关系。建筑东面环绕着玉带河，南面有竹林，西面是果园，北面有后花园，东面是荷塘，生态环境优美。进入槽门之后是十分宽敞的庭院，内设学堂和仓库，属于家族中的公共空间，庭院的侧边是建筑主体，祠堂入口设在中轴线上。大夫第院落槽门和建筑的入口并不在一个朝向，而是垂直关系，它配合周边竹林与池塘环境做出协调，并以交通出行的便利为主要考虑因素，面向过河的桥梁开门，同时由于增加了庭院这一公共空间，错开朝向使居住区域的私密性得以增强（图 5-2-26）。

拥有庭院的宅院在鄂南很少见，更多是将槽门直接开在前厅，以此作为入户的大门，所以当建筑主体方向与开门方向无法对应时，槽门会出现偏转。偏转式槽门是鄂南聚落中具有代表性的入口处理方式，源于人们在建造房屋时对自然环境的协调与妥协。鄂南山地丘陵众多，房屋选址首要的考虑是要顺应地势达到建造时的便利，并参考风水学说的观点以及当地民俗，决定房屋的地基位置与朝向。当方位确定以后，如果槽门恰好正对着远处的山头，或怪石、怪树等奇异物体，则会选择避让和错开。当地民间认为，山头从远处望去好像隆起的坟包，大门正对山头是非常晦气的事情，而山坳处的形

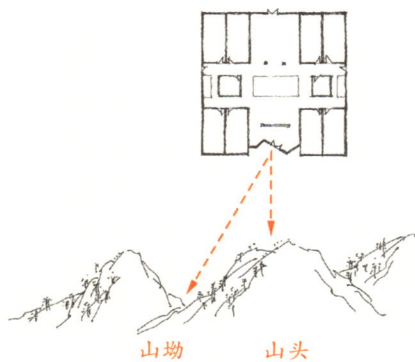

图 5-2-27 偏转槽门与山势的呼应关系

图 5-2-28 垅口冯老屋的偏转门

图 5-2-29 垅口冯当世第老屋偏转门

态像聚宝盆，更令人欢喜，并能为家族带来吉祥与财富。在鄂南的多处聚落中皆有对这种说法的印证，咸安区马桥镇的垅口村，是北宋宰相冯京的一支后裔，于明朝中期由江西南昌迁徙而来。聚落中心有一处水塘，水塘北侧的几座房屋依山就势，背东北面朝西南，为了避开西南面的山头，均对大门做出了调整，通过自身一定角度的偏转，朝向了景观寓意更为美好的南边山坳（图 5-2-27～图 5-2-30）。

图 5-2-30 偏转门面对的景观

图 5-2-31 山里饶聚落环境

咸安区高桥镇的白岩泉村是居住在深山中的饶姓家族聚居地，"山里饶"后被用作该地地名。聚落为的建筑围绕村中心的水塘展开分布。由于四面环山，所以聚落内的多处房屋都将槽门作出偏斜，对山体进行避让。聚落西侧的部分房屋于战乱中被炸毁，新中国成立后复建时仍然延续这一传统，将槽门偏转到更合适的方位（图 5-2-31、图 5-2-32）。

图 5-2-32 偏转槽门

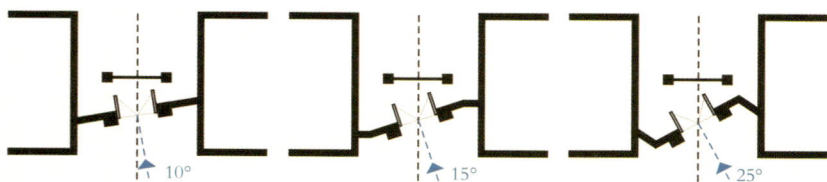

图5-2-33 墙体在不同角度时的偏转处理

图5-2-34 溪桥饶老屋的大门偏转

偏转式槽门的处理方式是在房屋主体方位与结构不变的情况下，仅大门所在的墙体发生偏斜。如果需要调整的角度较小，与轴线的夹角在10°以内，则大门的墙体呈斜"一"字偏斜，如果大于10°，则墙体转折两次，呈"Z"字形，使入口呈现更大的偏转（图5-2-33）。咸安区高桥镇刘祯村的溪桥饶老屋，大门的偏转角度极小，仅为5°，墙体没有采取整体偏转的处理，而是通过砖砌的角度变化形成一定的夹角，并于门框上端增加一根过梁，在砌筑到门框上方时将墙壁调整到与房屋墙面方向一致（图5-2-34）。由此可见民间在房屋建造的过程中对于风水观念的迷信，哪怕是5°的偏斜，也成为户主必须去协调和考量的因素，以获得最佳的朝向与风水。湘东北地区偏转槽门的形成也是基于此种原因，均是房屋在建造时因风水与民俗的影响而产生的特殊应对方式。

5.2.2 堂屋

堂屋是建筑空间中祭祀、会客、聚会以及家庭起居的场所，是整个宅院的中心，既有其精神意义，也有实际作用。在鄂南聚落中，不论建筑的形制呈现出怎样的非对称组合形式，堂屋在宅院中的中心地位都基本维持不变，并以堂屋的位置为基准，按照尊卑、长幼、男女等次序安排其他空间。

堂屋通常位于天井院单元的中轴线上，其开间较大，在面向天井的一侧完全敞开。堂屋与天井院的外部空间直接相连，将室内外空间融为一体，体现出堂屋在功能上偏向于公共性的一面（图5-2-35、图5-2-36）。

图5-2-35　刘家桥下新屋堂屋

图5-2-36　黄婆商老屋堂屋

堂屋的左右两侧为卧室，空间则相对封闭，仅在前后两面墙上开窗。卧室面向天井与走廊的一侧开窗较高，窗格排布密集，距离地面1.5—1.6米的部位设挡板，会成为木雕装饰的部位。木雕装饰既有点缀、美化的作用，更是遮挡视线、保护房间私密的有效对策。卧室面向屋后的开窗为石制外墙窗，窗洞较小且不可开启，主要起到采光和通风的作用。堂屋连接房屋的私密与开放区域，是院落中最主要的聚集场所。堂屋里的家具摆放以对称和规整为原则，里侧正当中有长条形的条案，条案前是一对太师椅与八仙桌的组合，两侧也各有一套，会客时主左宾右而坐，如果客人较多，则分坐左右两侧。条案的后方用于隔断的壁板为太师壁，挂有字画或牌匾，条案上常以镜子与花瓶作为陈设，取其"平静"的谐音，以此要求家中的长辈在居于此座时应以平静的心态对待家族中的兴衰荣辱与族人晚辈的善恶赏罚。

堂屋在家族中的功能是多重的，对内是进行家族聚会与议事的房间，对外是族人活动与社交的场所。节庆时家族成员聚集到堂屋进行祭祀和庆祝，遇到红白喜事时为接待宾客、摆设筵席提供场地，当院落中有家祠时，它还能作为祠堂的替代场所供家长行使家族内部惩罚与教化的功能。九宫山镇的周家大屋中，正屋中的堂屋与祠堂的功能合二为一，既用于会客见友，也用来敬拜祖先和实施惩戒。触犯了家法的族人会在堂屋被处以鞭挞、盖风斗、抱线柱等体罚，其中抱线柱是最重的处罚，是将犯事者赤膊捆绑在堂屋中享堂之前、天井之后的两根方形柱子上进行鞭笞，直到本人认错，旁人立字具保后才能停手。周家将这两根柱子称为"勤敬柱"，既是勉励也是警示。

当家中的堂屋需要维护、维修时，所有的家族成员，无论身居何地，都有义务参与其中。这也反映出在家族的经济运作中，还存在类似客家人的同居异才、共同承担家族责任的特点，也足以说明，作为客体的家庭生活并未脱离作为主体的家族生活[8]。堂屋除了是一个家族的精神中心，还是家族中一切集体行为的始发之地，这决定了它在院落空间中的中心地位。

5.2.3 天井

天井露天、开敞，是一个无具象界面的类井状泛空间[9]。鄂南大屋中天井是最有特点的空间组成要素，宅院内的所有功能用房都是围绕着天井展开的具有内聚性的空间形态。天井是院落中的室外空间，具有采光、通风、集水、排水和调节微气候等多种实实在在的功能，但相对于宅院之外，天井又可成为室内空间，它能创造一个相对安全、宁静的环境，兼顾了人们心理对安全感与私密感的需求。同时，天井还是家庭出入的通道和家务劳作、休息活动的场所，它极大地丰富了生活空间的层次。在规模稍大一些的大屋中，天井在宅院中起联系和导向作用，是用来组织空间和划分区域的重要途径（图5-2-37~图5-2-41）。

天井直接引入阳光和流动的空气，带走房屋内的潮热湿气，使室内保持凉爽、舒适。除了堂屋面前的天井，厢房两侧一般还设有小天井，面积不大，其目的除了排水、采光，主要是利用烟囱效应产生拔风的效果，降低建筑内的湿度。院落中数个天井的使用，能大大改善建筑内的物理环境，提高居住的舒适度，体现出积极的生态意义（图5-2-42、图5-2-43）。

图5-2-37 黄燮商老屋戏台处天井

图5-2-38 宝石村舒家老屋天井

图5-2-39 石灰坳朱家老屋天井

图5-2-40 山里饶老屋天井

图5-2-41 天井里的生活空间（曾家大屋）

图5-2-42 厢房前调节通风的小天井（通羊沈家大屋）

图5-2-43 厢房前调节通风的小天井（中港周家大屋）

天井井池的作用是集水与排水，以青石板铺设，主要有两种形式：一种是整个井池低于地面产生下沉，在池底利用一定的排水坡度排水，这也是聚落中最为常见的构造方式；另一种是在井池里增加一块平台，与四周的地坪同高，形成"回"字形明沟进行排水。明沟排水在堂屋前的天井中使用较多，侧面的若干小天井中则常采用构造更为简易的坡度排水。就两种做法的排水效果看，明沟排水要明显优于坡度排水。明沟的凹槽位置与上方屋檐的檐口一致，在下雨时能刚好接住落下的雨水，防止雨水外溅，雨停后，抬高的井池也能够迅速地恢复干燥，避免积水；坡度排水的井池更容易蓄积雨水，在长年累月使用中，由于浸泡产生一定程度的腐蚀与磨损，造成坡度的减少或消失，使井内积水无法排出并长出青苔（图5-2-44）。

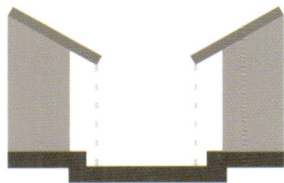

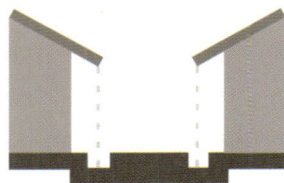

图5-2-44 井池的排水方式比较

图5-2-45 民间各种造型的排水孔

两种做法都在井池的底部或侧面设有排水孔，通过排水孔和暗沟将雨水排往路边的排水沟或附近的水塘。排水孔除了有圆形、方形、寿桃形等形状，还常被处理成各种镂空造型，既能防止杂物堵塞，起到过滤的作用，还能增加居住环境的趣味性。常见样式有万字纹、四叶草、风车纹、铜钱纹等，其中铜钱纹的使用最为普遍，有截住钱财不让其流走的寓意（图5-2-45）。

天井室外空间的特征，使其还具备了防火、排气的功能。在火灾发生时，天井将每一进的房屋相互隔开，能够与山墙一起起到降低火势和防止火势蔓延的作用。同时，天井良好的排风能力使其可迅速排放火灾带来的热浪与浓烟，避免烟雾聚集在室内，朝水平方向继续扩散。基于防火的考虑，也有在天井中修建水池或鱼缸的做法。通山县厦铺镇的周家大屋为两进院落的房屋，上、中、下三厅之间由天井相连，每个天井中各建了一对方形鱼缸，由石板雕刻拼接而成，既能养鱼观赏，又能蓄水防火（图5-2-46、图5-2-47）。

天井院的空间尺度十分紧凑，高墙、小窗、窄巷的构造特征使其对外显得封闭隔绝，所以天井还成为宅院内部的主要采光来源，并产生了积极的美学意义。由于天井比较狭窄和高深，光线进入到室内空间时多是通过折射，

所以相对柔和，容易带给人舒适、静谧的心理感受。天井中明亮的光线与室内的阴暗环境形成明暗对比，使天井区域成为住宅内部空间的气氛中心。从室外步入室内，天井的光线调节作用贯穿于整个建筑空间序列，既满足生活照明的需求，也以天井为枢纽，将空间的层次划分得格外生动（图5-2-48、图5-2-49）。

图5-2-46 天井内的石鱼缸

图5-2-47 周家大屋天井

图5-2-48 沙堤上新屋中的天井空间

图5-2-49 刘家桥下新屋的天井空间

5.2.4　出檐和阁楼

出檐是以屋檐延伸为顶的投影空间，介于室外与室内之间，具有开放性和通透性。它由屋檐和平台高差来界定与外部空间的联系，是院子开敞空间和室内封闭空间的过渡，使人们对内外光线与温度逐层适应，产生出具有梯度的室内外缓冲区域。

檐下空间的存在是多用途的，分为走廊的出檐和雨棚的挑檐。在鄂南多雨湿润的气候条件下，出檐能够避免雨水溅落到两厢和柱子上，保护檐下的木构装修免受风雨侵袭，从而延长房屋的使用寿命（图5-2-50~图5-2-53）。

在由多个天井组织起来的天井院空间里，走廊的出檐还具有连接交通的作用，将房间外部的屋檐结合在一起，形成从厅堂到各个房间的半室内交通走道，具有遮风避雨的功能（图5-2-54~图5-2-57）。

图5-2-50　石门村老屋厢房的出檐

图5-2-51　石门村老屋厢房的出檐

图5-2-52　张德泰老屋天井的出檐

图5-2-53　张德泰老屋天井的出檐

图5-2-54　檐下的交通空间（黄伯敬老屋）

图5-2-55　檐下的交通空间（山里饶）

图5-2-56　檐下的交通空间（山里饶）

图5-2-57　檐下的交通空间（周家大屋）

图5-2-58 檐下的木质轮轴（石门村）

在湿热的夏季，屋檐会阻挡一部分强烈的日光辐射，在建筑外形成一个阴影区，为院落提供更多阴凉，当出檐不足以解决厅堂里的遮阳问题时，还有在檐下加装竹帘或布幔的做法（图5-2-58）。

图 5-2-60　储物阁楼（车墩周老屋）

图 5-2-59　储物阁楼（山里饶老屋）

图 5-2-61　储物阁楼（大屋沈）

阁楼分为厢房的阁楼和过厅上的阁楼，厢房的阁楼一般是家中子女的居住场所，过厅上则主要为贮藏空间，人口紧张时也用作卧室，层高均不高，仅在 2 米左右。过厅的上方一般是除堂屋外横向跨度最大的房间，当用作仓库时，便于堆放各种大件的生活杂物，并能隔绝地面的湿气。其面朝天井的一侧不设门扇，只安装低矮的栏杆，可以增加阁楼的通风，使柴火或粮食免受潮气和霉变的影响（图 5-2-59~图5-2-61）。

天井两侧的房间用作厨房时，二楼一般也不住人而作为仓库，其优点是，厨房中常年有炉灶烧火做饭，使得室内环境温热、干燥，在上方堆放柴米等物品，正好起到烘干和防潮的作用，是非常具有民间智慧的功能分区方式，针对鄂南的潮湿气候做出了简便而有效的应对。二楼的厢房与仓库之间，以及厢房之间通常各自独立，并不连通，所以宅院中很少有楼梯通往二层，一般是在每个房间的楼板上开洞，通过简易的木梯上下楼，从而维持每个空间的相对封闭性。也有在二楼设回廊的作法，当二楼空间全部用作卧室，且使用者之间没有性别或辈分上的禁忌时，会在临天井一侧修建回廊连通阁楼空间，回廊空间紧凑，仅供一人低头侧身通过，里侧为可以全封闭的板门，外侧是矮小的栏杆（图5-2-62~图5-2-68）。

图5-2-62　大屋沈老屋的楼梯

图 5-2-63 刘家桥上新屋阁楼

图 5-2-64 彭城世家老屋阁楼

图 5-2-65 刘家桥下新屋阁楼

图 5-2-66 芋园厢房上的阁楼

图 5-2-67 大屋沈厢房上的阁楼

图 5-2-68 八斗畈上新屋阁楼

图5-2-69　堂屋上方的阁楼（石门村）

图5-2-70　堂屋上方的阁楼（石门村）

图5-2-71　堂屋上方的阁楼（石门村）

　　通山县的石门村聚落因商业贸易的发展而兴起，聚落中的建筑以店铺为主，住宅多是和店铺合二为一，采取前店后宅的形式。单独出现的住宅，在体量上均不大，且多为一进院落。由于居住空间有限，院内的生活区域不得不承担更多的功能用途，堂屋开敞，夏季高温炎热，在檐下安装轮轴、悬挂竹帘，能使厅堂内的环境更加舒适，从而得到更有效的空间。家族成员在这里议事、乘凉、闲聊，以及进行简单的手工劳作等，维护了堂屋作为院落里日常活动中心的功能。基于同一原因，鄂南其他地方的聚落相对会比较少在正堂屋的上方设阁楼，但在石门村则非常常见（图5-2-69~图5-2-72）。在宗族意识更强的血缘型聚落中，堂屋往往还兼具教化乃至祭祀的功能，所以在空间上追求大开间、大空高，以凸显其精神作用，在功能的布局上也更加谨慎。而在业缘型

图5-2-72　堂屋上方的阁楼（石门村）

的石门村聚落中，宗族关系较弱且用地紧凑，在商贸活动中产生大量货物需要囤积，所以在房屋内部空间的使用上，精神意义倒是其次，满足实用的需求才是最主要的考虑因素。同时，由于天井院的屋面构架简易、瓦面轻薄，阁楼位于屋面与一楼居住层的中间，能形成一个隔离缓冲带，减轻屋面温度对室内环境的影响，兼具了保温和隔热的作用，与堂屋中做天花吊顶起到的效果类似。

5.3　空间形态特征

5.3.1　讲究形制的合院

　　以血缘关系为基础的传统聚落具有较强的封闭性与稳定性，封建社会几千年的礼教思想与宗法制度都能从聚落的组织结构中映射出来。我国各地的传统聚落虽然有着不同的地域特征和发展方向，但具体到住宅单元的空间内部，从空间秩序到结构布局都深深受到宗法礼教观念的影响。

　　一些现代学者在对中国的建筑进行分类和比较研究之后，产生这样一种观点："中国无论什么种类的建筑物，无论平面的配置、里面的形式，都是大同小异，变化不大的。"[10]李允鉌先生对此情况也作出表述："在中国传统的设计思想上，对一切的房屋、车服、礼器等的制作都是采用一种灵活性很大的通用式设计（all purpose design）。"[11]这种通用式设计使得合院式的建筑以同一种基本形态来满足各种各样复杂的社会功能。

　　西方建筑在发展过程中，会因为多种多样的功能差异而产生与之相匹配的建筑类型，但东方合院式建筑则会以一种固定的形制来应对不同的功能变化。这种"通用式"也并非是一成不变的，而是根据礼教与等级制度来确定房屋的功能等级，形成一整套包括建筑与其外部空间的完整设计，凭借建筑的体量、尺度关系、装饰物件、装修方式等体现出彼此的差异。所以合院建筑实际上可以看作是在封建宗法制度强大影响下的一种成熟的尺度与空间安排。

　　围合的院落，不论从形式还是功能上都呈现出较为固定的模式。各建筑总体呈现出中轴对称及比例均衡的特点，即在整座院落中，有一个显著的中轴线，主体房屋沿中轴线前后设置，其他附属房屋则建在轴线建筑的两侧，并且建为左右对称的形式，即使在形象上不能完全一样，也要取得均衡之势，院落围合与中轴对称构成了我国民居建筑（当然也包括其他众多类型的建筑）的两个最突出、最重要的特点[12]。鄂南聚落中，一般以祖堂居中，以祖堂和堂前的天井作为整个院落的中心区域展开布局，祖堂的朝向即是院落的朝向。厅堂两侧的厢房为卧室，与厅堂的开敞与明亮形成对比，厢房显得昏暗与封闭，传递出隐蔽与私密的空间特征。遵照传统礼教中"左为尊"的观念，家中长者居左、幼者居右，如宅院为一进院落，通常一家之主居住在左侧厢房，继承家业的长子居右，由两厢延伸出的天井院和厢房在等级上则更低，居住着家中的女眷。每一个天井院单元体现的都是长幼有序、男尊女卑的家族宗法制度，多个单元组合在一起形成多进院落时，构成内外有别的组织格局。外厅是会客的场所，后厅和边厅才是全家的起居空间。尤其是家族中的女性，由于女性不得见外客，所以在活动范围上受到了更大的束缚。这种父子、长幼、男女关系在院落中被体现出来并加以放大，宅院内的空间安排、功能分布，乃至开门、开窗都受到限制，它既是封建家族制度的物化形式，也是通过建筑形制上的控制，对族人的行为进行进一步的约束。鄂南天井院与北方四合院在空间的功能分布上是极其相似的，但随着居住面积

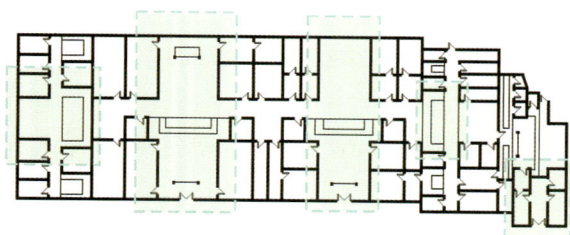

图5-3-1 平面中的局部对称关系（刘家桥下新屋）

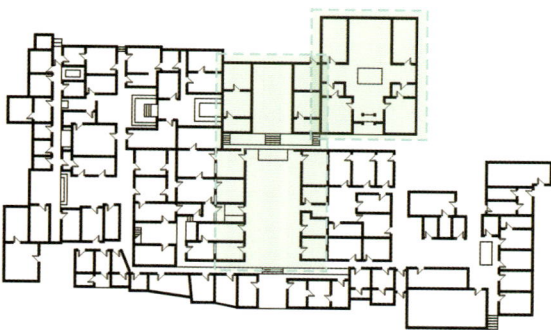

图5-3-2 平面中的局部对称关系（刘家桥彭城世家）

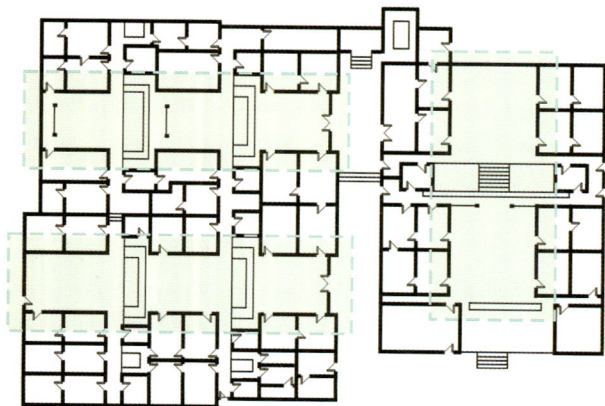

图5-3-3 平面中的局部对称关系（刘家桥上新屋）

需求的进一步扩大，渐渐产生了不同的演化形态。天井院的扩张可以通过增加天井的数量来实现，或者在主轴上进行加建，或者在两侧开辟新的次轴，增加更多的天井院落，形成天井与住宅之间非常紧凑的布局关系，由于基地条件的限制，多是随着规模的增加向阔面方向发展。天井院在组合扩张的过程中虽基本保留对称的格局，但也会根据具体功能的需要以及地势的变化进行相应的调整。除了正房在布局中位置不变，其他建筑空间相应地出现压缩、增减或转向的情况，产生各种不规整的布局样式（图5-3-1~图5-3-3）。

在长江流域相对开放、自由的民风影响下，宅院的空间组织更加注重实用性。院落的体量越大，受到环境的制约越多，则产生的变化越多。这种形制上的变化既有自然环境的影响，也有地域文化之间的交流与冲突带来的作用，但是从根本上说，这些变化与调整仍然是发生在严谨的等级礼制之中。

5.3.2 灵活的山地适应性布局

山丘与盆地相间，河流与水系众多是鄂南总体的地貌特征，山地与河流将可以用于居住与耕作的土地化整为零，使得聚落的形态与分布都是顺势而为，以减小对地理环境的影响。聚落的选址一般位于山脚的缓坡地带，背靠大山可以抵挡季风性气候带来的冬季寒流，依山而建也使院落能够有更为良好的通风和采光条件，而缓坡下的平地则被更多地腾出来用于耕作。当聚落人口数量增多导致扩张时，会沿着山脚逐渐延伸，形成带状分布。与平原地区的大型宅院相比，位于山区的房屋体量更加小巧和紧凑，即使是较大的院落，也是将其分解为多个小体量的单位，然后通过天井和回廊等空间实现功能上的联系。

高桥镇白岩泉村的山里饶聚落是咸安区最偏僻的一个村落，靠近阳新，四面环山，仅有一条小路通往山外。据当地村民叙述，饶姓在唐宋时就迁入这里，逐渐繁衍扩大。山里饶聚落占地近20亩，有建筑40余栋，建筑面积约8000平方米，抗战期间，聚落西边的几座房屋被炸毁，新中国成立后在原址上进行了复建。聚落中央有一处水塘，祠堂位于水塘的西北方，门前有一小处空旷场地，聚落中其他建筑的布局围绕着水塘和祠堂展开（图5-3-4）。白岩泉自东向西流经村庄，沿着小溪的是由大青石铺设的东西向的主道路，宽2米，长约400米。街道南侧的房屋沿溪分布，各户在门前的小溪上搭有两块长约2米、宽约0.4米的青石

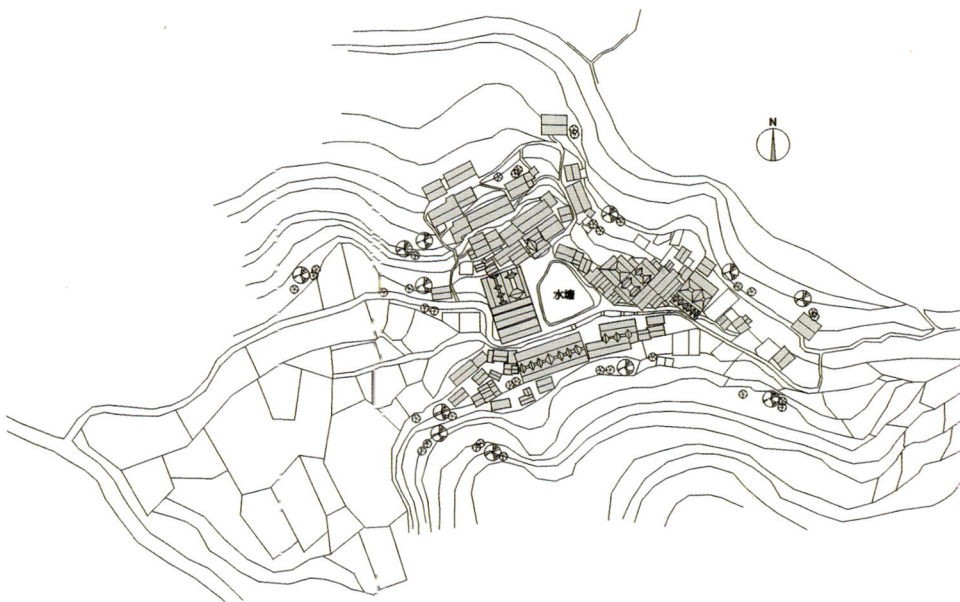

图5-3-4 山里饶聚落平面图

图5-3-5 山里饶聚落环境

图5-3-6 山里绕聚落东侧房屋

板，作为路桥，方便进出。聚落的中心位于几个山坳之间的平地。随着家族的繁衍扩大，聚落形态逐渐向四周的山地延伸。在聚落东侧地形相对平缓的地带，房屋受到的限制较小，基本保持多进院落的格局（图5-3-5、图5-3-6），但在北侧坡地，房屋无法沿着纵深的方向发展，所以呈平行于山地等高线的带状分布，并且仅一进院落。

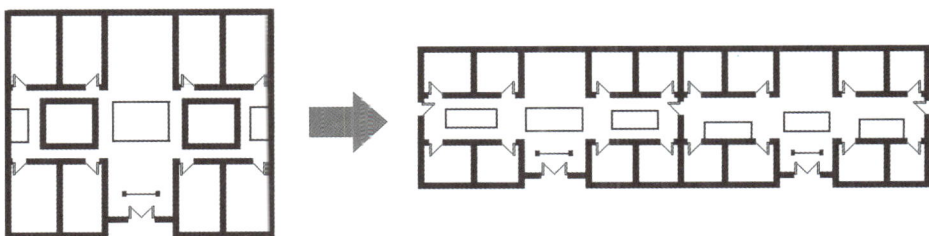

图5-3-7　压缩后再横向连接的天井院

图5-3-8　老屋中狭长的天井空间

图5-3-9　老屋中狭长的天井空间

在山地坡度的影响下，房屋从中心到边缘逐级随山势而抬高，形成环绕的趋势。聚落西侧是由前后两座小山夹住的一小块平原，主要用于耕作。为了获得更多的耕地，西侧的房屋用地显得格外紧张，天井院也因此在体量关系与组织形式上产生特殊的空间变化。与平坝地区的尺度相比，天井与房屋均显得更为紧凑和狭长。堂屋和房间的进深短小，平面接近于正方形；天井空间被横向拉长，井池呈长条状；天井的两侧不设厢房，堂屋前的天井与两侧卧室前的天井相连通，其形态更像是两重房屋之间的带有天井的走廊。在单元需要组合与扩张时，由于没有足够的场地去形成纵向的多进院落，所以只能采取几个天井院横向连接的方式来形成一户宅院（图5-3-7~图5-3-9）。

图5-3-10 曾家大屋鸟瞰

　　山里饶聚落为了适应有限的居住环境和减少对基地的开挖，采用减小自身体量的办法来顺应山地走势，在建筑的平面上做出变化与调整，将对环境的影响降到最低。崇阳县白霓镇回头岭村的曾家老屋对山地环境的适应，则是体现在建筑的空间调整上。曾家老屋由三座房屋联合组成，一座为三进五开间，一座三进三开间，最大一座为三进七开间，共有房屋100多间，大小天井48个。由于地形原因，三座房屋的地基位置都并不水平，且每一座随坡地逐渐抬高（图5-3-10、图5-3-11）。

图5-3-11 修建于坡地的曾家大屋

图5-3-12　起到连接和调整高差作用的巷道

　　房屋之间连接的部分设有巷道和耳门，将三座大屋中的交通完全连通，每座房屋的内部都在天井里用台阶来调节多进院落的高差，房屋之间的高差由耳门前的楼梯来衔接，5—7级踏步不等（图5-3-12）。

图5-3-13 天井两侧的阁楼

图5-3-14 过厅的阁楼

虽然房屋内每一进院落之间的标高，以及房屋与房屋之间的标高均不尽相同，但曾家老屋的屋顶却基本维持在同一个平面上，使其从远处看仿佛是坐落在平地上，形成整体性极强的一组联体大屋。为了迁就这种整体、统一的外观，大屋不得不在内部使用空间上做出牺牲。三座房屋均为两层，下层住人，楼上为阁楼，地势最低的一座房屋，其厅堂、阁楼的空间都较为宽敞，但随着地势抬高而屋顶并不抬高，所以房屋的层高逐级缩小，到最后一进院落里，其厅堂空间已经非常紧凑，阁楼层高不足2米。在有限的室内空间里，既要满足居住使用的方便，又要保证一定的通风效果，避免空间过于紧凑所带来的封闭和压抑，所以除了在第一进院落天井两侧设厢房，形成四面围合的形态外，后几进院落中均不设两侧的厢房，而是直接将阁楼腾空，搭在前后房屋的墙壁上作为连接（图5-3-13、图5-3-14）。

为了追求整座宅院的整体性，曾家老屋以同一水平的屋面连接起多座房屋，显得气势十分宏大。在面对有坡度的地形条件时，通过对空间的压缩来做出调节，牺牲小家庭中的部分功能用房和使用空间，去配合家族大院的统一性。鄂南聚落中针对建筑空间的类似处理方式并不罕见，院落在修建时对山地的改造是局部的，优先选择平缓之地，伸展到山地时则尽量保持地基的原本特色，极少采取人工开挖、回填等耗时耗工又破坏自然环境的方法。在缓坡地带形成并发展起来的聚落，由于建筑的布局需要一定的延展空间，所以每个天井院单元的规模并不大，并且时有不规则的情况。一方面这是受到了当时修筑技术及经济条件的限制，另一方面也可看作是人与自然相互选择的最终结果。

5.3.3　商住一体的店铺街屋

　　鄂南除了大量单姓血缘型聚落以外，还有位于水陆交通要冲之地的业缘型聚落，容纳了大量工商业及其他人口，以经商买卖为最主要的经济方式。所谓业缘指的是人们根据一定的职业活动形成的特殊关系，而职业活动又是一种超出了传统村落家族的农耕活动，与社会整个政治、经济、文化相结合的活动。[1] 业缘关系是人们在社会活动中依据职业联系而形成的跨血缘组织形态，由业缘关系所组成的群体被称为业缘群体。业缘群体不断聚集，逐渐形成业缘聚落。业缘聚落的形成和发展与生产力的发展及社会分工的细致化紧密相连，所以业缘型聚落的形成标志着人类的聚居活动发展到了一个新的阶段。业缘聚落通常是在血缘、地缘关系的基础上形成的，是促使聚落发展的主导因素。业缘关系的强势生长，势必削弱血缘与地缘关系在聚落中的地位。随着手工业的发展，以及商业活动的频繁，业缘聚落中人与人之间的互动更多地受到合作或竞争等利益关系的驱使，这直接导致传统血缘聚落中的家族文化被改变，宗教礼法、宗族力量影响下的聚落格局也逐渐发生转变。

图5-3-15　新店老街

图5-3-16 新店老街

图5-3-17 白霓老街

在早期封建社会，商业集镇多是以定期的集市贸易为成长点，但在清代以后集镇的发展随着社会经济的增长产生了多种的变化，地区货物的集散之地、常年的交易往来都可以促使业缘型聚落发展。这些街市的建设并非来自刻意的规划，而是自发性的，例如以优越的交通位置发展起来的赤壁市新店街（图5-3-15、图5-3-16）、崇阳县白霓街（图5-3-17）、通山县石门村等；或是借由地方物产发展起来的集镇，

如因为产茶、制茶行业兴起的赤壁羊楼洞聚落；还有一类是存在于大型的聚居村落之中，为了满足交易的需求而形成街市，如通山宝石村南岸的商铺街等。因贸易而发展起来的聚落与传统农业聚落不同，更依赖于便利的水陆交通，这是集镇最初形成的重要条件。在发展过程中，集镇的布局和走势也受到交通的影响。便捷的交通环境可以将生产领域和流通领域紧密地连接在一起，更快地产生效益。所以沿着交通线

图5-3-18 羊楼洞老街

图5-3-19 羊楼洞老街

设置商业街，水陆码头或集贸市场周围聚集居民，进而发展成为有一定规模的集镇非常常见。但也正是由于对于交通环境的极度依赖，这些集镇的发展一旦受到新的交通方式的冲击，或是战乱、改道等客观原因造成原有的交通环境被改变，就会迅速产生分裂和变化，甚至直接衰落和消亡。

羊楼洞聚落形成于明代万历年间，三面环山，由松峰港和北山港两条水流南北贯穿。明末山西茶商在羊楼洞指导农民种植茶叶，并在当地开设作坊和商号，进行茶叶加工和一系列贸易活动。1834年上海开埠后，羊楼洞所产茶叶可经新店河和长江直接运到上海，大大缩短运输时间和费用，因此各国商人纷纷涌入羊楼洞采办茶叶，使羊楼洞发展到高潮[14]。古镇现存一条以明清建筑为主的古街，长约2000米，主街与松峰港平行，并伴有数条丁字小巷（图5-3-18~图5-3-20）。

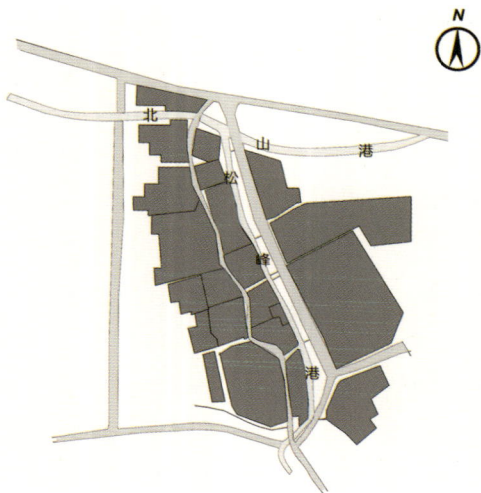

图 5-3-20 羊楼洞聚落形态

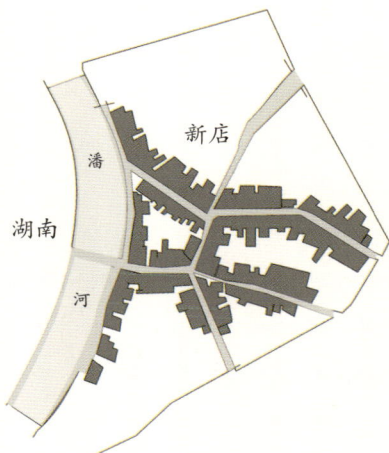

图 5-3-21 新店聚落形态

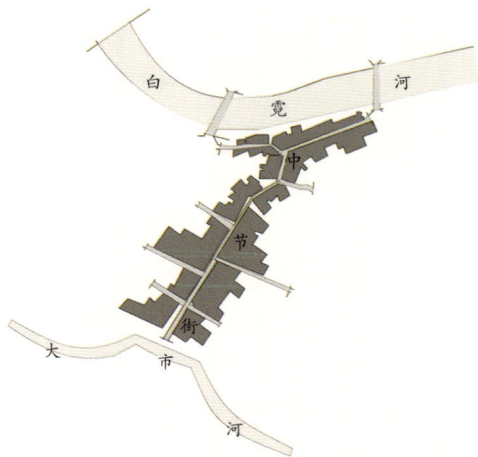

图 5-3-22 白霓聚落形态

新店聚落位于赤壁市与湖南临湘市的交接之处，中间以潘河相隔，潘河在新店境内的流域也被称作"新溪河"。新店的经济贸易发展与羊楼洞制茶业的兴盛密不可分，主要是占据了得天独厚的交通要道，成为茶叶运输的港口，随之迅速繁荣起来。新店聚落的布局以潘河河岸为起点，店铺沿河岸展开分布，随着贸易需求的增加，聚集的人口越来越多，房屋由河岸向内陆延伸，逐渐形成网状交织的道路交通走势（图 5-3-21）。白霓聚落位于崇阳县的东面，与江西、湖南两省毗邻，是周边乡镇物资的集散地，在清末有数百家商号，主要经营副食品的加工、买卖。白霓的老街中节街是连接大市河与白霓河的街道，由沿河与垂直于河岸的两段组成，长约 500 米，宽近 4 米（图 5-3-22）。

居住空间

生产、休闲空间

交往空间

卧室
生产
休闲
仓库
店面

| 新店建设街 7号 | 新店民主街 9号 | 羊楼洞庙场街 69号 | 新店民主街 61号 | 新店民主街 22号 | 羊楼洞庙场街 55号 |

图5-3-23 小开间、大进深的平面形态

这些商业聚落的发展与繁荣都是依靠良好的区位优势，占据水路相对发达的地区，在空间布局上以建立良好的交通秩序为首要，而弱化了宗法礼制。集镇中的建筑多采用穿斗式构架，前檐下为木板壁的隔门，打开可成为店铺门面。为了有利于防火，两山与后檐墙为砖墙。封火山墙从上至下分隔相邻的商户，既提升了街面的防火能力，又统一了街道的整体面貌。从总体看，具有三个方面特征：

①小开间、大进深的平面户型

店铺街屋的典型平面布局多为垂直于街道纵向延伸，形成小开间、大进深的平面形态，依次布置店铺、天井、厅堂、内院、厢房、后院等功能用房，形成从公共到私密的空间序列（图5-3-23）。

细长的平面形态控制了每一户商铺的临街面宽，从而可以在有限的街面上容纳更多的商户。每一个单元的外部为店面和仓库，里面是厢房和后院，中间由天井隔开，减少居住区与前端店铺的相互干扰。因为要考虑到与街道以及相邻店铺之间的关系，所以在平面形态上的自由度并不大，空间呈现出什么样子，建筑就做成什么样子，店铺十分紧密地随街排列在一起。

店铺的规模以单开间与三开间最多。单开间的店铺中住宅与商铺共用入口，柜台呈曲尺形，沿街面转至屋内，形成一个通往室内的通道。三开间的店铺中明间为房屋的主入口，两侧的次间为店面，柜台直接面向街道。三开间店铺由于在空间上相对宽松，常常会在前厅、

图5-3-24 单开间店铺（庙场街59号）

图5-3-25 三开间店铺（石门村）

图5-3-26 废弃的石柜台（石门村）

图5-3-27 湖南（左岸）与新店（右岸）之间的潘河

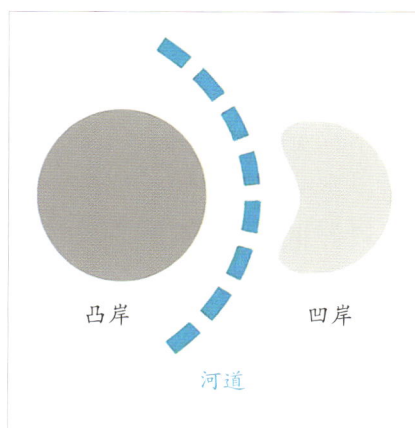

图5-3-28 攻位（凸岸）示意图

天井或堂屋等位置采取局部的对称式布局，并且和天井院一样，按照一定的长幼顺序安排房间（图5-3-24~图5-3-26）。

②体现秩序的临河布局

鄂南的几处商业古街均是自发形成于河道的附近，集镇在分布与展开时也是以水陆运输的便利作为第一考量因素。赤壁新店古街的形成便是基于航运需要，它位于潘河的凹岸，与"攻位于汭"[15]的风水法则截然相反（图5-3-27、图5-3-28）。

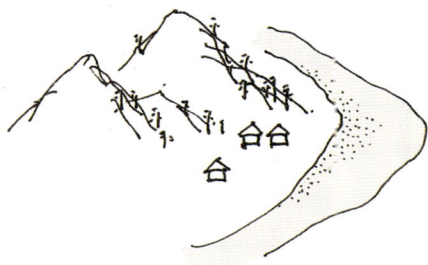

图5-3-29　凸岸环境示意图　　　　　　　　　图5-3-30　凹凸两岸河床剖面示意图

　　风水学说认为凸岸的地势环境更适合生活与居住，是最佳的聚落选址，因为河水在转弯时，由于水流的物理惯性，会在凹岸处形成离心力，将水流抛向远处，而在凸岸一侧河水的流速则相应变缓，并促使砂石沉积。长久以来，凸岸的泥沙逐渐囤积、土壤增加，这些冲积的泥土富含有大量的养分，适宜农作物的耕种（图5-3-29）。凹岸的地理形成则与凸岸相对，加速的水流使得河底的砂土不易沉积，形成陡峭的河床，沿岸的地质也较容易受到冲刷与侵蚀。被堆积的河岸会不断生长，被侵蚀的一侧河岸则有可能逐渐向后退，所以通常并不会成为聚落的最佳选址。但从商业运输与集散方面来考虑，凹岸则是作为码头或渡船口的理想地点，陡峻的河床能够容纳吃水较深的大型船舶，并为往来运输的船只提供最佳的停靠口岸（图5-3-30）。

　　在业缘型聚落的形成动因中，传统的风水理念与宗法礼制观念的影响是相对较弱的，集镇的形成以满足商业活动的运转为最基本的法则，生活的实用性与便利性才是其发展与扩张的首要追求。商业聚落的布局受制于水系与道路，店铺垂直于街道与河流，前方为店面，后方为运送货物的码头，河岸往往修筑得较高以应对河流的冲刷与涨潮时的洪水。出于运输的要求，主道路通常平行于水系，于是店铺往往依随着河流与道路产生一种线性动势，形成房屋随河而走、店铺之间相邻而生的空间秩序。

　　③灵活的采光方式

　　商业聚落中的采光方式非常灵活，人们会根据实际需要，在不同的活动区域控制光线进入量。店铺的临街一侧为交易往来的空间，对光线的需求量大，所以整面都采用可拆卸的木板门，营业时全部打开，以获得充足的亮度。生产空间与居住空间其次，以天井采光和亮斗、天斗采光居多。贮存空间对光线的要求不高，采用更为灵活的亮瓦采光（图5-3-31～图5-3-34）。

图5-3-31 临街板门（新店）

图5-3-32 临街板门（新店）

图5-3-33 临街板门（白霓镇）

图5-3-34 新店民主街

图5-3-35 羊楼洞庙场街72号天斗

图5-3-36 新店胜利街26号天斗

天井具有很强的空间组织性，不仅出现在合院式建筑中，在集镇中的商业建筑里也非常常见。它将室外光线直接引入室内，使小开间、大进深的店铺也能得到良好的光线条件，并增强建筑内的通风效果。由于店铺的空间紧凑，同时要满足交易、生活，甚至是生产的需求，所以天井的面积相当有限，开口也显得比较窄小，这也导致了冬季阳光难以通过天井照进室内，院内比较阴冷。天斗[16]是针对小尺寸天井结构在这一问题上的进化和改良，在保温性上要明显优于天井，它在天井上方加装了一个顶盖，并采用大面积的亮瓦来实现采光，其形态类似现代的中庭。天斗使建筑的封闭感更强，在雨雪过多或烈日当头的情况下，既可以满足采光，还兼具避雨、遮阳、保温的功能，同时也为房屋提供了更多的使用空间（图5-3-35、图5-3-36）。

图5-3-37 羊楼洞庙场街83号类天斗

图5-3-33 新店民主街22号类天斗

图5-3-39 羊楼洞庙场街89号类天斗

图5-3-40 羊楼洞庙场街62号亮斗

图5-3-4 羊楼洞庙场街82号亮斗

图5-3-42 羊楼洞庙场街55号亮瓦

图5-3-43 新店民主街22号亮瓦

图5-3-44 羊楼洞庙场街89号亮瓦

类天斗属于天斗的变体，采光原理与天斗一致，但结构上更加简化，是店铺中最常见的构造之一。在屋面上不做凸起，直接使用亮瓦，空间与二楼通高，四周可设置回廊（图5-3-37~图5-3-39）。亮斗相对特殊，作为室内的补充采光构件而存在，可以在一楼光线亮度出现不足时，简易搭建并进行辅助。亮斗以木板围合，形成下大上小的筒状空间，连接屋面亮瓦与一楼的天花板，从而将外部光线引到楼下（图5-3-40、图5-3-41）。亮瓦为玻璃材料制成，一般与小青瓦一同铺设，灵活度非常大，可以集中成片布置，也可以单独替换掉一两块青瓦，达到增加局部采光的作用（图5-3-42~图5-3-44）。空间的功能属性决定了光线的明暗，店铺多元功能的存在也营造出了多层次的、丰富的光影效果，在一座店铺中天井、天斗、亮斗、亮瓦常常同时存在，为商品买卖与生产、生活带来便利。

注释：

[1] 李晓峰，谭刚毅. 中国民居建筑丛书：两湖民居[M]. 北京：中国建筑工业出版社，2009：210.

[2] 晁错. 募民相徙以实塞下疏[M]. 北京：中国人民解放军战士出版社，1974.

[3] 丁瑞萍.《说文》与《释名》声训之比较研究[D]. 银川：宁夏大学，2009.

[4] 孙武. 孙子兵法：卷中　行军第九。

[5]《辞海》中对天井的解释。

[6] 李晓峰，谭刚毅. 中国民居建筑丛书：两湖民居[M]. 北京：中国建筑工业出版社，2009：67.

[7]（清）周惇庸. 增补理气图说.（清）嘉庆十六年（公元1811年）：280—281.

[8] 田长青，柳肃. 浅析家族制度对民居聚落格局之影响[J]. 南方建筑，2006（2）.

[9] 刘敦桢. 中国古代建筑史[M]. 北京：中国建筑工业出版社，2003.

[10] 李允鉌. 华夏意匠：中国古典建筑设计原理分析[M]. 天津：天津大学出版社，2005：78.

[11] 李允鉌. 华夏意匠：中国古典建筑设计原理分析[M]. 天津：天津大学出版社，2005：79.

[12] 王其钧. 图解建筑史系列：图解中国民居[M]. 北京：中国电力出版社，2008：13.

[13] 王沪宁. 当代中国村落家族文化[M]. 上海：上海人民出版社，1999.

[14] 易伯，陈凡，刘炜. 因茶而兴的湖北古镇——赤壁羊楼洞[J]. 华中建筑，2005(2)：138.

[15] 攻位于汭：出自《尚书·召诰篇》，是殷商时期就采用的风水法则，原文为"庶殷，攻位于洛汭"，即殷商人民在洛水的凸岸侧建都。《水龙经》中形容这种地势"一水湾环抱，此地财宝"，是欣欣向荣、财富聚集的宝地。

[16] 本文称之为"天斗"，是根据当地居民对此类构造的叫法。由于其形状类似于乌龟壳，"天斗"也被当地人俗称作"乌龟斗"。在其他地区的民居建筑中也出现过类似构造的形式，叫法皆不相同。岭南一带将其称作"拜亭"，湘东北一带称其为"过厅"，在江汉平原以及巴蜀一带也有"抱厅""抱亭"的称呼。

鄂南地域建筑主要属于小式梁架结构，以砖木混合结构为主要结构体系。它不同于我国北方普遍采用的抬梁式结构，也与南方常见的穿斗式构架存在差异，是以山墙辅助承重，而房屋内部的开间分隔还是采用承接屋顶构架的梁柱排山。抬梁式、穿斗式、插梁式在鄂南聚落中都有出现，其中以插梁式最为普遍，它在受力上结合了抬梁与穿斗的优点，能够提升房屋水平方向的抵抗力，并营造出宽大的房屋进深。由于民间的屋面重量较轻，所以在房屋构架的处理方式上显得更为灵活，受地势条件的影响或根据房屋实际用途的要求，几种结构混合使用的情况也常有出现。

　　地方性建筑的营造，在构筑技术方面，与当时社会的生产方式与发展状况，以及建造工艺的发达程度密不可分；在建筑材料方面，通常是为了节省开支而就地取材，所以它直接受到地方环境的物质特征的影响。鄂南聚落的营建材料来自于天然的树木、石头、泥土、草苇，并辅以人工制造的砖、瓦、石灰等。在明清以后，受到大移民和生产技术发展的影响，砖木混合结构逐渐成为主流。

　　传统聚落不论是在选址布局、形态构造，还是材料的运用方面，都与其所处的自然环境密不可分，并体现出人与建筑、建筑与自然的和谐关系。这与当代所倡导的可持续发展理念是一致的，这种住宅空间的生态性也正是现代建筑中缺少的部分。

第六章　结构方法

6.1 承重体系的结构形式

宋代的《营造法式》将"大木作"的结构形式分为殿堂结构、厅堂结构和簇角梁结构三种。殿堂结构主要应用于大式建筑，如宫殿、庙宇等；厅堂结构则多用于小型建筑，如民宅、店铺等；而簇角梁结构多用于平面呈正圆或多边形的建筑，如亭台楼阁等。

鄂南聚落中大部分建筑属于厅堂结构，即小式梁架结构，但许多祠堂、大屋的开间常超出五开间，进深也有多于七架梁的，有的局部还采用筒瓦和琉璃瓦件，这些都超出了小式建筑

的"规制"，却变成具有地方特色的构造形式[1]。砖木混合是民居中的主要结构体系，它不同于我国北方普遍采用的抬梁式结构，也与南方常见的穿斗式构架存在差异。我们通常认为中国木构架体系是典型的"框架结构"系统，其特点是"墙倒屋不塌"，但这里的结构方式则是不完全的"框架结构"，因为其山墙多是承重的砖墙，直接承载着屋顶的檩条，不过建筑内部开间分隔一般都是承接屋顶构架的梁柱排山，既有抬梁式也有穿斗式[2]（图6-1-1）。

图6-1-1 山墙上支承檩条留下的洞口（石门村）

6.1.1 抬梁式

抬梁式构架是梁柱支撑体系，也称作叠梁式。其基本做法是在台基上沿房屋的进深方向设立柱子，柱子上架大梁，大梁上设置短柱，短柱上放置稍短的次梁，如此类推，梁逐层缩短向上，在最上层的梁中部设立脊瓜柱，构成一组屋架，再横向以枋连接多组屋架组成房屋框架，最后架设檩条、铺设椽板，形成坡屋顶和一整座房屋的骨架。如果需要增大进深，在屋架的纵向前后位置可以增加柱子和短梁以扩大屋架的空间。房屋的屋面重量通过椽传到檩，再到梁，最后通过柱传到台基。这些木构件之间虽然没有使用榫卯固定，但是由于受到厚重屋面的向下压力，各个构件还是能够紧密地联系在一起，形成一个稳定的整体。根据抬梁式的受力特点，能够通过减少房屋中柱子的数量来提供更为宽敞的室内使用空间，适用于厅堂（图6-1-2、图6-1-3）。

图6-1-2 焦氏宗祠的抬梁结构

图6-1-3 石门村老屋的抬梁结构

通山县通羊镇的沙堤上新屋为清中期的砖木结构建筑，中厅的堂屋采用抬梁架。与标准的抬梁做法不同的是，大梁前端梁头下的金柱被减掉，大梁直接搁在轩梁上，轩梁落在前檐柱上。由于去掉了金柱，屋顶与廊轩下的空间连成整体，使堂屋显得更为宽大，有更多的活动空间，这也是鄂南最普遍存在的梁架改进方式（图6-1-4、图6-1-5）。

类似处理的还有通城县大坪乡的黎家大屋，前后金柱均被减掉，并增加了两道过梁强化支撑与横向的连接作用，挑檐梁雕花处理，直接承起屋檐。堂屋里侧的木板墙，在大多数厅堂中均位于后金柱的位置，但在黎家大屋中被移到了后檐柱之间，使前后两柱之间的进深尺寸达到了7.2米，营造出极为宽敞的堂屋空间（图6-1-6）。

图6-1-4 沙堤上新屋的抬梁结构

图6-1-5 乐节山大夫第的抬梁结构

图6-1-6 黎家大屋的抬梁结构

改良后的房屋框架兼具了抬梁式构架跨度大和稳定性高的优点，同时在支撑和受力结构上进行改造和简化，以五架梁的基础结构创造出了比七架梁更大的进深，使建筑的构架更具张力，是极具民间智慧的建造方法（图6-1-7、图6-1-8）。当建房的大料在长度上或数量上有限时，除了结构上的改造，还通过细节上的调整来争取空间。通山县黄沙铺镇宋家大屋建于清朝中期，由七架梁支撑瓜柱逐级上抬，除了同样省略掉金柱以外，与梁端承檩的普遍性做法不同，在五架梁的上方由瓜柱支撑檩条，两坡屋面的夹角角度要大于各层梁头连线的角度，从而形成更为缓和的屋面坡度，并营造出相对更多的檐下使用面积（图6-1-9、图6-1-10）。

通山县宝石村舒家大屋的堂屋抬梁构架也是如此，在横梁的长度有限时，以结构上的局部改良去弥补材料上的不足，获取更多的使用空间。

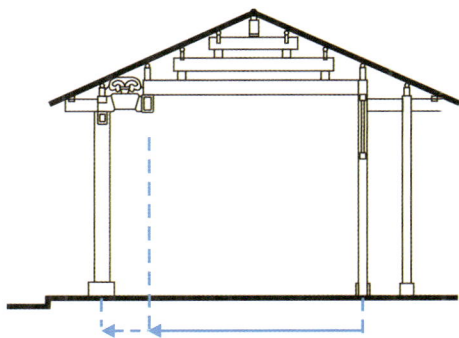

图6-1-7 沙堤上新屋抬梁结构示意图

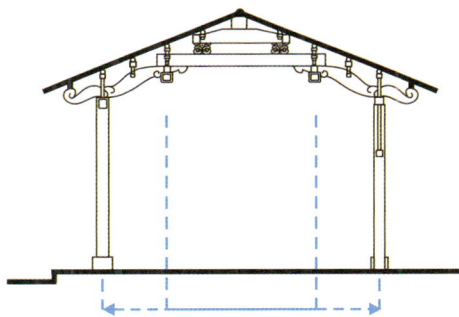

图6-1-8 黎家大屋抬梁结构示意图

图6-1-9 宋家大屋中的抬梁结构

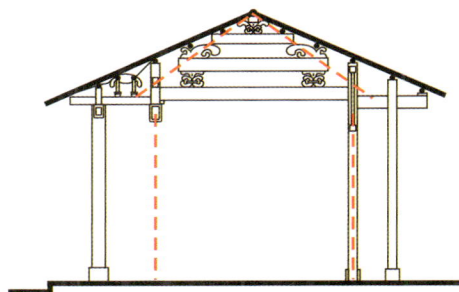

图6-1-10 宋家大屋抬梁结构示意图

6.1.2 穿斗式

穿斗式的最大特点是没有梁，以柱子直接承接檩条，其构件由柱子、穿枋、斗枋、纤子和檩子五种组成[3]。做法是将柱子沿着房屋的进深方向布置，每个柱子上承托一根檩条，柱子或直接落地，或隔一檩落地，檩条上布椽板，使屋面的重量通过椽板传给檩条，再由檩条传给柱子，构成房屋的纵向支撑，柱子之间再由穿枋串联形成一榀榀的房架，两榀房架之间以斗枋和纤子等构件彼此连接起来，构成一座房屋的框架。

穿斗式构架在具体应用时会出现较为灵活的调整。标准的穿斗式框架是每一条檩下都有一柱落地，所以随着柱子的增多，穿枋的数量也增多。这种构造在发展到一定程度后，由于居住面积的扩大和人们对于使用面积需求的提高，对排列密集的柱网进行了改进，由原来的每根柱子都落地改为了每隔一根落地，或者只是局部落地，并以穿枋架起没有落地的柱子底部。从构架的承重角度看，在每根柱子都落地的屋架中，穿枋只作为柱与柱之间的连接，并不承担上层屋面的重量；但在局部落地的屋架中，由于不落地的柱子骑在了下层的穿枋上，使其需要承担一部分的屋面重量，并作为传力的媒介将重量传递到两侧的柱子上，实际起到了"梁"的作用，穿枋如果在穿出檐柱后承托挑檐形成挑檐枋，则同时也具有"挑梁"的作用。通山县黄沙铺镇阮班托老屋的厅堂结构就是典型的穿斗式构架[4]（图6-1-11、图6-1-12）。

穿斗式和抬梁式构架同属木构建筑中的承

图6-1-11 复建后的阮班托老屋穿斗梁架

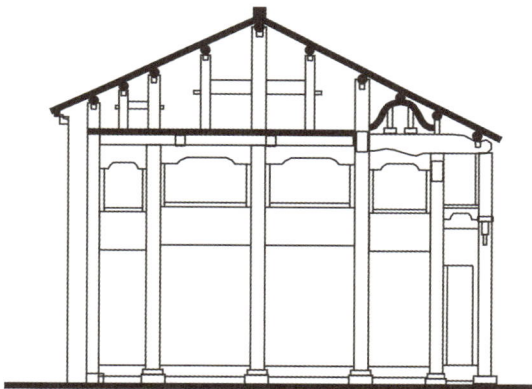

图6-1-12 阮班托老屋穿斗梁架
（来源：杨鸣《鄂东南民间营造工艺研究》）

重结构体系，都是依靠檩和枋作为构架的横向联系，但是在用料选择、施工方式及传力特点上却有很大的区别。

从选择的材料上看，抬梁式构架属于梁柱支承体系。其中"梁"是受弯构件，长度可达到四步架或六步架[5]，这种大跨度的空间结构，要求梁、柱具有较大的断面予以支撑，同时檩条间的距离也比较大，所以多选择直径较粗的椽木。而穿斗式是一种轻型构架，属于檩柱支承体系[6]（图6-1-13）。在满柱落地时，穿枋只是起到连接作用，完全不受弯；在隔柱落地时，一部分的穿枋起到梁的作用，承担一部分的荷载。穿斗式和抬梁式构架相比，空间跨度较小，且受力不强，但由于民间的屋面处理相对简易，通常是在椽上直接铺设瓦片，所以整座屋顶的重量都比较轻盈，对梁架结构没有太大的受力要求。同时，穿斗架本身结构轻巧，在材料有限的情况下可以用小料完成较大规模的房屋建设，对基地的要求也不高，能够依据地势灵活布置，在临水或坡地区域应用非常广泛。

从施工方式来看，抬梁式构架是先做台基，然后布柱网，柱上抬梁，梁上设瓜柱，瓜柱上再抬梁，逐级层叠而上，最后架檩布椽，由于所选用的木材尺寸较大，增加了建造的难度，建造工期较长。穿斗式构架是先把柱子、穿枋、斗枋、纤子、檩条等事先按一定尺寸做好，在地面上先完成一榀榀屋架的安装，然后将屋架竖立起来，用斗枋、纤子串联成整体。这种做法较抬梁式更为省时和省工，节省了人力，也缩短了工期。

从结构稳定性上看，抬梁式和穿斗式都以竖向承载为主，横向的抵抗力较弱。但穿斗式构架是由多根柱子直接承檩，再由穿枋和斗枋增强联系，所以在结构的整体性上要优于抬梁。由于枋的穿插，能比抬梁式获得更好的水平抵抗力，虽然仍可活动，但是不易拔出，不像梁

图6-1-13 中港村周家大屋的穿斗构架

头那样一拔榫就容易散架，因此它对地震、风暴等自然灾害的抵抗能力很强，尤其是柱子与穿枋之间所安装的木板或编竹夹泥的墙壁，又轻又坚固，不容易倒塌，有很好的抗震能力[7]。在抬梁式构架中需要较大的出檐时，多采用增加斗拱或挑梁的办法，而穿斗式构架的出檐则是以挑枋穿过檐柱，直接支撑挑檐。在保证结构稳定性同时，根据出檐的长短做成单挑或双挑，灵活度大大增加。

抬梁式大跨度的梁架结构能够创造出宽敞的厅堂空间，但由于用料粗大，经济性与便利性较弱；穿斗式构造相对简单，安装方便，十分适用于民间建造，但是柱网过密导致了房屋的跨度有限，而预制拼装的方式也决定了房屋不可能建造得过大，无法满足更大空间的需要。为了缓解其中的矛盾，民间的工匠们并未局限于固定的标准法式，而是创造性地发展出更多的构造样式。

6.1.3 插梁式

插梁式结构最早由孙大章先生提出，他认为原有的两大体系——北方抬梁与南方穿斗，不足以准确地涵盖各种地域性的结构特点，应从文化多源的基础上，对不同地域环境的民居建筑木构体系进行再分析，由此将鄂东南一带的不同于抬梁与穿斗的构架形式归类为插梁式。

插梁式的结构特征和抬梁式比较类似，但它的梁头不是直接落在柱子上，而是插入柱子中间，以柱子承托檩条。屋架的做法是将大梁的两端插入前后檐柱的柱身，然后在大梁上设瓜柱，次梁再插入瓜柱，顺此向上类推，梁和瓜柱层层叠起，在每一根前后檐柱、中柱、瓜柱上架设檩条，再通过插榫固定连接，使结构稳定（图6-1-14、图6-1-15）。

插梁式构架的空间跨度较大，能够营造出高大、宏阔的堂屋效果。为了进一步扩大房屋的进深，可以在前后檐柱内增加廊步，或是利用插拱出挑，增大出檐的面积。当进深达到一定程度时，还有在山墙中加中柱的做法，在确保结构稳定的同时，实现更大的大梁跨度。

插梁式构架在形式上兼有抬梁式和穿斗式的特点。它有和抬梁式一样的受力结构，依靠横梁承重，也有和穿斗一样的构筑作法，以柱头承檩。它结合了抬梁与穿斗结构受力的优点，既能营造出宽大的室内空间，结构的稳定性也更强。由插榫连接而成的梁架与立柱，能够有效克服框架的横向移位，使房屋水平方向的抵抗力相对抬梁式与穿斗式均有所提升。

图6-1-14 谭氏宗祠中的插梁式构架

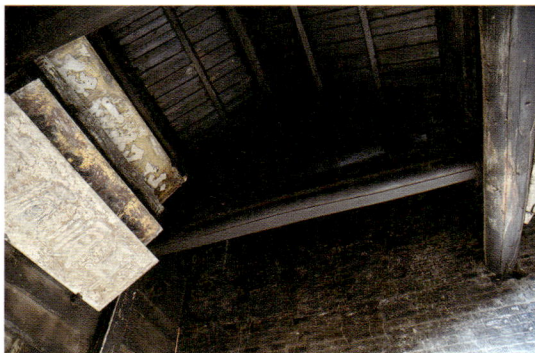

图6-1-15 彭城世家中的插梁式构架

6.1.4 混合式

混合式构架有两种基本的表现形式。一种是在一座宅院中，有的房屋采用抬梁式或插梁式构架，而有的采用穿斗式构架。通常是在院落中的祠堂或厅堂里，为了创造较大的使用空间，采取抬梁或插梁式的做法；而在其他的房间采用更为轻便、灵活的穿斗式构架；出于节省开支和便于修建的考虑，在偏房或是附属房间则直接采用土石结构修建。第二种是在同一室内空间里兼有抬梁式或插梁式、穿斗式的做法。较常见的是将抬梁式或插梁式构架用于正贴，两侧边贴采用穿斗式构架（图6-1-16）。

咸安区双溪桥镇的大屋金老屋始建于清乾隆年间。据族谱记载，金氏一族于元末明初由四川金牛迁徙而来，以做药材生意起家。逐渐成为当地望族。大屋金由第十五代金昭训用其曾祖父去世后留下的财产修建，建造时间长达12年，原为七重联体大屋，现仅存四重。第三进的堂屋正贴处为七架梁插梁结构，两侧边贴为穿斗，枋的断面尺寸宽大，不仅穿柱作为连接件，还抬柱起到支撑作用，枋与柱之间为木板墙。以穿斗架做山面边贴所耗费的材料成本大大高于砖石山墙，尤其像大屋金这般，几乎每一根梁、枋与瓜柱上都雕刻浮雕与透雕，梁柱与枋柱上还装饰有精美的雀替，颇为罕见，具有极高的审美价值（图6-1-17）。沙堤上新屋在最后一进的祖堂中，也采用了混合式做法，正贴七架抬梁，与中厅的抬梁结构一致，均省略掉了梁下的金柱，使空间更为宽敞，边贴采用穿斗（图6-1-18）。与砖石山墙相比，木质

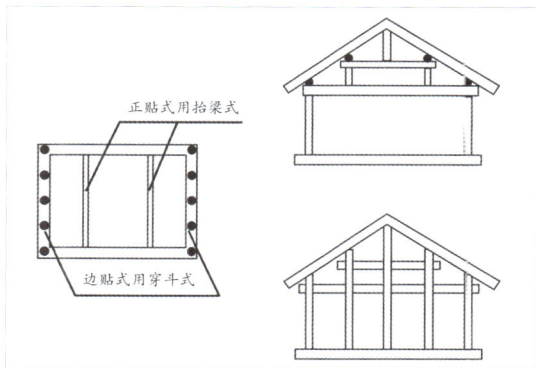

图6-1-16 正贴边贴采用不同结构方式
（来源：侯幼彬《中国建筑美学》）

图6-1-17 大屋金正贴与边贴的不同结构

图6-1-18 通山县沙堤上新屋

图6-1-19 崇阳廖氏老屋

图6-1-20 通山县燕厦乡琳公祠

的穿斗构架与木质的屋面和梁架结构更易形成整体，在视觉上达到统一。崇阳县金堂镇的廖氏老屋也有类似构造。廖氏先祖在镇压唐末农民起义时立下战功，于明朝洪武时被追封为瑞国公，且被御赐修建官堂、庙宇并予以公祭。廖氏老屋在明万历年间曾有过一次大修，现存建筑为砖木结构，三进院落，面阔五开间。第二进中堂的正贴为抬梁结构，两侧边贴为穿斗结构。廖氏老屋2007年被整体搬迁到湖北明清古建筑博物馆，建筑上零部件被编上号码然后拆卸下来，在馆内按照原样重新组装和建造起来。老屋中具有年代感的砖石外墙风貌已很难恢复，木构框架的部分则基本实现了重组（图6-1-19）。由于穿斗木墙边贴的耗资更大、建造难度更高，于鄂南仅出现在官堂、祠堂、祖祠或极具财力的大户人家之中。通山县燕厦乡琳公祠旁的附属建筑中也出现了混合式的构架

形式，它紧邻琳公祠的祭厅，由耳门连通，为一进院落的房屋。厢房位于天井两侧，厅堂两边不设房间，使空间完全敞开，所以开间的宽度极大。为增加建筑的稳定性，堂屋由两组抬梁式结构与两组插梁式结构共同承托屋架，并以山墙辅助承重（图6-1-20）。

在鄂南大多数的传统建筑中，房屋的承重体系会根据不同使用功能的要求，采取不同的形式。混合式构架的组成方式富于变化，可根据房屋的功能用途，以及不同用途的房间对于层高和活动空间的需求，甚至是选材用料的具体情况来决定屋架的样式，以实用性为前提进行设计和建造，而并不严格地遵循某一制式，所以在一座多进院落的大屋中，数个厅堂内的建筑框架都可以不尽相同，并且在不影响结构稳定的前提下，产生丰富的局部改进处理方法，体现出民间营造的灵活性与多样性。

6.2 支承体系的构造处理

6.2.1 梁、枋

梁和枋都属于木构架建筑中的横向联系部件，均起到连接和组织构架的作用。在抬梁式构架中，梁是受弯结构，需要承担屋面重量；在穿斗式构架中，枋主要做连接之用；在混合式构架中，枋支撑瓜柱，起到梁的作用。

大梁是房屋正厅内脊檩正下方的主梁，一般较脊檩更为粗大，它除了对左右两缝梁架或山墙起到部分牵引连接作用，在结构上的主要功能是加强脊檩，承托屋顶（尤其是正脊及脊饰）的重量[8]。受明清时期北方民居的影响，大梁的断面多数为扁作，接近于矩形，也有为了节省木材而处理为圆形的（图6-2-1）。

作为房屋构架的中心，大梁除了在功能上具有的重要意义，也有着同样重要的象征意义。（图6-2-2）大梁必须是一根整木，树材为杉木、松木、榆木、柏木、樟木等，树形要笔直，上下粗细一致。为了更加吉祥的寓意，用作材料的大树一定要枝繁叶茂，并在周围长有许多小树，寓意家族以后也会多子多孙、福泽四方。上梁时也有专门的仪式，通常选择在月圆与涨潮时进行，象征着钱财如潮水，合家共团圆。梁上或大梁下的砖石上要记录房屋的建成时间、工匠姓名、维修记录等重要信息，同时还有祭神、诵唱、挂红等一系列祈求房屋永固、家宅平安的仪式。

图6-2-2 桂花镇新屋垅老屋大梁

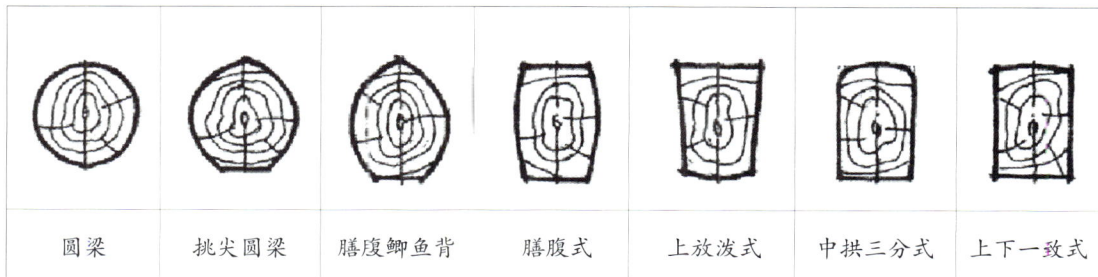

圆梁	挑尖圆梁	膳廋鲫鱼背	膳腹式	上放泼式	中拱三分式	上下一致式

图6-2-1 圆梁与扁作梁截面示意图（来源：刘苗《湖北传统民居营造技术研究》）

　　额枋，在鄂南民间多被称为寿梁，位于外檐柱的上方，是砖木构造的房屋体系中增加屋架之间水平横向联系的构件，使框架结构更为稳固。寿梁常做成中间向上微拱的形状，在正面的观赏部位进行雕刻（图6-2-3、图6-2-4）。

　　寿梁的实际承重作用不大，主要功能是增强房屋的水平抗力。传统木构建筑均以竖向承重为主，抵抗横向水平力的能力相对较弱。斗拱虽然可以将梁、柱的竖向受力分散一部分到横向结构上，但受尺度的限制，散力的效果有限。从力学角度上看，框架结构中水平联系的加强，可以使竖向支撑材料的截面减小，而横向连接件的增加，也可以相应减小各个横向连接件的尺寸，更加省料和省工。寿梁的里侧多伴有一根过梁，其主要功能是增加框架的稳定性。

　　通城县麦市镇葛家大屋中厅的抬梁结构为五架梁，前后均无金柱，梁端直接落在挑檐梁上，挑檐梁采取扁作并且有大面积的透雕装饰，下方由两道过梁支承。梁架上的镂空处理会削弱结构件的稳定性与承重能力，是并不常见的做法。但在葛家大屋中，由于减去了金柱，原本主要起增加横向拉结作用的过梁，兼具向上的承托力，使挑檐梁可以以更小的截面完成连接和起挑的功能，因而具备了强化装饰效果的可能性（图6-2-5）。

图6-2-3　沙堤上新屋中厅寿梁

图6-2-4　沙堤上新屋上厅寿梁

图6-2-5　葛家大屋大梁与过梁

图6-2-6 宝石村老屋的燕子步梁

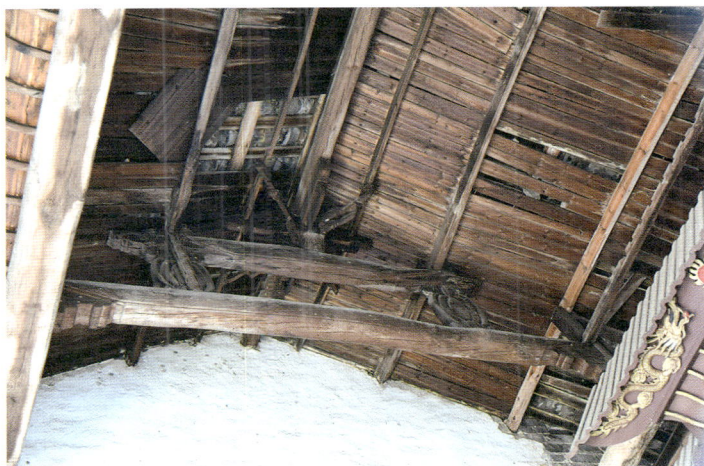

图6-2-7 程氏宗祠的燕子步梁

燕子步梁是非常具有鄂南地方特色的构件，在结构上是对大梁的辅助，增加纵向与横向框架的连接。燕子步梁坐落在三架梁上脊瓜柱的位置，与斗拱的构造类似，以八点支撑起大梁与大梁两侧增加的伴梁。由于上挑的构作与燕尾十分相似，所以被称作"燕子步梁"。它造型轻盈、美观，多点的支承构造可以均匀地承载重力，在民间应用得十分普遍（图6-2-6、图6-2-7）。

6.2.2　柱

柱是木构架建筑中的垂直承重部件，用来支承屋面、梁架等结构并将荷载传至房屋的基础。因所处的位置不同，柱有不同的名称。在建筑最外边的柱子为檐柱，位于前檐的为前檐柱，位于后檐的为后檐柱，转角处的为角檐柱，檐柱之内的为金柱，如有两排金柱，则距檐柱近的为外围金柱，距檐柱远的为里围金柱，在建筑物面阔方向中线上而不在山墙内的为中柱，也称脊柱，在山墙内的为山柱，立在横梁上其下端不着地的称童柱或瓜柱，不同位置的瓜柱又分为脊瓜柱、金瓜柱、交金瓜柱[9]。按照断面形状的特征区分，主要有圆柱、方柱、梅花柱、八角柱、瓜棱柱等，鄂南聚落中出现最多的为方柱。按材料分有石柱和木柱，石柱由于开采难度和施工工艺的要求过高，通常用于聚落中等级最高的建筑中最显眼的位置，如宗族祠堂中的檐柱，其他空间则仍以木柱为主。在工艺处理上，比较有代表性的做法有包镶柱、双料柱等。

6.2.2.1　包镶柱

明清以前的柱子多是由一根整木做成的，对木材的要求非常高，因为许多珍贵的大料需要数百年的时间才能生成。为了缓解木材缺乏的困境，在乾隆时期出现了拼合柱的做法[10]，即在木材的直径未达到房屋使用的要求时，利用木材包镶的技法将小料拼接成大料。这种做法逐渐由官方普及到民间。中间以一根较大的木材作为心柱，四周围用多块木料包围，包镶木料内部要随心柱形状砍刨，外表随形刨光，用铁钉把包镶木料钉在心柱之上，外表加铁箍箍紧[11]（图6-2-8）。

心柱　　包镶木料　　铁箍　　　　披麻捉灰

图6-2-8　包镶柱的做法示意图

包镶柱可以是圆柱或方柱，它在原材料粗细有限的前提下，使立柱的截面增大、承重能力增强，粉刷后在外观上也与整木相似。在王明璠芋园大夫第中同时出现了实木柱与包镶柱。大夫第采取对称式的空间格局，以中路的祠堂为轴线，左右分别是大小一致的五进五开院落，东侧院落先修建起来，在堂屋前采用了四根25厘米见方的实木柱，其后修建的东侧院落里，柱础采用了装饰性更强的瓶形，木柱也更为粗壮，采用包镶作法，边长达到40厘米。前檐柱截面尺寸增加后，能够营造出更大的空高，产生更气派的厅堂效果，但客观材料毕竟有限，能够满足厅堂使用的大料非常难得，包镶柱依靠其不弱的受力表现成为实木柱的最佳替代（图6-2-9~图6-2-11）。

图6-2-9 芋园大夫第实木柱　　　图6-2-10 芋园大夫第包镶柱　　　图6-2-11 乐氏老屋包镶柱

6.2.2.2　双料柱

鄂南的气候多雨、湿润，落地的木柱极易受到潮气的影响而腐烂、变形，因此会在柱础上再加上一截石柱，将木柱抬高。石柱的截面与上部木柱的大小相对，仿佛加长的柱础（图6-2-12~图6-2-14）。

双料柱的主要功能是防潮、防止雨水淋湿柱脚，常被作为檐柱，而室内柱则多为正常石础木作。双料柱上石柱部分的高低，与建筑物的等级和户主的经济条件有直接联系。大多数情况下石柱达到1米左右的高度，这是最容易损耗、摩擦和最需要保护到的高度位置。位于墙角处的柱子也多为双料，起到与护角石相同的作用（图6-2-15~图6-2-18）。

图6-2-12　乐氏老屋双料柱

图6-2-13　沙堤上新屋双料柱

图6-2-14　沙堤上新屋双料柱

图6-2-15　石门村老屋双料柱

图6-2-16　宋家大屋双料柱

图6-2-17　张德泰老屋双料柱

图6-2-18 彭城世家双料柱

石柱越高，对开采与运输的要求就越高，耗费的成本也越大。高耸的石柱是宗族祠堂中最常出现的样式。（图6-2-19~图6-2-21）因为祠堂精神中心的地位，其修建凝聚全族的人力、物力、财力，其中的双料柱，石柱部分会做到2米或更高，甚至直接做到梁下，仅留一小部分木作方便梁枋穿插。连排的石柱是家族的精神面貌与凝聚力的体现，也直观地反映出建筑在聚落中与众不同的地位。

图6-2-19 焦氏宗祠石柱

图6-2-20 程氏宗祠石柱

图6-2-21 王氏宗祠石柱

通山宝石村聚落中的宗祠早已损毁，木制的梁架结构也不复存在，仅余两根石柱能为建筑的身份提供判断（图6-2-22）。

图6-2-22 宝石村石柱

6.2.2.3　柱础与磉礅

柱础是用于支撑柱子的基石，也有柱顶石、鼓磴、磉石等叫法。柱础的作用主要有三点：第一是防潮，使用石料可以阻挡地下湿气侵入木柱的根部，防止木柱糟朽；第二是在结构上可以让柱子的集中荷载更加均匀地分布到柱础上；第三，在施工中它是地面找平的主要依据。古代木结构施工中，筑打基础后，在安装柱础时要仔细地进行抄平工作，因为安装木构架或铺漫地面都要以柱础顶面作为测量中找平的依据，所以柱础可以说是施工中的临时水准点[12]。柱础在样式上可分为方形、圆形、鼓形、瓶形、多边形等，瓶形因与"家宅平安"谐音而具有吉祥的寓意，在鄂南聚落中出现得最多（图6-2-23~图6-2-33）。和北方院落中的柱础相比，鄂南聚落中柱础的整体形态更加纤细和修长，其原因一方面是立柱的受力强度相对较低，所以截面较小，另一方面则是在功能上对于防潮有迫切需求。

图6-2-23　芋园大夫第柱础

图6-2-24　乐节山大夫第柱础

图6-2-25　乐节山大夫第柱础

图6-2-26　宋家大屋柱础

图6-2-27　黄燮商老屋柱础

图6-2-28　谭氏宗祠柱础

图6-2-29　谭氏宗祠柱础

图6-2-30　王氏宗祠柱础

图6-2-31　王氏宗祠柱础

图6-2-32　焦氏宗祠柱础

图6-2-33　吴氏宗祠柱础

磉礅的做法是将整块的条石埋入地下，将墙体与地面的湿气隔绝，用作连续的地脚时被称作"连磉"。在厢房下方的连磉上会开设孔洞，主要是出于增加空气流通的考虑，通过气孔使封闭空间里的湿气能有效排出，增加宅院内的通风与除湿效果，从而提升居住的舒适度（图6-2-34～图6-2-37）。

图6-2-34　宝石村聚落中的连磉与气孔

图6-2-35　宝石村聚落中的连磉与气孔

图6-2-36　游家畈老屋中的连磉与气孔

图6-2-37　游家畈老屋中的连磉与气孔

6.2.3 挑檐

　　鄂南的夏季炎热多雨，为了获得更好的遮蔽效果和居家生活的便利，屋檐都做出较大的出挑。主要做法是以挑枋穿过柱子承托檐檩，后尾穿入内柱，或是压在梁端之下，也有用穿枋出头挑檐的，挑出的挑枋较之斗拱在结构上更加稳定。湖北民间的挑檐梁一般梁宽较窄，而梁高较大。梁宽减小是为了减轻自重，减小

悬臂梁的弯矩，使出挑更加稳固；梁高加大则是为了保证承载力，增强檩下抗剪能力。[13] 檐下的空间有的砌上露明，但大部分为廊轩结构，并以鹤颈轩与船篷轩最为常见，轩枋上置坐斗或起斗拱撑起轩檩，将轩椽分为两或三段，椽上铺望板（图6-2-38~图6-2-41）。

图6-2-38　芋园大夫第鹤颈轩

图6-2-39　谭氏宗祠鹤颈轩

图6-2-40　黄燮商老屋鹤颈轩

图6-2-41　游家畈老屋船篷轩

图6-2-42 焦氏宗祠鳌鱼挑

图6-2-43 沙堤上新屋鳌鱼挑

图6-2-44 石门村老屋双挑出檐

图6-2-45 绳武周家举人府双挑出檐

挑檐的样式丰富，既符合有效承载的力学原理，结构本身也具有装饰性。如利用木材自身弧度，形成弯曲上翘的大刀挑，其天然的弯曲能有效地应对木材变形，因形似大刀而得名；还有类似的象鼻挑，将挑枋做成向上弯曲的象鼻形状，造型更加轻盈；鳌鱼挑也是经常出现的样式，是将整块挑枋做成龙头鱼尾的鳌鱼形状，用浮雕雕刻出龙头龙身等细节，翘起的尾部正好挑起檐檩，装饰性极强。鳌鱼是传说中可以喷水的神兽，将它放在木结构的房屋框架上，有祈求灭火、消灾的含义（图6-2-42、图6-2-43）。檐廊中檐柱与金柱之间的连接构件通常做成宽大的板形穿枋，主要形状有书卷形、云板形、如意形等等。

根据出檐长短的需要有一挑、双挑或三挑等不同做法。前檐柱下的出檐以单挑出檐为主，为了巩固结构和修饰立面，在下方辅以撑拱或雀替。双挑出檐可以形成更加深远的出檐空间，是以两根挑枋共同承托屋檐，深度可达到2米（图6-2-44、图6-2-45）。

图6-2-46 板凳挑

图6-2-47 板凳挑

在鄂南的商业聚落中采取的双挑出檐也叫作"板凳挑"，是在大挑下增加夹腰，夹腰上立童柱来支撑檩条，承担部分至檐的重量。夹腰和童柱分担了大挑的承重，使受力更加合理（图6-2-46~图6-2-48）。板凳挑构造在川渝一带的吊脚楼建筑中十分常见，它利用双挑结构，在不增加檐柱的情况下，支撑大的出檐区域，形成重要的生活空间。还有更为简易、经济的出檐方式，直接以檩条出檐，这是建筑物山面不做封火山墙时采用的出檐方式。

图6-2-48 羊楼洞聚落中的板凳挑

6.2.4 山墙

鄂南最常见的山墙形式为硬山式，也有少量悬山式。硬山式的做法为"硬山搁檩"，即不使用梁，将檩条搁在山墙上，当山墙做封火墙时，则直接将檩条插在砖墙内。悬山山墙的结构为"檩条出山"，用从山墙伸出的檩条挑起悬山屋顶的出檐，保护檐下的墙壁，几乎不做其他装饰。封火墙因为具有"封火"的重要功能而得名，是民间成功的防火设计之一。封火山墙是将山墙抬高，伸出两山屋面，用于保护山面的木质结构。墙身高出屋面多为 1 米左右，少数高达 2 米。在房屋排布密集的聚落里，封火山墙依靠向上延伸的墙体将相邻房屋隔离开，如遇火灾，能隔断火源，阻挡火势的蔓延。

鄂南一带的山墙从外观上看与徽州聚落比较接近，但在造型上变化更多，主要的样式有阶梯式、三角式、弓背式及混合式。阶梯式山墙的级数一般为奇数，有三叠式或五叠式。在规模较大的宅院中，因为含有多进院落，且房屋的纵深较大，会出现多个阶梯式的组合，山墙最高一叠的中线与每一座房屋中正脊的位置吻合，山墙最低矮处对应着院内的天井，所以通过连贯的山墙阶梯，便能从外观上判断一座院落的大致规模（图 6-2-49~ 图 6-2-51）。

图 6-2-49 石门村阶梯式山墙

图 6-2-50 宝石村山墙

图 6-2-51 石门村山墙

　　三角式山墙也叫作"小马头墙"，是一种简洁、实用的山墙处理方式，上部呈三角形，山墙的垂脊略高于两坡屋面，与正立面檐墙上突出的墀头连为一个整体（图6-2-52、图6-2-53）。

图6-2-52　洪口龙家老屋山墙

图6-2-53　刘家桥下新屋山墙

图6-2-54 琳公祠山墙

图6-2-55 芋园大夫第山墙

图6-2-56 谭氏宗祠山墙

图6-2-57 通山圣庙(现通山县博物馆)山墙

　　弓背式山墙也被称作"衮龙式山墙",由连续的半圆弧形组成,形似青龙卧伏在屋顶上,造型的美感强烈。通山燕厦乡的琳公祠、白泥村谭氏宗祠以及芋园大夫第的山墙均采取弓背式,每一组山墙由中间大、两侧小的三个圆弧组成,每一进房屋对应一组山墙,垂脊上用小青瓦层层堆叠,数量可多达五层,使整体效果又与龙鳞有了几分接近。小圆弧的两端处理成翘起的飞檐,增加了建筑立面向上的动感,显得轻盈、优美(图6-2-54~图6-2-57)。

图6-2-58 石门村聚落墀头

图6-2-59 石门村聚落墀头

图6-2-60 乐节山大夫第墀头

图6-2-61 石灰坳朱家老屋墀头

出于防火的要求，山墙多是青砖砌筑的空斗墙，与实墙相比隔热性能更好。墙顶部有的盖两坡瓦顶与瓦脊，有的披砖垒脊抹灰，檐下抹花边绘上彩画，檐上置灰塑点缀其间。伸出至檐柱之外的墀头也是山墙装饰的组成部分，工艺主要集中在盘头。先用砖块挑出叠涩，通过不同的砌筑方式创造出不同的叠涩坡度，以砖雕或灰塑做出各种造型，并施以彩绘（图6-2-58~图6-2-61）。聚落中多样的山墙形式削弱了灰黑色坡屋顶的厚重感，增加了建筑外观的装饰性，极大地丰富了聚落天际线的轮廓层次。

6.3 围护体系的构筑类型

传统聚落中的建筑营造皆是建立在本土最易获得的材料基础上的。鄂南的天然材料品种和储量都非常丰富，在简易的加工处理后，便能成为理想的建筑材料。房屋的围护体系中以砖木结构最为普遍，也有少量砖石结构、土木结构以及竹草结构等。咸安区大幕乡大幕村的黄家嘴民居群，就是夯土土木结构的典型，五栋老屋的主墙都是"干打垒"，挑出的阳台为木结构。通山县宝石村沿着宝石河南北两岸展开分布，由于盛产卵石，所以卵石被大量采集并用于村落的建造中。街巷与房屋的墙基都是由鹅卵石铺设、垒砌而成。沙石、泥土也是重要的建造材料，通常用于房屋的围护结构和辅助粘连等。竹草结构由于材料的不稳定性，现今已不多见。

6.3.1 墙体

墙体具有承重、围合以及分隔空间的作用，按照材料可分为土墙、木墙、石墙及砖墙。由于防潮的需要，土墙与木墙的基础部分会以砖墙或石墙垫高，并进行一定的防水处理。

6.3.1.1 土墙

"土"是最原始、天然的建筑材料，容易获得，施工工艺简单，具有良好的隔音、保温效果，是我国各地的乡土建筑中经常使用的材料。在鄂南山区，由于砖瓦石料的搬运不便，以土做墙更加省时和经济，所以土是早期聚落建造时的主要材料。土墙房的造价低廉，成本仅为砖墙房的五分之一。即便是在清代砖石墙体盛行的时候，土墙也常被用作辅助。鄂南民间建房习俗认为，宅院的建筑中应该包含"金木水火土"五种自然要素，五行的相生相克是万物循环的根本，在建造时每一种材料都要出现，才能保证家宅的长久安宁。在鄂南聚落中常常可以看到的一种情况是，青砖砌筑的墙体做到檐下部分的时候，改成土坯砖继续垒砌，使建筑上包含"土"的元素。之所以选择墙顶端的部位，是由于檐下遮风避雨，土坯不易受潮和磨损，这也是在古代"五行"物质观影响下的折中处理办法。

土墙有两种表现形式，一种为夯土墙，即俗称的干打垒，还有一种是土坯墙。夯土墙以木板做模，其中置土，以杵分层捣实，又称"板筑"。模架长六尺，宽一尺二，高两尺，一块墙体筑好后再移动板架，继续倒土筑下一块墙体，在填充的黏土和灰土中加有草筋和秸秆，甚至是竹片和木条，以增强墙体的抗拉、抗剪性能（图6-3-1）。

土坯墙是先将土制成小块土坯，再使用土坯来砌筑墙体（图6-3-2）。鄂南主要采用以水制坯的天然取坯方式，在土质适宜的稻田中放水引平，保留其中作物的根茎以增加土坯的韧性，在泥土处于不完全干的状态时用石碾压平、压实，然后用方形的模具切成坯块，取出晾晒至干透就可以使用了。为了增强土坯的韧性，会在其中以木棍加筋，经过这种特殊处理的土坯主要安装在门窗口上，当作过梁。制作土坯的土墼模并没有严格规定模数，但一般都把土坯砖控制在300mm×150mm×120mm的尺寸之内，否则太大不易晒干，太小则费工费时[14]。夯土墙和土坯墙的制墙材料都是黏土，都具有便利性与经济性，但土坯墙的构筑方式比夯土墙的灵活度更高，能在结构上产生更多变化。从夯土墙采取的现场制作方式，到土坯墙预先制好模块的构筑方法，是一项技术上的巨大进步，它缩短了房屋的建造工期，减少了其难度，土坯是砖墙产生的最早雏形。

土墙的缺点也显而易见：墙体厚重，无法开过大的窗洞，防水能力差，在受到雨水浸淋后强度会大大降低，且容易受到自然侵蚀。为了使房屋稳固，在以土墙建房时一般都选择在坡地，在土墙下先做一层墙基，并利用天然地形去解决排水问题。墙基的做法有三种：第一种为砖基础，即在土墙的下部分墙体先用砖块垒砌，做到半米高时再以土坯砖继续砌筑（图6-3-3）。第二种是石基础，做法和砖基础类似。由于石块的大小并不规则，所以石础比砖

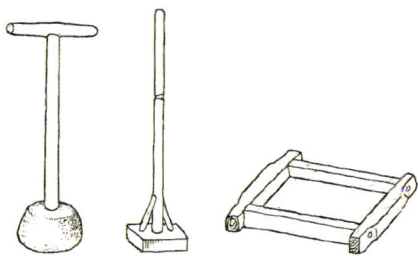

图6-3-2 制作土坯的工具
（来源：中国科学院自然科学史研究所《中国古代建筑技术史》）

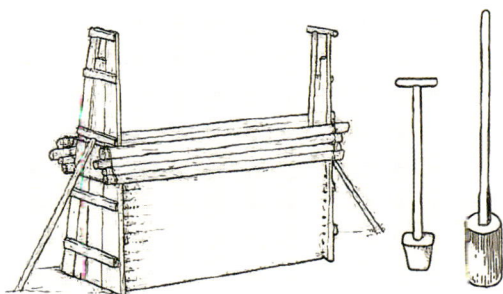

图6-3-1 夯土墙墙架及工具
（来源：中国科学院自然科学史研究所《中国古代建筑技术史》）

图6-3-3 砖础土坯砖墙体

图6-3-4 石础土坯砖墙体

图6-3-5 黄家嘴干打垒民居群

础在构筑上更牢固也更具有灵活性，尤其在地形出现高差时，无需对材料进行二次加工，只需择取相应大小的石块就可以使用，相对简易和方便，十分适合应对坡地条件（图6-3-4~图6-3-6）。第三种是夯实土，就是将普通的素土夯实，这种做法的防潮能力相对弱些。

图6-3-6 石础夯土墙体

6.3.1.2 石墙

鄂南多山，石材资源丰富。石材由于具有坚固抗压、不易磨损、防水防潮等特性，常作为墙基，被大量使用于聚落的营建中（图6-3-7）。用作墙体的石材，根据加工程度的不同，主要有毛料石、片石、条石以及天然卵石。

曰毛料石砌筑的叫毛石墙。毛料石大小不一，形状并不规则，所以石块之间存在缝隙，然而这些缝隙通常并不使用泥沙、石灰等粘结材料填补，而是以碎的、薄的石片来填塞，依靠石材天然的形状进行凹凸互补（图6-3-8）。这种不使用砂浆勾缝，直接以墙体自重稳固墙体的作法也被称为干砌，它对工匠的手艺和经验要求较高。也有湿砌的做法，即在石材之间以灰浆勾缝。条石墙使用的是经过打磨的石材，

石材呈长条形，大小基本相当，在砌筑时采用平砖顺砌的方法。由于材料本身就很规整，所以缝隙较小，可以直接干砌。条石的打磨和加工时间比较长，耗费的人力物力也比较多，多用于建筑中最易磨损的墙基部位，整体效果比较美观（图6-3-9、图6-3-10）。卵石墙是就地取材，采用河畔的卵石修筑挡土墙、墙基、台阶等，和毛石墙的工艺类似。通山县闯王镇的宝石村聚落，由于有河流经过，卵石众多，因此将卵石大量用于道路、围墙、房屋的修建。椭圆形的鹅卵石和方形的青砖在聚落中交替出现，与自然环境形成和谐的整体，充满了个性与美感，宝石村也因此而得名（图6-3-11、图6-3-12）。

图6-3-7 周家老屋石础砖墙

图6-3-8 石门村毛石墙

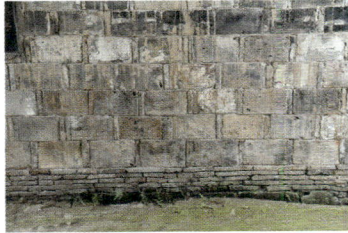

图6-3-9 谭氏宗祠条石墙基

图6-3-10 石门村条石墙

图6-3-11 宝石村卵石墙基

图6-3-12 宝石村聚落的石础砖墙

6.3.1.3　砖墙

青砖是聚落中使用最为普遍的建筑材料，它由黏土砖坯经过高温烧制，然后浇水、闷干制成，与土坯砖有着本质的差别，在耐磨、耐火等性能上都有较大的提升。青砖在受力性能上与石材相同，都非常抗压，但在原材料的采集和加工方面则便利得多。由于制砖一般由地方的砖窑手工作业，所以大小、规格因区域的不同略有差异，在砌筑的方式上也根据不同的建筑部位，产生出多样的变化，是地域性营造技术的重要体现。

青砖的砌法分为实滚砌和空斗砌两种：实滚砌是由砖与砖之间错缝相贴，然后以砂浆勾缝；空斗砌是通过砖块平、侧交替的砌法，使墙体内形成一个个的"空斗"。为了增加墙体的稳定性和保温隔热效果，很多时候还在空斗中填上碎砖石和泥土，以这种方式构筑的墙体被称作"灌斗墙"。出于防潮和保温隔热，以及省时省工、经济合用等方面的综合考虑，在实际操作中，常将几种方式结合起来使用，被称作花滚砌。实滚砌的优点是砌筑方法简单、错缝整齐，缺点是比较费料，隔热和保温能力相对较弱，所以在外墙的墙基部分和院内隔墙上使用比较多。院内隔墙对保温性的要求不高，而用在墙基则凸显了它扎实、整齐的优点。空斗砌省工省料得多，在隔热和保温效果上的表现也更好，但由于质轻壁薄，在稳定性和承重能力上不及实滚砌，主要使用在外墙的墙面、山墙和围墙上。灌斗砌是在空斗基础上的改良砌法，具有防潮、保温、坚实、稳定等诸多优势，但由于墙体过于厚重，无法砌筑太高，所以只能选择性地在房基需要加固和加厚的部分采用这种砌法（图6-3-13~图6-3-18）。

图6-3-13　错缝顺砌

图6-3-14　空斗墙

图6-3-15　一平一侧高矮斗

图6-3-16　两平一侧高矮斗

图6-3-17　高矮斗与顺砌结合的山墙

图6-3-18　实滚席纹墙基

6.3.2　屋顶

屋顶是位于建筑上端起围护作用的构件，出檐深远，屋面坡度呈曲线，可以对木构架的屋身起保护作用。传统建筑的屋面构造，一般包括面层（瓦）、结合层（坐瓦灰）、防水层、垫层、基层（望板、望砖、柴栈、苇箔等）。官式建筑的做法较考究，层次多一些；民间建筑及南方地区建筑根据具体条件，层次要少一些[15]。鄂南的气候相较北方更为温暖，大风、雨雪灾害较少，所以屋面更为单薄和轻盈，屋面的坡度也更加平缓。屋面之间的结点与屋脊的造型同样由青瓦直接叠砌而成，没有过多装饰，仅脊角砌出起翘，呈现出质朴、简洁的风貌（图6-3-19、图6-3-20）。

鄂南民间屋面的构造从上至下由小青瓦、椽板、檩条三部分组成，瓦面层与椽板之间以石灰砂浆粘结（图6-3-21）。

铺设方式是由相同尺寸的小青瓦一仰一盖搭设而成，形成仰合瓦屋面。由于是直接铺设瓦片，所以对椽板的尺寸大小以及铺设的间距有所要求，在搭叠时按照"盖七露三"的原则，椽板之间放置仰瓦，上铺盖瓦，由下至上，层层叠置（图6-3-22~图6-3-24）。还有一种将椽板并列挨着架设的方式，使人在屋内抬头看不到瓦片，起到望板的作用，但由于更加费工费料，仅用于大型的宅第，或是院落中的正厅位置。

图6-3-19　曾家大屋小青瓦屋面

图6-3-20　琳公祠小青瓦屋面

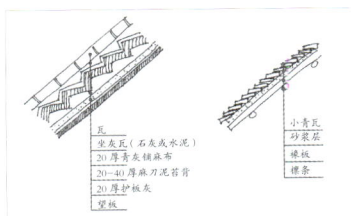
图6-3-21　官式与民间屋面作法示意

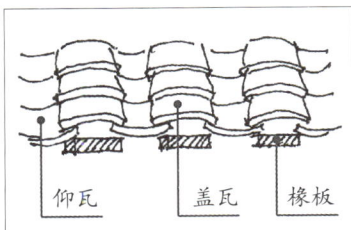
图6-3-22　仰合瓦的屋面示意图

图6-3-23　朴素的仰合瓦屋面

图6-3-24　仰合瓦屋面内部

6.3.3 地面

对地面进行铺装的材料有土、石、砖，夯土地面最常见，偶有条砖、方砖等。室外铺地主要作用在于应对雨水的冲刷，以及处理房屋的排水问题。石材在当地储量丰富，天然石材如鹅卵石、毛石碎块，或是经过打磨的条石、青石板等，都是理想的铺地材料。

室内地面处理的主要意义是除尘与防潮，所以不论是采用夯土还是铺砖，都追求地面平整、光滑。砖石铺地具有较好的吸水、防潮能力，于天井、走廊、台阶处使用。在铺设时先将砖块或条石刨平，再用砂磨打光，形成光洁的效果。夯土地面则更加经济，按照3：7的比例取白灰与黄土混合，俗称三七灰土，施工时分层夯实，每层（俗称步）灰土虚铺20厘米，夯实后为15厘米厚，灰土基础不仅可以防水，并且时间越长强度越高[16]。由于岩石不断搬运和风化，岩石会变成黄土，而三七灰土正好相反，是从黄土到岩石的形成过程，所以使用的时间越长，灰土基础的硬度与强度越高[17]。鄂南在处理夯土地面时会在三七灰中掺入部分细沙，以增加强度，被当地人称为"三合土"，其由于良好的经济适用性成为使用最多的室内地面处理方式。将地面夯实后，再刻上线条与花纹作为装饰，增加质感（图6-3-25~图6-3-28）。

图6-3-25 三合土地面效果（石门村老屋）

图6-3-26 三合土地面效果（溪桥饶老屋）

图6-3-27 三合土地面效果（石门村老屋）

图6-3-28 三合土地面效果（沙堤上新屋）

6.4 门、窗

6.4.1 门框、门扇

鄂南民间的大门样式大同小异，变化极少，不论是寻常百姓家还是士大夫门第、宗族祠堂，也不论是宅院主入口的大门，还是侧门、小门，均保持基本一致的结构和工艺，仅在门框交角处，或门枕石的处理上会有些许不同，总体上看并无明显的差异（图6-4-1~图6-4-9）。

图6-4-1 石门村老屋

图6-4-2 垅口冯民居

图6-4-3 黎家大屋

图6-4-4 黄伯敬老屋

图6-4-5 乐节山大夫第

图6-4-6 宋家大屋

图6-4-7 彭城世家

图6-4-8 沈鸿宾老屋

图6-4-9 大屋金老屋

图6-4-10 沈家大屋木质连楹

图6-4-11 葛家大屋石质连楹

　　门框由左右两根柱框和上面一根平枋组成，用于固定门扇上下凸起的门轴。上门轴用横木或石条固定，称作"连楹"（图6-4-10、图6-4-11），下门轴由于要承受门板的重量，以及满足防潮、耐磨的需要，一般只采用石作。门枕石一半在门框里，凿有凹槽用来固定下门轴，另一半在门框外，成为可装饰的部位。门枕石的造型普遍为方形，雕刻成对的麒麟或狮子，在寓意上和门前摆放的石狮子是一致的，有镇宅护院的寓意。

图6-4-12 沙堤上新屋

图6-4-13 宋家大屋

图6-4-14 大屋金老屋

图6-4-15 刘家桥上新屋

在大多数院落中进入大门后还有一道屏门，起到挡风和遮隔内院的作用，使外界难以窥视院内的活动。另一种说法认为屏门的设置是受到风水意识的影响，风水讲究导气，院外的气不可以直冲厅堂，否则不吉。屏门是用一种较薄的木板拼接而成，中间封闭，两侧留有门洞通行。当大门为"歪门"与墙体角度出现偏斜时，门厅里多半会再设一道屏门，屏门的方位不受大门影响，能从院内遮挡住"歪门"，使宅院内部空间的整体性更强。在多进院落中，每一进的过厅里侧均有屏风式的隔断墙，也叫太师壁，使人分流，从两侧进入内院。它和屏门的构造与用途类似，不仅将一重重的生活空间隔开，同时也划分出清晰的内与外、尊与卑、长与幼的家族秩序（图6-4-12~图6-4-15）。

天井院里卧室的入口尺寸非常紧凑，门板宽度在 55 — 70 厘米之间，高度不超过 180 厘米，是刚好容纳一人进出，从外观上传递出封闭的讯息，门上通常开有花窗用来透气（图6-4-16~ 图 6-4-19）。

图6-4-16 溪桥饶老屋

图6-4-17 刘家桥下新屋

图6-4-18 通羊镇沈氏老屋

图6-4-19 明水村郑氏老屋

图6-4-20 石门村老屋

图6-4-21 乐节山大夫第

天井两侧的厢房在不做卧室而做起居室使用时，会选择做成连排可开启的隔扇门，门扇为双数，每一扇宽度 40—55 厘米左右。隔扇门下部为裙板，上部为镂空格心，上、中、下三块绦环板连接，裙板与格心之间的绦环板由于与人的视平线最为接近，是工匠雕刻的重点，上下两块绦环板距离视线较远，装饰则简单得多（图6-4-20、图6-4-21）。

6.4.2 门头

门头是中国传统民居中非常具代表性的大门处理手法，可以是大门上方的两面坡屋顶，也可以是只伸出一面，具有强化入口的作用，且装饰意味明显，在北方的四合院、皖南的徽派民居，以及江南的水乡民居中，门上设门头的做法都普遍存在。门头最初是以木结构为主要构架，但木质在室外容易遭到雨水、烈日的侵蚀而损坏，所以逐渐被砖材或石材取代。砖、石门头在造型与雕刻形式上模仿木构、木雕的形态，渐渐弱化了遮风挡雨等功能性的一面，成为单纯的装饰构件（图6-4-22）。

宝石村聚落中有一种非常具有特色的门头处理方式，当地称为"内门头"。内门头是在大门面朝屋外的一面保持简洁、不作装饰，将门头的构造与精美的雕刻朝向院内的天井和堂屋。这种做法与北方垂花门的构造特征截然不同，与南方颇具代表性的徽州石门头也有明显的区别。垂花门从门外看，具有牌楼的视觉效果，

图6-4-22 刘家桥上新屋的砖门头

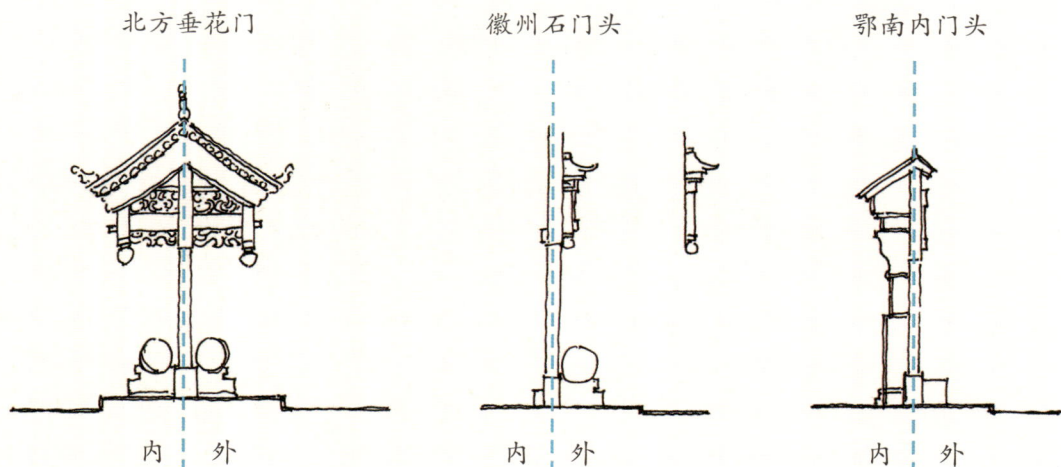

图6-4-23 门头处理方式比较

从院内看去，则像一座类似亭榭的小屋，与院内的建筑群形成一个整体。由于檐下空间较大，它既有装饰作用，还具有遮风避雨的功能，成为宾客寒暄、话别的场所。我国南方安徽、江苏、浙江、江西等地的门头样式，实际上均可看作是垂花门的简化处理，保留垂花门中最为明显的垂莲柱形象，省略掉复杂的木架支撑结构与厚重的双坡屋顶，以相对简易的砖雕来装饰门罩，由于出檐较浅，所以并无实际的遮蔽功能。鄂南的内门头处理从院外看与徽州民居的门头非常接近，并更加简洁，结构的起伏更小，几乎删除了一切的砖雕装饰，但在面朝院内的部分增加了门框与门头的构造，强化了入口处的纵深，以木雕、石雕作为装饰，形成一副颇为完整的大门框架（图6-4-23~图6-4-25）。

聚落内建筑的形态与样式皆是当地人民主流价值取向的直观反映。鄂南内门头的处理使宅院总体上呈现出"外简内奢"的造型风格，在

一定程度上是受到明清时期"重农抑商"政策的影响。商人的社会地位不及文人，所以人们不愿将经商获得的财富过多表现在外。同时，鄂南民间极为推崇"耕读文化"，即以"耕读"作为生存之本，用"读书"走上升迁之路，光耀门楣，就算家中富有也不应该有攀比、炫耀的态度，只有通过踏实劳作和辛勤苦读才能受到乡里社会的肯定。不论户主的财富多寡，鄂南聚落中所见的大部分宅院的外部都传达出了朴素的讯息，即便有一定财力要对房屋进行美化和装饰，也多是隐藏在院内，这也从一个侧面反映出了鄂南天井院内敛与朴实的总体特性。

图6-4-24 宝石村聚落中的内门头

图6-4-25 宝石村聚落中的内门头

6.4.3　窗

宅院内的开窗均是面向天井这一中心，以获得采光和加强透气。天井两侧厢房的开窗是天井院中极具装饰效果的组成部分。窗扇下部做挡板，挡板位置大致与人同高，以遮挡视线，避免进入天井的人直接看到房间的内部；窗扇上部做平开窗，按照开间的大小，可以联排做到4—8扇不等。由于其位置的观赏作用，一般会做成雕刻精致的隔扇镂花窗，是民间小木作技艺的集中体现。镂花窗的格子心由棂条组成各种几何图案，如万字纹、回字纹、井字纹、冰裂纹、卷草纹等等。各个部件预先雕刻成形，依靠凸出和凹进的卡榫固定在一起，当中还加上各种题材的棂花，使窗扇的纹样更加丰富和生动，具有很强的艺术性与装饰美感（图6-4-26~图6-4-32）。

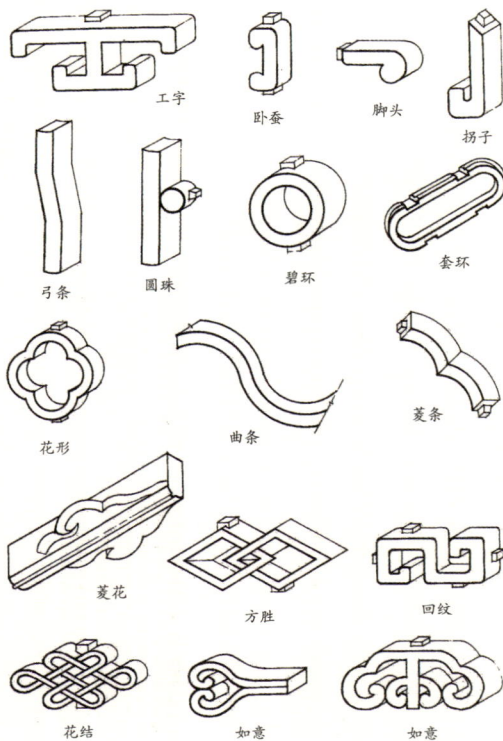

工字　卧蚕　脚头　拐子　弓条　圆珠　碧环　套环　花形　曲条　菱条　菱花　方胜　回纹　花结　如意　如意

图6-4-26　棂花分件图
（来源：中国科学院自然科学史研究所《中国古代建筑技术史》）

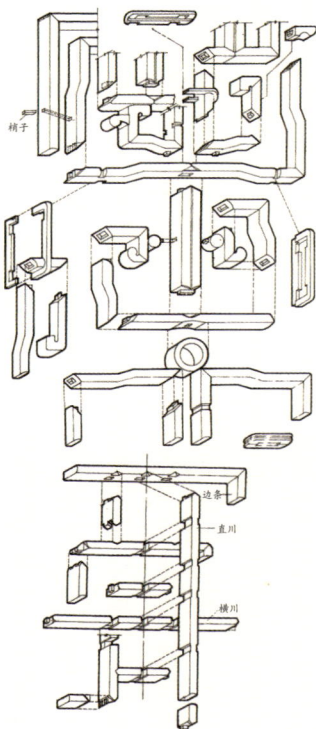

梢子　边条　直川　横川

图6-4-27　窗棂分解图
（来源：中国科学院自然科学史研究所《中国古代建筑技术史》）

图6-4-28 镂花窗（刘家桥下新屋）

图6-4-29 镂花窗（彭城世家）

图6-4-30 镂花窗（宋家大屋）

图6-4-31 镂花窗（游家畈老屋）

图6-4-32 镂花窗（游家畈老屋）

图 6-4-33 双层窗（黄伯敬老屋）

图 6-4-34 双层窗（望花周民居）

图 6-4-35 乐山大夫第中的双层窗

图 6-4-36 门上双层窗（溪桥饶老屋）

图 6-4-37 双层窗（黄燮商老屋）

　　堂屋两侧卧室及小天井处的开窗相对会简易些，窗台较高，并且常采用双层窗的做法，即在平开窗的外侧再加上一层不可开启的格纹窗，强化卧室的私密性。格纹窗的格心较内窗更为稀疏，白天打开内窗，能使房间内的亮度更高，透气性更好（图 6-4-33~ 图 6-4-37）。

图6-4-38 咸安区洪口龙家大屋

图6-4-39 通羊镇沈家大屋

图6-4-41 乐氏老屋外墙窗

图6-4-40 高桥陈家老屋外墙窗

面向宅院外的开窗在形态与功能上都与宅内窗相去甚远，均为面积较小的窗洞，这类外墙窗一般不糊窗纸，不能开启，以矩形与圆形居多，纹样相对宅内窗要粗放、简单，也称作漏窗。漏窗开设在外墙上的较高处，主要是为了增加空气的流动性。也有观景功能的漏窗，开在与人视线相平齐的位置，使居住者能透过窗洞里装饰的各种镂空图案隐约看到窗外的景物，并增加房间的采光（图6-4-38~图6-4-47）。

图6-4-42 刘家桥上新屋外墙窗

图6-4-43 黄沙铺镇宋家大屋

图6-4-44 垅口村冯氏老屋

图6-4-45 曾家大屋外墙窗

图6-4-46 宝石村老屋外墙窗

图6-4-47 芋园大夫第

注释：

[1] 李晓峰，谭刚毅. 中国民居建筑丛书：两湖民居[M]. 北京：中国建筑工业出版社，2009：270.

[2] 李百浩，李晓峰. 湖北建筑集粹：湖北传统民居[M]. 北京：中国建筑工业出版社，2006：163.

[3] 中国科学院自然科学史研究所. 中国古代建筑技术史[M]. 北京：科学出版社，1985：126.

[4] 已迁至湖北省明清古建筑博物馆。

[5] 一个步架通常1—2米左右，六步架最长可达12米。

[6] 柱径普通为200—300mm；穿枋断面不过60×120mm^2—100×200 mm^2；檩距通常在1000mm以内；椽的选材用料也比较纤细、轻巧。

[7] 中国科学院自然科学史研究所. 中国古代建筑技术史[M]. 北京：科学出版社，1985：128.

[8] 李晓峰，谭刚毅. 中国民居建筑丛书：两湖民居[M]. 北京：中国建筑工业出版社，2009：261.

[9] 谢明玉. 中国传统建筑细部设计[M]. 北京：中国建筑工业出版社，2001：133.

[10] 孙大章. 中国古代建筑史：第五卷：清代建筑[M]. 北京：中国建筑工业出版社，2002：5.

[11] 中国科学院自然科学史研究所. 中国古代建筑技术史[M]. 北京：科学出版社，1985：126.

[12] 中国科学院自然科学史研究所. 中国古代建筑技术史[M]. 北京：科学出版社，1985：163.

[13] 赵彬、刘茁. 湖北传统民居木结构营造工艺探究[J]. 华中建筑，2010（9）：204.

[14] 李晓峰，谭刚毅. 中国民居建筑丛书：两湖民居[M]. 北京：中国建筑工业出版社，2009：309.

[15] 中国科学院自然科学史研究所. 中国古代建筑技术史[M]. 北京：科学出版社，1985：187.

[16] 杨鸣. 鄂东南民间营造工艺研究[D]. 武汉：华中科技大学，2006：72.

[17] 阿力江. 三七灰土在处理地基上的应用[J]. 石河子科技，2006（4）.

装饰是中国传统建筑的重要组成部分，并渗透到建筑的每一个构筑细节上。它在一定程度上对建筑的性质与等级做出反映，同时体现出人们的审美情趣及精神追求。传统聚落中的装饰手法和装饰特征蕴含了大量地域文化信息，与当地地域性的生活习俗、宗教信仰、审美观念密切相关，是地方文化的集中体现。

民间聚落中的装饰表现题材是一定时期内社会经济文化条件的产物，也是一定区域内人们生活方式、生产劳动、观念风俗的反映。它植根于传统文化，传递出乡民们劳动与生活的诸多内容，既是人们情感的抒发，也是美好愿望的寄托。在鄂南出现的装饰题材总体可分为四个有代表性的方向：第一，表现古代文人情趣的装饰图案。这一类题材以反映文人士大夫的个人情趣为主，或是直接雕刻诗词歌赋，或是采用品位高雅的传统图案，如梅兰竹菊、风晴雨雪、琴棋书画等，有崇尚儒雅、高洁的意思，是对居住者个人价值取向和伦理道德观念的体现。第二，象征性的装饰图案。这类题材借传统的吉祥图案表达出对美好生活的向往，利用谐音、假借等形声或形意的手法来获得象征的效果，成为对居住者心中所盼望事物的隐喻和表达。第三，神话的情节与民间传说的描述。这一类多以文学作品、民间传说为题材，编排后在装饰部位完整地展现。文学作品的选择通常与族人的姓氏或职位相关，挑选同一姓氏或相关职位的人的故事传说予以表现。第四，家训和警示的体现。将家族的训诫、警示雕刻于门、窗裙板等显要位置，以提醒与规范后人的行为举止，体现出居住者严谨的治家态度。

7.1 装饰材质与手法

中国古代艺匠利用木构架的结构特点，创造出庑殿、歇山、悬山、硬山和单檐、重檐等不同形式的屋顶，又在屋顶上塑造出鸱吻、宝顶、走兽等奇特的个体形象；他们在形式单调的门窗上制造出千变万化的窗格花纹式样，在简单的梁、枋、柱和石台基上进行了巧妙的艺术加工，应用这些装饰手段创造出中国古代建筑富有特征的外观；他们还善于将绘画、雕刻、工艺美术的不同内容和工艺应用到建筑装饰里，极大地加强了建筑艺术的表现力。在木构架的中国古代建筑中，其主要结构构件几乎都是以原本的面貌直接呈现在人们眼前。为增加房屋的美感与居住环境的情趣，人们对这些构件进行美化，使其具有装饰效果。在传统聚落中，装饰与生活早已融为一体，不仅是建筑中不可缺少的一部分，也是人们在生活中对美好事物向往之情的表达。装饰构件是建筑的从属部分，虽依附于建筑而出现，但很少单独存在，它与建筑的结构和功能紧密地融合在一起，成为建筑不可或缺的组成部分。

7.1.1 木雕

木雕技艺的发展与木构房屋的发展密不可分。木结构构件的装饰部位不断增多，为木雕工艺提供了更大的发挥空间。木雕按工种分为大木作和小木作两种，大木作以梁、柱、斗栱、雀替等雕刻部位为主，小木作有门、窗、隔扇、挂落等等，它们都体现出地方工匠的营造技艺与房屋主人的审美意识。以雕刻装饰木构的做法，淡化了建筑构件之间的组合支承功能，将大木作厚实、沉重的形象转化成为艺术与技术的有机结合，使传统建筑呈现出自然、生动的一面（图7-1-1~图7-1-8）。

图7-1-1 挂落（沈家大屋）

图7-1-2 天花（沈家大屋）

图 7-1-3 栏杆（刘家桥）

图 7-1-4 额枋（琳公祠）

图 7-1-5 祭亭（焦氏宗祠）

图 7-1-6 戏台（葛家大屋）

图 7-1-7 门、窗（沈家大屋）

图 7-1-8 门罩（沙堤上新屋）

木雕的创作过程大体分为备料、立意、画活、雕大形、细部雕凿、收尾等几道工序。首先根据建筑中需要装饰的部位选料，然后确定创作内容，并在木料上绘制草稿与轮廓，接下来进行雕刻，最后打磨和上漆。木雕的雕刻手法根据位置和角度的不同，构件自身大小形态的不同、功能作用的不同，距离视线远近的不同产生差异。《营造法式》中将雕刻分为四等：剔地起突、压地隐起、减地平钑和素平，分别对应着高浮雕、浅浮雕、线刻和素作四种基本手法。除去素作，根据雕刻程度的深浅和工艺上的细节差异，可对手法的分类进一步补充，还包括透雕、圆雕、贴雕等。

7.1.1.1 浮雕

浮雕是雕刻与绘画结合的产物，是将表现对象进行压缩，通过在木构件上逐层雕凿，形成凸出的、有立体感的三维效果，仅提供一面欣赏。浮雕是民间使用最为普遍的木雕技艺，按雕刻的深浅程度可分为浅浮雕与高浮雕。浅浮雕的雕刻较浅，层次交叉少，形体的压缩比较大，平面感强。浅浮雕并不主要依靠实体性空间来营造立体效果，而是更多地利用绘画的描绘手法，或是通过透视、视觉错位等处理方式来创造抽象的压缩空间，所以对于造型勾线的要求严谨，常以线、面结合的方式增强画面层次，或在局部增加雕刻的深度，将高浮雕手法融入画面，强化场景的空间感。通羊镇沈家大屋的两侧厢房各有六扇窗扇面朝天井，十二

幅绦环板均是以浅浮雕雕刻的花卉图案，每一幅的细节都不相同，虽压地极少，但创造出绘画般细腻、流畅的效果（图7-1-9）。

高桥镇游家畈老屋的绦环板起突更加明显，接近于高浮雕的做法，以家具、器皿和菜肴为表现对象，形象鲜明、逼真（图7-1-10）。高浮雕是与浅浮雕相对应的浮雕技法，利用比浅浮雕更为夸张的空间起伏，形成立体感与深度感更强的视觉效果。高浮雕的塑造特征与空间构造与圆雕更为接近，甚至在局部就是采用圆雕的手法，所以在空间感的塑造方面比浅浮雕更为直接，而同圆雕相比它又趋于平面化，主要依附于平面部件的欣赏。宝石村舒家老屋走廊上方穿枋的雕刻，以《三国演义》中管辂泄露天机的故事为创作题材，表现了南斗星君与北斗星君为少年赵颜改命增寿的场景。人物轮廓立体，衣着服饰刻画细致，植物局部采用透雕镂空，在极其有限的雕刻区域内，利用雕刻手法的变化，表现出人物与景物的起伏和相互叠错的层次关系（图7-1-11）。

图7-1-9 浮雕花卉（沈家大屋）

图7-1-10　浮雕清供（游家畈老屋）

图7-1-11　浮雕人物（舒家老屋）

图 7-1-12 浅浮雕与高浮雕（黎家大屋）

图 7-1-13 浅浮雕与高浮雕（游家畈老屋）

图 7-1-14 浅浮雕与高浮雕（游家畈老屋）

图 7-1-15 浅浮雕与高浮雕（沙堤上新屋）

图 7-1-16 高浮雕柱础（沙堤上新屋）

浮雕灵活的技法，使其几乎可以用于所有木构件之上。高浮雕的效果要比浅浮雕层次更为突出，形象更加逼真，但受到雕刻部位自身厚度与体积的限制，在木构件上的使用不及浅浮雕灵活和广泛。在石雕中高浮雕的使用更加普遍，石材本身坚硬、厚重，是高浮雕的最佳载体（图 7-1-12~ 图 7-1-16）。

7.1.1.2　透雕

透雕也被称为漏雕，在明清以后被称作玲珑雕，雕刻手法以镂空为主，是在浮雕手法的基础上，保留立体造型的部分，然后将凹进的部位作镂空处理，使装饰部件达到通透的效果。基本流程是先将绘有图样的稿纸贴于木板之上，在需要镂空处汀孔，再穿入钢锯丝来回抽拉，沿着图案的轮廓将多余的木料镂走，最后将镂好的半成品一一打磨与刻画加工。镂剔工作可以多块木板叠在一起进行，能保证每块板上的图案完全相同，所以常用这种方法处理门窗格心的图案。多扇门或窗并列在一起时，为了保持视觉上的连贯性，其中格心花心的图案处理有"重复"和"连续"两种方法。"重复"是通过单纯的复制，使门、窗产生连贯的、有规律的美感（图7-1-17、图7-1-18）；"连续"是依据内在逻辑产生的系统变化，将同一类别下的题材在整体构图保持一致的情况下，通过增加、减少或替换某种元素，来达到既有连续又有区别的效果（图7-1-19）。两种方法都适合采用透雕，将多块木板叠在一起镂剔加工以增加工作效率。透雕因雕刻部位观赏位置的不同可采用单面透雕与双面透雕，门板、窗扇等只能看到一面的构件使用单面透雕，而在挂落、雀替等部件则使用双面透雕。透雕可以雕刻出非常精致的题材，并且常与浮雕相结合，形成多层次的镂空雕刻工艺，观赏性极强。黄燮商老屋中的撑栱采用的是多块一起加工的办法，先将镂空的部位统一做好，再用浮

图 7-1-17　重复图案（郑氏老屋）

图 7-1-18　重复图案（乐氏老屋）

图 7-1-19　连续图案（沈家大屋）

图 7-1-20 透雕雀替（黄燮商老屋）

图 7-1-21 透雕雀替（宋家大屋）

图 7-1-22 透雕撑栱（沙堤上新屋）

雕的手法逐一刻画细节，所以每只撑栱的外观均保持一致（图 7-1-20）。通羊镇的沙堤上新屋中，每一只斜撑的雕刻内容都不同，动植物的造型纤细、修长，疏密相间，错落有致，对工艺要求极高，是将透雕和圆雕工艺相结合的做法（图 7-1-21、图 7-1-22）。

7.1.1.3　圆雕

圆雕是以浮雕为基础，综合使用透雕、线刻的方法，达到立体塑造物体的目的。圆雕的雕塑感极强，从物件的每个角度都可以欣赏，它与透雕的区别在于，透雕是浮雕技法的延伸，多用于板状的木构件中，而圆雕则多用于立体雕刻。圆雕的创作题材以动物、植物居多，在建筑构件的局部出现，如瓜柱的柱头、垂花柱的端头以及撑栱、额枋等部位（图7-1-23、图7-1-24）。

图7-1-23　圆雕瓜柱（宋家大屋）

图7-1-24　圆雕撑栱（谭氏宗祠）

7.1.1.4 线刻、贴雕

线刻是在平面上进行线雕处理的技法，有阴刻与阳刻两种表现手段。阴刻是将图案或文字刻成凹形，直接用线条钩画；阳刻是将图案或文字以外的部分刻成凹形，将主要表现内容显示在平面之上。由于线刻在大空间中展示效果的天然不足，表现力不及浮雕、透雕强烈，在唐代以前使用得较多，在宋以后便逐渐减少，但由于它的工艺并不复杂，容易操作，所以在民间装饰中仍被广泛接受。贴雕先根据装饰图案或文字的轮廓，在木料上单独雕刻成形，再直接将这些木雕构件粘贴在需要的位置，用铁钉固定或用粘合剂粘合。其效果类似线刻中的阳刻，但手法比阳刻简易许多，可用木材的碎料制作图案，更加节省材料。与浮雕、透雕、圆雕的工艺相比，线刻与贴雕所处理的纹样相对简单和工整。平面雕凿的压地与起突不多，立体感较弱，主要起到对平面纹样或字样的强化作用。线刻与贴雕多用于门板，以吉祥纹样、汉字、诗词等作为表现对象（图7-1-25、图7-1-26）。

图7-1-25 贴雕门板（宝石村）

图7-1-26 "乐"字贴雕（葛家大屋）

7.1.2　石雕

在主体为木构的房屋当中，出于防潮、防腐、防剐蹭等需要，会用石材将房屋垫起或抬高，或是利用石材本身的耐磨与耐久性，在易磨损的部位安装护角石，这都为石雕的发展创造了条件。正因如此，建筑中石雕的部位主要集中在房屋的基座部分，如柱础、门枕石等。石雕与木雕一样，有浅浮雕、高浮雕、圆雕等多种雕凿手法，也被称作"剔凿花活"。雕饰过的石材在经过长年的摩擦与损耗后，会在表面形成一层"包浆"，黝黑发亮，为传统建筑更增添一分由时光打磨过的质感。

鄂南多山，石材的蕴藏量丰富，常用的石材有大理石、花岗石、青石、砂岩石等等。石雕的工艺过程首先从选料开始，不同的石材质地的软硬、疏密不同，同一石材的不同石料，在质量上也有优劣，建造和装饰房屋所采用的石材以颜色均匀和质地坚硬、细致为佳；第二步，对石料进行开荒，凿去多余的部分，打出基本的轮廓形状和体面关系；第三步被称作"打细"，进一步刻画形体的起伏变化，使对象的结构和细节慢慢地凸显出来，这一步也是石雕中最重要的艺术处理阶段，最为耗时；最后一步为打磨、抛光，使石材的光洁感完全呈现出来。

柱础是院落中非常醒目且具有表现力的石雕装饰部位，柱础石上的雕刻有简朴的线刻，也有众多精雕的题材，诸如象征吉祥的龙凤、仙鹤、麒麟等动物图案，也有松、竹、兰、梅等植物纹样，构图丰富、手法多样，反映出民间匠人丰富的想象力和超群的雕刻技艺。通山县大畈镇的谭氏宗祠内采用的皆是瓶形的柱础，但放置在不同部位的瓶形在细节上都有差异。在雕刻手法上，根据行经路线上视线距离的远近也有不同的处理方式。人由室外步入室内，所见的第一眼即柱础面对室外的一侧，为高浮雕，且起突的范围较大，与圆雕的效果相近；面对中路通道的一侧离视线近些，采用的是浅浮雕；背对通道的一面由于相对难以看到，使用接近线刻的手法。在表现题材上，每只柱础瓶身的四个面以及瓶颈处四个面的图案皆不雷同，动物类以圆雕表现居多，植物类则以浮雕与线刻为主（图7-1-27）。

图7-1-27　谭氏宗祠的瓶形柱础

图 7-1-28 瓶形柱础（古田张德泰民居）

图 7-1-29 复合式柱础（绳武周家举人府）

图 7-1-30 复合式柱础（大屋金老屋）

图 7-1-31 复合式柱础（大屋金老屋）

柱础除常见的方形、鼓形、瓜形、瓶形外，还有不少复合式的形式，由多种不同的造型组合起来，成为新的、与众不同的造型样式。传统民居在屋顶的样式、建筑的饰物乃至所用的色彩上均有严格的等级划分，难以僭越和创新，在柱础上则约束较少，于是很容易成为户主身份与财力的象征，并为石雕创作提供了更多空间。鄂南民间所见的柱础样式变化繁多，且许多样式都是独一无二、少有雷同，大大丰富了立柱的装饰效果（图 7-1-28~图 7-1-31）。

图7-1-32　中港村周家大屋门楣雕刻

图7-1-33　碧公祠门楣雕刻

石门框以花岗石和青石为主要材料，门框上部的石条为门楣，在结构上起到支撑与连接的作用，也因其处在入口处，兼具装饰作用，手法以浮雕为主，内容以花鸟居多。谭氏宗祠里有一处名为"碧公祠"的附属建筑，应是谭氏的支祠祠堂，门楣上是以高浮雕雕刻的狮子戏球的内容，两只石狮起突明显、动态生动，狮子的毛发与绣球的细节用浅浮雕刻画，细腻而逼真（图7-1-32、图7-1-33）。

图7-1-34 八斗畈上新屋门枕石

门框上伸出门外的支撑部件为门枕石，用来稳定门框，并增添建筑入口在立面上的厚重感。门枕石多为方形，进行装饰时会将主要雕刻集中在面向入口通道和面向街道的两个面（图7-1-34、图7-1-35）。圆形抱鼓石对石材的打磨要求更高，通常由一块整石雕刻，标志着宅院的等级与户主的地位，是物化的礼制文化符号。通山县大畈镇的吴氏宗祠门前的抱鼓石，高约1.6米，下部的底座修长，三面均有雕刻，朝内的一侧雕刻着麒麟、蝙蝠、鹿与仙鹤，朝外的一面为浮雕花卉，中部的承托件同样做得高挑，托起上方的石鼓，鼓面有花纹浮雕，并刻有"嘉庆辛未年四月初八公立"的字样，石鼓顶端是圆雕瑞兽。两件抱鼓石十分高大，整体感强，雕刻精美、华丽（图7-1-36、图7-1-37）。

图7-1-35 大屋金老屋门枕石

图7-1-36 绳武周家门枕石

图7-1-37 吴氏宗祠门枕石

图 7-1-38 游家畈老屋

在墙身需要强耐磨的部件也采用石材，如房屋转角处的护角石（图 7-1-38~图 7-1-41），以及建筑外墙上嵌入性的石雕部件——拴马石。护角石大多做成简易的素平，或采用减地平钣，处理成平整的浮雕效果，也有的做成突出于表面的高浮雕装饰，在石材上一边雕刻花纹与图案，一边层层剔地打磨，对工艺的要求极高。黄燮商老屋的正厅中使用了两块石碑状的护角石，加上石礅部分高度约 1.8 米，宽度接近半米，构图一分为二，下半部雕刻的是传说中的神兽——麒麟与凤凰，上半部一边是猫与树上的喜鹊，另一边是鹿与枝头的燕子，题材生动活泼，既有祈求吉祥的寓意，也饱含了民间的生活情趣。宝石村老屋的内门头上也有一对护角石，浮雕与透雕相结合，分别表现了山间牧童放牛和湖中渔人撒网的场景。两幅画面均是对田园生活的反映，人物的形象饱满，景物错落有致，整体构图均衡，雕刻手法细致，其工艺的复杂与精美程度，在鄂南聚落中十分罕见（图 7-1-42）。

图7-1-39　八斗畈上新屋的石雕

图7-1-40　黄塝商老屋的石雕

图7-1-41　溪桥饶老屋的石雕

图7-1-42　宝石村老屋的石雕

图 7-1-43　大屋沈聚落中的拴马石

图 7-1-44　石门村聚落中的拴马石

通山县南林桥镇石门村聚落始建于明仁宗年间（约公元 1420 年），原为当地夏氏家族的聚居地，后因交通位置便利，在鄂南制茶业兴起后，逐渐成为古代湘鄂赣边贸的中心集市，至清雍正年间开始大规模建设，吸引大量客商聚集，清道光年间发展到鼎盛时期，是北上咸宁、武汉，南下江西、湖南的要道之一，也是茶马古道湖南安化至汉口段的重要节点，即使在战乱时期，也因为位置相对荒僻而不改其蓬勃。主街道为一条宽 3 米、长 200 余米的街巷，呈矩尺形，街市两侧店肆林立，商铺的前厅多为三开间或五开间，柜台均为石制，每个店铺门边的墙壁上嵌有 1 至 4 个不等的拴马石，供客商拴马上货，通过拴马石的数量也可足见当时商贸活动的繁盛。拴马石的雕刻图案主要分为两类题材，一类是铜钱、如意、宝剑等传统器物，有招财进宝、逢凶化吉的吉祥寓意（图 7-1-43）；还有一类是直接以树木为题材，象征马儿拴在树上，表现十分直白但富有趣味，石门村聚落中的题材多为这一类，树木以松树和梅花使用最多，两种植物皆有坚韧不拔的寓意（图 7-1-44）。

7.1.3 砖雕

砖雕工艺是随着建筑的发展，在传结构工程扩大使用的条件下发展起来的，早在秦汉时期就被应用于墙体的装饰中。从材料的质感上看，砖雕有不易挪动、不易损坏的优势，可以与石雕一样呈现出坚硬、牢固的效果，但由于材料的密度小，质地较为松软，更易于雕琢和刻画。与石雕相比，它具有经济、省工的优势；与彩绘相比，造型的立体感更强；与木雕相比，具有更好的抵抗自然损害的能力，所以也深受民间的喜爱。砖雕的装饰部位主要集中在建筑的门头、檐部、吻兽、墀头、窗套、墙面、屋脊等处。砖雕以青砖为材料，色泽以青灰色为最佳，颜色过深则砖太脆硬，会不易雕刻，太灰白则不经久耐用。制作程序为先打稿构图，然后对砖块进行打坯，用凿子、木槌等工具刻画出图案的基本层次，最后打细，将粗糙、不光洁的部位用糙石打磨和磨光，对于砖面极易形成的沙眼，用猪血与砖灰调匀进行修补，使外观呈现出光滑、细腻的效果。

明代以后，发展出了用砖封护加固墙身的办法，也给砖雕工艺的发展提供了条件。由于要大面积使用面砖，所以发展出更为省时、省工的窑作外墙花砖，鄂南几座著名的牌坊屋在外墙上便采用了这种预制砖。宝石村陈氏牌坊屋的正立面使用的是六边形的花砖贴面，由两种图案的花砖交替拼贴而成，一种图案为凤凰与牡丹，除了富贵之意，还常被用于婚嫁和象征爱情，这一题材使用在贞节牌坊的外墙上，与门框上的鸳鸯戏水图相呼应，都含有对逝去爱人的缅怀之意；另一图案由蝙蝠、鹿和桃树组成，取其谐音，是"福禄寿"三全的象征（图7-1-45）。通羊镇岭下村的成氏牌坊屋也以预制砖作为墙面的装饰，花砖纹样整体看是一只蝙蝠，头部长着鹿角，腹部呈寿桃状，是将"福禄寿"的高度抽象和提炼，集中到了蝙蝠的形象上（图7-1-46）。

图7-1-45 陈氏牌坊屋墙面花砖

图7-1-46 成氏牌坊屋墙面花砖

鄂南外墙墙面多为青砖，在采用砖雕作为装饰时，两者的色调与风格非常和谐地统一在一起，在牌坊屋上的整面使用时，在聚落中尤为醒目，具有较高的欣赏价值，这一优点是其他装饰材料所没有的。牌坊是经过朝廷御批才被允许兴建的建筑物，代表家族聚落中至高的荣耀，修建牌坊时往往举全族之力，由族人共同出资兴建。外墙预制花砖与先烧后雕的逐一加工法不同，制作工艺与过程都相对简单，是以模制的形式制作，先雕后烧，尽管步骤看上去并不复杂，但由于窑前雕的成品率会受到图案造型的复杂程度、泥质中气泡和杂质的多少等多种因素的影响，还会受到高温烧制时的开裂、变形等偶发情况的干扰，报废率相对较高，加之使用量大，相应成本也大幅提升，所以仅在具有纪念性、表彰性的御赐牌坊上出现。在宝石村聚落中，宅院的外墙窗也普遍使用预制砖，窗框部分是有花卉纹样的砖块，格心是事先烧好的大小一致的带圆弧的小模件，再多个拼接粘合在一起组成（图7-1-47、图7-1-48）。

图7-1-47 宝石村花砖窗

图7-1-48 宝石村花砖窗

7.1.4 灰塑与彩绘

灰塑与彩绘是传统建筑中重要的装饰手段，两者都具有悠久的历史和民族地域特色，灰塑赋予建筑生动的造型与精致的美感，彩绘则起着保护木料和美化建筑的双重作用。

灰塑也称为泥塑、彩塑，造价低廉、工艺简单易加工，一般以灰泥为主要材料，加上色彩，再在建筑物上描绘或塑造成型。灰泥由石灰、细沙和草茎组成，制作时先用铁丝或竹筋做好骨架，然后抹上灰泥层层加厚，再雕刻加工成所需要的造型，最后刷白或彩绘。在一些不便于施工的部位，还可事先单独将灰塑构件做好，再整体贴到建筑上。灰塑主要使用在门头、屋脊、屋檐、墀头、窗洞等部位（图7-1-49～图7-1-53）。

彩绘也被称作"彩作"，是设色涂绘的平面装饰，伴随着传统木结构建筑的发展而产生，是一种具有装饰作用的保护手段，是因材料保护与建筑审美的双重需求而产生的。矿物颜料中的石青、石绿是铜的化合物，铜是有毒元素，这在汉代及南北朝的药石书中已经有明确的记载。为了防止木材表面的虫蛀灾害，当时的工匠有意识地对矿物加以运用。明清时期使用较多的明黄和橘红两色，便是以雄黄和铅丹为原材料，能有效地防止虫蛀。此外，土红、白垩等无机颜料覆盖力也较强，对于防止湿气和日晒侵蚀都有一定作用。彩绘能够令木材表面免受燥湿、冷热、风雨和阳光中紫外线的侵蚀，还能遮盖木材表面的节疤、斑痕、纹理等，避免色泽不均匀。彩绘所采用的材料为

图7-1-49 灰塑花窗（溪桥饶老屋）

图7-1-50 墀头上的灰塑（乐氏老屋）

图7-1-51 墀头上的灰塑（宝石村）

图7-1-52 墀头上的灰塑（石门村）

图7-1-53 墀头上的灰塑（石门村）

不溶于水的矿物颜料，其细微的颗粒具有较强的覆盖力和隔绝性，干透后形成天然的保护层。建筑外墙的彩绘在设色完成之后，还会刷一层清桐油，以防止掉色和加强保护。

彩绘可以分为彩画和墨画两种，赣南青瓦白墙的建筑风格决定了彩绘的整体色彩基调，与北方官式的浓漆重彩有着显著的区别。外墙彩绘主要集中在檐口下、马头墙檐下、墀头或门头上，以黑白线条和图案为主，先以墨线勾勒填充，再用色彩点缀局部，格调清雅、朴素。绘画题材以几何纹样最为广泛，吉祥器物、花草动物、书法文字也有涉及。由于彩绘部位的长期暴露，以及绘画原材料本身的限制，现今已很难看到面貌完整的彩绘装饰，多数都有不同程度的流失和损毁，只能从残缺的纹样遥想当年的面貌（图 7-1-54~ 图 7-1-61）。在建筑物内部，除了祠堂、戏台中的木结构偶有彩绘装饰外，其余部位较少有彩绘装饰。绘于木构表面的彩绘常见于天花藻井、梁、枋等处，其用色相对建筑物外部更为明艳、绚烂，甚至以金粉勾边，与家族祭祀、娱乐的主题相互呼应，其余部分的木构则以原木本色为主，即使上色，也是使用较为深沉的栗色、黑色。

图 7-1-54 檐下彩绘（石门村）

图 7-1-55 檐下彩绘（石门村）

图7-1-56 檐下彩绘（石门村）

图7-1-57 檐下彩绘（港背陈家）

图7-1-58 墙面彩绘（乐节山孝子坊）

图7-1-59 檐下彩绘（琳公祠）

图7-1-60 门头彩绘（吴氏宗祠）

图7-1-61 门头彩绘（王氏宗祠）

7.2 装饰题材的种类

民间乡土建筑的装饰题材主要受到两个方面的影响：一方面是在封建思想统治下较为封闭的农耕式经济形态；另一方面是儒家思想影响下悠久的传统文化。基于这两点，装饰不但要满足人们的审美需求，同时还要使居住者通过耳濡目染接受其中的隐喻与教化，达到寓教于乐的目的。鄂南出现的装饰题材种类繁多，基本涵盖了所有民间主流的装饰纹样，对于周边邻接省份中的主要装饰题材也有吸收，但整体上看更着重对农耕生活的描绘以及文人情怀的表达。

7.2.1 几何与抽象图案

几何纹样是最基本、样式最简单的装饰图案，适用于任何需要装饰的构件，尤其是门心、窗心。几何纹样以平面构成的造型原则为基础，使建筑内的门窗等构件结构更加稳定，同时还具有装饰美感。抽象的几何纹样在产生初期，便具有原始巫术中的图腾意义。随着时间推移，这些图腾上的精神含义逐渐淡化，但人们祈福避祸的愿望仍需要一个载体，于是这些看似简单的纹样常常被人们采用。常见的几何纹样有简易格纹、步步锦纹、风车纹、回纹、万字纹、寿字纹，还有将景物、动植物抽象化的纹样，如冰裂纹、拐子龙纹、卷草纹等。

简易格纹、步步锦纹与风车纹在宅院内的门窗格栅上时常常搭配使用，在直棂窗的基础上加上横向的栏，以增加窗格的变化，皆是以满足基本功能为主的简朴纹样。建筑内面向室内和天井的开窗，具有通风透气的功能，为了维护房间的私密性，窗格还需起到一定的阻挡视线的作用。厢房的窗台下沿一般距离地面1.5米左右，所以在木窗下端与视线平行的位置，会采用雕花挡板或排布更密集的格栅，又或者通过在中间嵌以花卉、铜钱、万字等小构件来增加隔断的密度。步步锦纹的造型有如以长方形砖石垒砌的高台，意味着一步一步向上攀登，有"步步高升"和"锦绣前程"的寓意。风车纹源于民间孩童玩耍的风车，正行、斜行均可，有"吉庆欢乐"的象征，也暗含家族"子孙满堂""绵延不息"的愿望。风车纹、万字纹、铜钱纹可以是连续纹样，也可以是单独纹样，造型简易、工整，是建筑外墙窗的常用图案。"卍"即万字纹，来自佛教梵文，代表着"万福、万寿"，是信仰佛教人家的常用符号。铜钱纹是对货币、财富的象征，由于"钱"与"全"谐音，两只铜钱的组合也被引申为"双全"，在和蝙蝠或寿桃搭配使用时，寓意"福寿双全"（图7-2-1~图7-2-10）。

图7-2-1 芋园大夫第

图 7-2-2 刘家桥老屋

图 7-2-3 山里饶老屋

图 7-2-4 风车纹双层窗（洪口龙家）

图 7-2-5 风车纹双层窗（乐节山大夫第）

图 7-2-6 万字纹外墙窗（石门村）

图 7-2-7 沈家大屋外墙窗

图 7-2-8 万字纹外墙窗（吴家湾老屋）

图 7-2-9 许家大屋外墙窗

图 7-2-10 钱亦石故居外墙窗

图7-2-11 冰裂纹格心（港背陈家）

图7-2-12 冰裂纹格心（洪口赵家）

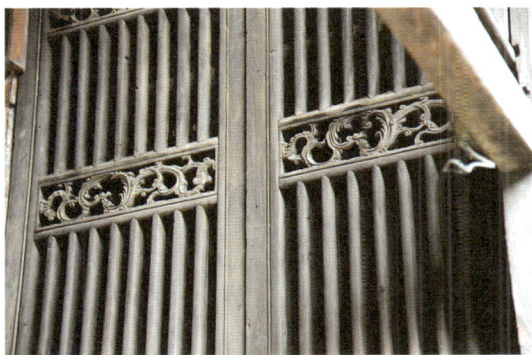

图7-2-13 植物纹格心（乐节山大夫第）

图7-2-14 植物纹栏杆（宋家大屋）

　　冰裂纹是模拟冰开裂时的纹路，没有固定的格式，由工匠根据经验将长短不一的硬条搭接在一起，构图追求自然、均衡。冰裂纹用于窗心，有暗指"寒窗"之意，多为读书人家使用，希望族中的学子经过寒窗苦读后，能考取功名、光耀门楣。冰裂纹时常与梅花搭配使用，表达出"不经一番寒彻骨，怎得梅花扑鼻香"的含义。还有在冰裂纹里镶上玻璃的做法，进一步强化其寓意（图7-2-11、图7-2-12）。

　　卷草纹采用简化后的忍冬、兰花、牡丹等花草样式，构成呈曲线排列的二方连续图案，线条卷曲圆润、舒展流畅，有生机勃勃、子孙兴旺之意（图7-2-13、图7-2-14）。

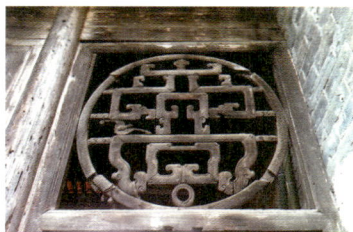

图7-2-15 拐子龙纹格心（八斗畈老屋）

图7-2-16 拐子龙纹栏杆（黄燮商老屋）

图7-2-17 拐子龙纹栏杆（八斗畈上新屋）

图7-2-18 拐子龙纹栏杆（彭城世家）

图7-2-19 拐子龙纹格心（乐氏老屋）

图7-2-20 拐子龙纹格心（宋家大屋）

回纹是具有"富贵不断头"寓意的一种纹样，常用作边框，中间搭配楗花。拐子龙纹是将龙的外形高度抽象后与回纹相结合的纹样。龙的形象是封建帝王的标志，是高贵的象征，但受到使用等级的限制，无法以具象的造型出现于寻常百姓家中，拐子龙纹有效地避免了其中的矛盾，成为鄂南聚落中使用最多的纹样之一，其身姿呈线性，适用于格心、栏杆、挂落等部位（图7-2-15~图7-2-20）。

7.2.2 花草树木

"岁寒三友"与"花中四君子"是花草植物纹样中最常见的装饰题材。南宋诗人林景熙在《王云梅舍记》中描写道:"即其居累土为山、种梅百本,与乔松修篁为岁寒友。"将松、竹经冬不凋,梅迎寒开花的生命力,比作顽强、高洁的人格,也借以比喻忠贞的友谊。清代乾隆皇帝在《清高宗御制诗三集》中也提到:"南宋马远有《岁寒三友图》,所绘为松竹梅。"可见自宋代起,松竹梅不仅被作为"益者三友"的象征,同时也成为一种装饰题材。松长青不老、竹虚节、梅傲寒,均表达了人们对高尚道德情操的赞颂与追求(图7-2-21)。"三友"既可以成为装饰表现的主体,呈现出写实的面貌和完整的构图,也可以抽象为象征图案来使用,作为不同题材的边框或点缀(图7-2-22)。"花中四君子"分别是指梅花、兰花、翠竹与菊花,源自明代万历年间黄凤池编辑的《梅兰竹菊四谱》。梅花探波傲雪,一身傲骨,是为高洁志士;兰花深谷幽香,孤芳自赏,是为世上贤达;翠竹清雅澹泊,筛风弄月,是为谦谦君子;菊花凌霜飘逸,特立独行,是为世外隐士。四种植物分别代表中国传统文化中的高洁、清逸、气节与淡泊四种品格,不仅是咏物诗和文人画中的常见题材,也是房屋装饰中的重要组成元素。咸安区古田村张德泰老屋堂屋两侧的阁楼上各有一对窗扇,虽做成了平开窗的样式,实际上并不能开启,只是单纯为了增加装饰性而设。两对窗扇的裙板上采用绘画式的构图方法,分别雕刻了梅兰竹菊的画面(图7-2-23)。

图7-2-21 松竹梅的平面抽象造型

图7-2-22 用于格心的抽象造型

图7-2-23 "四君子"裙板(张德泰老屋)

图7-2-24 "四季花卉"门簪（陈氏牌坊屋）

图7-2-25 荷花图案（大屋沈）

图7-2-26 牡丹图案（大屋沈）

四季花卉——冬梅、秋菊、夏莲、春牡丹也是常见的组合题材。宝石村陈氏牌坊屋的门楣处有四只石雕的门簪，样式是对木质门簪的模仿，并不具备实际功能，所以造型上更加扁平化。在有限的起伏之内，分别雕刻了"四季花卉"的图案，由于展示在贞节牌坊这一特殊的载体上，四种花卉的同时出现有对"一年四季、季节变换"的时间概念的强化，突显了守节妇女的坚贞。四种花卉单独使用的情况也十分普遍，牡丹早在西夏时便被作为装饰纹样，在生活器皿中得到广泛的运用，至唐代时，被看作是繁荣昌盛、美好幸福的象征，被誉为"花中之王"。牡丹的姿态雍容、富丽堂皇，是代表富贵、平安的吉祥符号。荷花的形象优美、清新，有"出淤泥而不染"的精神内涵，与古代社会所推崇的道德标准是一致的。荷花的"荷"与"和"字同音，也有"和睦""和顺"的寓意（图7-2-24~图7-2-27）。

除了内涵丰富的花草外，瓜果与蔬菜同样可作为民间装饰的主题。通山县黄沙镇镇的宋家大屋，门枕石上的浮雕便采用了南瓜与葡萄的图样，四角用蝴蝶点缀，清新脱俗。这既是对农耕劳作的体现，也反映出老百姓对于收获和甜美生活的向往（图7-2-28～图7-2-30）。

图7-2-27　荷花图案（宋家大屋）

图7-2-28　石榴图案（宋家大屋）

图7-2-29　葡萄纹样（宋家大屋）

图7-2-30　南瓜纹样（宋家大屋）

7.2.3 祥兽与家禽

上自神话故事中的游龙、飞凤、麒麟，下至乡野田间的鸡、鱼、羊，都可作为塑造的对象。除了这些动物本身生动的形象所具有的装饰性外，还通过谐音、象征等手段赋予它们新的含义。人们潜意识里将语言文字与其所指代的客观事物融为一体，使原本寻常的动物超越其本身，成为具有美好寓意的文化符号，也成为人们寄托心愿、祈祷福寿的载体。咸安溪桥饶老屋的戏台上，雕刻了骏马、麒麟、凤鸟、蝙蝠、山羊等数十只动物，显得吉祥喜庆、热闹非凡（图7-2-31）。

图7-2-31 动物（溪桥饶老屋）

　　龙的形象集中了众多动物的特征，是英勇、尊贵、庄严的象征。在封建等级制度社会，只有与皇权或皇家相关的建筑物才被允许使用龙的图案作为装饰。焦氏宗祠在祭亭中供奉了御赐的牌匾与器物，因而可以采用腾龙的全身形象。民间出于对于龙的崇拜与喜爱，在规则之外对龙的造型做出变形和抽象，大量使用龙纹，如局部的龙首图案，或拐子龙纹等。鳌鱼龙首鱼身，又名"螭吻"，是龙的九子之一，传说具有镇水的能力，外形高贵、内涵丰富，是檐下挑枋的最佳题材。因与龙的形象沾边，多展现于祖堂或正厅的房前，体现出房屋在院落格局中的特殊性与重要性（图7-2-32～图7-2-34）。

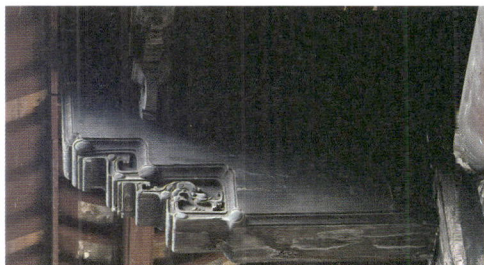

图7-2-32　龙纹（芋园大夫第）

图7-2-33　鳌鱼（黎家大屋）

图7-2-34　龙（焦氏宗祠）

图7-2-35　蝙蝠（宋家大屋）

凤凰与麒麟是神话故事中地位仅次于龙的神兽，常成对地出现在对称式的建筑构件上。凤是中华民族创造的神鸟，百鸟之王，是远古时候就有的吉祥图腾，代表祥瑞，搭配牡丹或太阳时，组成"凤戏牡丹"或"丹凤朝阳"的画面，有富贵常在、吉祥光明的寓意。麒麟是人们将喜欢的动物所具备的优点集为一体的动物，它威武而无害，是太平与长寿的代表，并能为人带来子嗣。相传孔子将生之夕，有麒麟吐玉书于其家，故有"麒麟送子"一说。麒麟与仙鹤组合在一起时，是送吉与报喜的象征；与蝙蝠组合在一起时，有"临福"的谐音与寓意。蝙蝠因与"福"同音，经常和其他图案搭配使用，与篆书的"寿"字或寿桃放在一起，是"福寿延年"的意思；与钱币放在一起，是"福在眼前"；与鹿在一起是"福禄"；五只蝙蝠是"五福临门"；等等（图7-2-35~图7-2-47）。

图7-2-36　凤鸟（沙堤上新屋）

图7-2-37　麒麟（沙堤上新屋）

图7-2-38　凤戏牡丹（宋家大屋）

图7-2-39　狮子戏球（宋家大屋）

图7-2-40　麒麟与蝙蝠（宋家大屋）

图7-2-41　麒麟与蝙蝠（谭氏宗祠）

图7-2-42 仙鹤（谭氏宗祠）

图7-2-43 游鱼（谭氏宗祠）

图7-2-44 福寿图（游家畈老屋）

图7-2-45 仙鹤（米应生故居）

图7-2-46 仙鹿（米应生故居）

图7-2-47 麒麟与仙鹤（谭氏宗祠）

图7-2-48 羊（王氏宗祠）

图7-2-49 鸡（谭氏宗祠）

图7-2-50 猫（谭氏宗祠）

还有虽不如神兽常见，但趣味十足的组合题材。如公鸡和鸡冠花，"鸡"同"吉"音，"鸡冠"的"冠"同官，加上鸡冠花，意为"升官""官上加官"；喜鹊与梅花，是"喜上眉梢"；"羊"与"祥"谐音，三只羊一起有"三阳开泰"的含义；"猫"与"耄"谐音，与蝙蝠或蝴蝶一起形容"耄耋老人"，与牡丹一起有"富贵长寿"之意（图7-2-48~图7-2-50）。

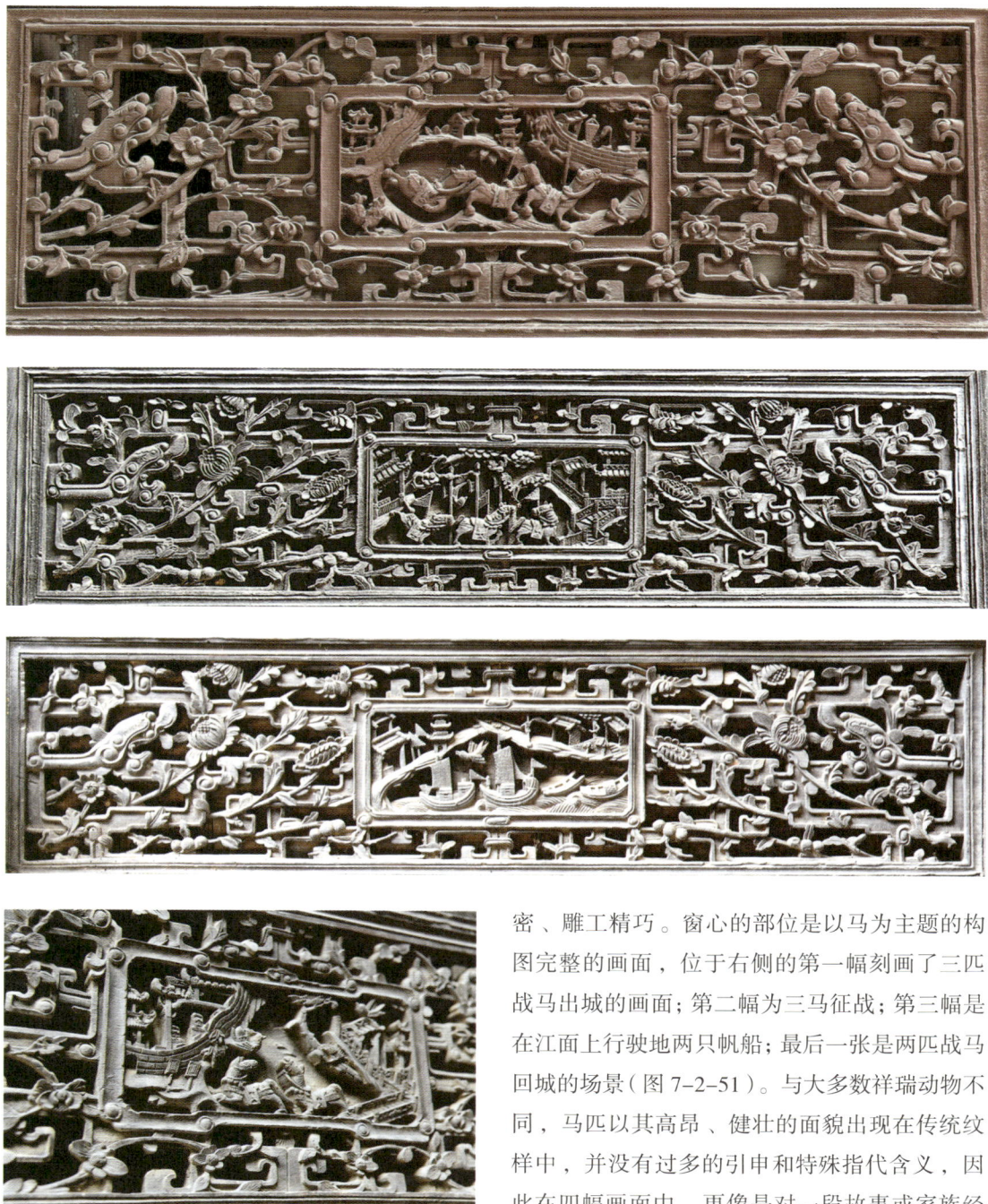

图7-2-51 游家畈老屋窗扇

密、雕工精巧。窗心的部位是以马为主题的构图完整的画面，位于右侧的第一幅刻画了三匹战马出城的画面；第二幅为三马征战；第三幅是在江面上行驶地两只帆船；最后一张是两匹战马回城的场景（图7-2-51）。与大多数祥瑞动物不同，马匹以其高昂、健壮的面貌出现在传统纹样中，并没有过多的引申和特殊指代含义，因此在四幅画面中，更像是对一段故事或家族经历的反映，描绘了三人出战结果只两人归来的情节。各类丰富的装饰纹样，是对民族文化的精神特质的表现，是对一地聚落的主流价值观的体现，也可以是家庭中个人情感世界的投射与寄托。

咸安游家畈老屋中有四扇面向天井的窗扇，窗扇下部的挡板采取了极为繁复的透雕雕刻，以拐子龙纹和写实的花卉缠绕在一起，格心细

7.2.4　人物故事

人物故事类装饰以文学作品和民间传说为题材，如《西游记》中的唐僧、孙悟空、猪八戒，《三国演义》中的刘备、张飞、关羽等，都常出现在雕刻中。选择文学作品为装饰题材时会考虑家族的姓氏、职位，如刘姓家族，选择装饰题材时，就按照历史上有名的刘姓人物的故事情节进行编排，像刘备三顾茅庐[1]。除此以外，还有对八仙过海、南山求寿、蟠桃宴会等神仙传说的表现，体现出对神仙道逸生活的追求以及对理想世界的向往。

人物故事类题材展现得最多的部位是门窗的裙板、绦环板等面积较大且比较醒目的位置，或本身成条状的构件上，如厅堂的梁枋、楼层的栏板等易于编排长卷式故事构图的地方。雕刻手法以深浮雕为主，配合浅浮雕、透雕与阴阳线刻，形成虚实相间、错落有致的画面结构，加上饱满生动、形象鲜明的各种人物，产生令人惊叹的艺术效果。故事类的构图采用古代传统绘画中的散点透视技法，不惜牺牲表现对象的客观事实，去表达人物或故事的主次关系，将重要人物、事件进行夸大，次要的则有意缩小比例，作为背景、陈设随着移动的视点呈现，和一些反映历史典故的壁画一样，成为了一种基本的表现范式。人物在塑造时并不追求比例，而是进行头大身小的艺术处理，意在凸显人物的神情与动态。故事中的场景也不拘泥于真实大小，以整体画面的均衡为首要原则，作为人物的背景与补充（图7-2-52~图7-2-56）。

图7-2-52　琳公祠戏台

图 7-2-53 谭氏宗祠额枋

图 7-2-54 王氏宗祠

图 7-2-55 王氏宗祠

图 7-2-56 王氏宗祠

7.2.5　器物清供

器物清供的装饰题材在构图中往往是作为配件和背景，搭配各种珍禽异兽、植物花卉，产生吉祥寓意。花瓶是最常被使用的元素之一，不仅能作为装饰的实物，在雕刻装饰中也频频出现。小口的梅瓶，因口径之小与梅之瘦骨相称而得名；圆肚的冬瓜瓶，有"福如东海"的意思；外观华丽的莲子瓶，象征"连生贵子"；还有赏瓶、观音尊、葫芦瓶等，形态各异，外表美观。"瓶"与"平"谐音，与麦穗搭配象征"岁岁平安"；与大象搭配象征"太平有相"；与月季搭配象征"四季平安"；与三叉戟搭配象征"平生三级"等。用在建筑入口的门枕石上，和瓶形柱础一样，都有守护家宅平安的含义（图7-2-57、图7-2-58）。

图7-2-57　宋家大屋门枕石

图7-2-58　垅口冯民居门枕石

　　"八宝"、"八吉祥"和"暗八仙"的图样在装饰中也使用得非常普遍。"八宝"是指八件宝物，其数多于八，诸如宝珠、方胜、磬、犀角、金钱、菱镜、书本、艾叶、如意、祥云、珊瑚、蕉叶、灵芝、银锭等，任取其中八件即为"八宝"，包含着光明、喜庆、胜利、财富、美好、智慧与辟邪等内涵。"八吉祥"即"佛八宝"，是指法轮、法螺、宝伞、华盖、莲花、宝罐、金鱼与盘长，对应着生命、运气、庇佑、解脱、圣洁、名利、幸福与长寿。"暗八仙"是指《八仙过海》中八仙用于渡海的法器：铁拐李的葫芦、汉钟离的芭蕉扇、张果老的渔鼓、吕洞宾的宝剑、何仙姑的荷花、蓝采和的花篮、韩湘子的笛子、曹国舅的阴阳板（图7-2-59~图7-2-62）。

　　器物图案的使用部位一般在联排的门扇、窗扇，或方形、瓶形的柱础之上，这些构件本身都是成双成对、多个成组，很适宜用来体现成套、成系列的器物装饰内容。

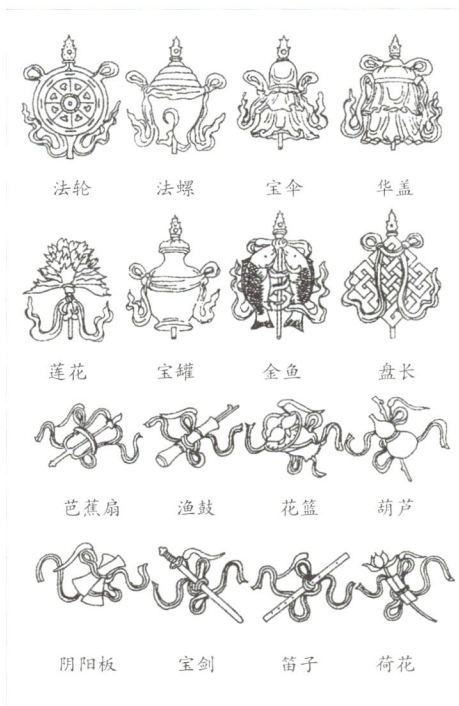

图7-2-59 "八吉祥"与"暗八仙"图样（来源：程建军）

图7-2-60 "八宝"（谭氏宗祠）

图7-2-61　"暗八仙"（宋家大屋）

图7-2-62　"暗八仙"（沙堤上新屋）

7.2.6　诗词文字

以文字来表达内容的手法有两种：一种是以单字为主题，单字形态本身就具有一定的美感，直接由符号发展成为了艺术装饰。常使用的单字有"福""寿""喜""乐"等，在天花和藻井上使用较多，也有将这类吉祥文字图案化，用于窗扇或墙面之上的做法，如百福图、百寿图、双喜图；另一种是将诗词、家训类的整段文字用木雕或石雕的方式直接表现出来，这种做法既有装饰效果，也有警示和抒情的作用，体现出宅院主人的文人情趣。

宝石村舒家大屋由于长年失修，能够辨认文字的裙板仅剩下两块，一块的内容为陶渊明的《饮酒》诗，另一块为警训与忠告，分别以隶书与篆书表现（图7-2-63、图7-2-64）。《饮酒》诗为陶渊明《饮酒》系列的第八首，全文为："青松在东园，众草没其姿。凝霜殄异类，卓然见高枝。连林人不觉，独树众乃奇。提壶抚寒柯，远望时复为。吾生梦幻间，何事绁尘羁。"裙板上的内容为前两句，作者以孤松自喻，却被杂草淹没了英姿，但是在风霜过后，众草纷纷凋

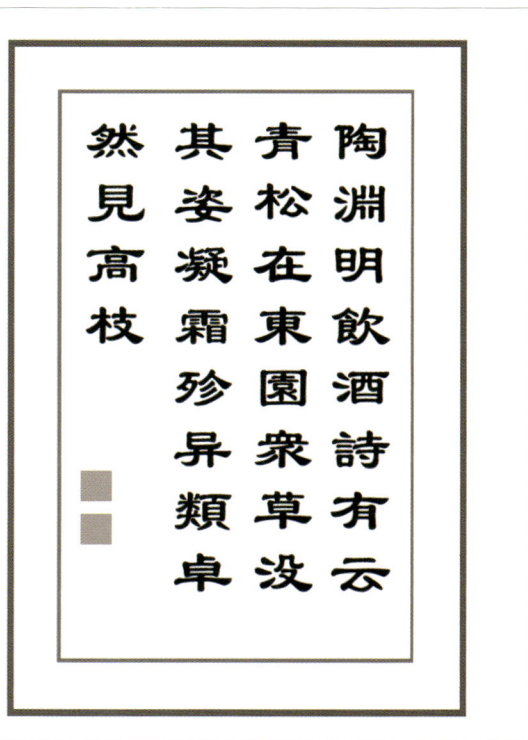

图7-2-63　陶渊明的《饮酒》诗

零，惟有青松的枝干仍然挺拔。陶渊明的诗歌与他所处的时代背景密不可分，他的《饮酒》系列，一方面体现了自己守正不阿、不与世俗同流合污的情操，另一方面隐喻昏暗的社会现实，抒发自己的愤慨与深深的无奈，所以在末句中还透露出摆脱凡尘俗事的愿望。舒姓的宅院主人选择这两句诗词，表现的是对其洒脱率真和超凡脱俗的文人品格的高度认同，并借此体现

自己洁身自好与刚正不阿的信念。以篆书雕刻的裙板内容为："居家格言教子择姻，聪听祖考遗训买田，筑堂先知稼穑艰难。"这是对后辈在进行择姻、买田、筑堂三件大事时的忠告与建议。裙板面朝堂屋前的大天井——整个院落中的公共空间，也是家中的晚辈们经过最多的地方，能够被反复地看到，所以其装饰效果虽不胜花鸟，但警示意味非常明显。

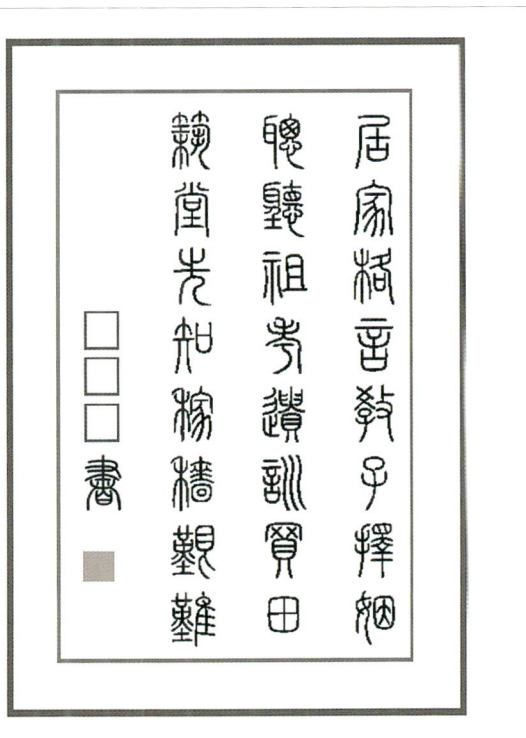

图 7-2-64　刻有忠告与警训的裙板

7.3 传统民间的审美观念

7.3.1 美在田园山水之间

中国的封建社会长期实行中央集权下的官僚政治，除了皇帝外的所有官吏都不是终身的，也不是世袭的，不同出身的人们通过科举途径进入到掌权者的阶级，但由于仕途凶险，官吏随时会被挤出这个行列。于是，中国的知识分子一向就做好了"达则兼济天下，穷则独善其身"的可进可退的思想准备。所谓"耕读"的理念，包含着进、退两个方面，一方面是积极地猎取功名，一方面是消极的隐逸闲适，终老临泉之下。即使功成名就的，过些年也大多要告老还乡，加入隐逸者的队伍。[2] 隐逸生活，在中国农业社会中大多就是田园生活。田园和山水作为滋养乡土文人的环境场所，蕴藏着他们充满乡谊亲情的记忆，所以文人们对于山水田园之美有着一种天然的敏感，并且将它和生活之美、道德之美联系起来，达到亲近自然、寄托情怀的目的。

中原一带历代征战频繁，导致大量人口南迁，山水秀丽，且作为一个相对封闭的地理单元，江南等地成为了中原移民休养生息最理想的场所。秀美、宁静的自然环境，孕育着乡土聚落世代的发展。"美在田园山水之间"是乡村生活中所蕴含的最朴实的审美理想，体现在聚落的选址布局、房屋营造、装饰装修等方面。聚落的选址以环境优美、水源丰沛、土地肥沃、交通便利为标准，表现出了实用主义的建造美学，也体现出与自然和谐共生的生态观（图7-3-1~图7-3-3）。

图7-3-1 黄伯敬老屋侧门

图 7-3-2 虎头冲曾家大屋

图 7-3-3 刘家桥下新屋

7.3.2 美在诗情画意之中

东方传统的审美观是浪漫的、崇尚自然的，这种审美情感源于自然山水的滋养，也渗透到人们对于山川河流的审视和欣赏之中。源于自然的审美观催生了众多优秀的文学艺术作品，使平淡天真的乡野生活方式产生了新的意境，丰富了古人的精神生活。众多文学和绘画作品都描述了对理想环境的赞美和憧憬。如陶渊明《归田园居》中"榆柳荫后檐，桃李罗堂前"的庭院景致，孟浩然《过故人庄》中"绿树村边合，青山郭外斜"的村落风光，以及王维大量的田园诗中对于人居环境的描写：《山居秋暝》中的"明月松间照，清泉石上流"，《春中田园作》中的"屋上春鸠鸣，村边杏花白"，《辋川别业》中的"雨中草色绿堪染，水上桃花红欲然"，《田园乐》中的"桃红复含宿雨，柳绿更带春烟"等，都表现出一派和谐自然的田园生活景象。在绘画作品当中也有对于这种生活意境的描绘，表现人与自然和谐共生的相处方式。这些作品源于生活，又高于生活，是在更高层面上对环境选择的理论总结和概括。

传统的乡村聚落为人们的诗情画意提供了现实的土壤。山水诗和山水画中美好的栖居氛围，对居民的审美产生的潜移默化的影响，反映在村落的营造和房屋的装饰之中。例如，徽州地区的聚落中普遍存在的"水口园林"，便很大程度上受到了新安画派的影响。这些擅长诗画且具有较高审美需求的文人，参与到村落的设计和规划中，营造出更为优美、更具文化内涵的村落环境。建筑的装饰更加直接和具体地体现了人们的审美意识。人们在窗扇、裙板、石柱、墙壁等所有可欣赏的载体上，用精致的雕刻和精美的彩绘来反映诗画中的理想意境，改善视觉环境，同时寄托美好愿望与情感。如刘敦桢先生所述："中国各类建筑并不是完全依靠房屋本身的布局或者外形来达到性格表现，而是主要靠各种装修、装饰和摆放而构成本身应有的格调，或者说明其内容的精神，同时，中国是一个善于用文字文学来表达意念的国家，建筑物中的'匾额'和'对联'常常就是表达建筑内容的手段，引导建筑的欣赏者进入一个诗情的世界。"[3]

7.3.3 聚落内审美观念的同质性

传统聚落的形成与演变是动态的，在这一过程中聚落的营建者们结合所处的地理环境，依据一定的构筑理念，打造出越来越适宜舒住的人居环境。以鄂南最多的血缘型聚落来看，聚落的人群聚集方式以家族和血缘关系为基础，也呈现出同质的秩序化和区域化，因此往往在聚落的形式上表现出集体审美。聚落审美的同质性表现为两个方面，一方面，聚落的整体面貌贴合周围环境，保持和谐统一；另一方面，在聚落的组成部分之间，也要互相协调统一。聚落中新修建的房屋并不是由一家一户完全自由地建造，而是要考虑前后左右的现有房屋布局，以及族人与聚落的整体利益，以达到个人与集体在地理与气候、风水与信仰、风俗习惯与生活方式等因素上的共识。这两个方面相互影响和作用，在聚落适应周围环境的同时，势必会淡化聚落内部的形式差异，这强化了聚落组织的同质性；而聚落内部的同质与同构也导致聚落对外呈现出和谐的整体性。例如通山县石门村聚落中的拴马石，当聚落中出现以石材雕刻树木的图案后，这种有趣和讨喜的装饰题材迅速获得认同与复制，每一家商户都选择类似的构图与相近的寓意。商业聚落中，各个小商户会对生意更兴旺的大商户进行学习和模仿，不仅体现在商业模式上，也体现在具有象征功能的建筑装饰上，他们希望通过采用类似的吉祥寓意来获得商业中同样的成功。而这种雕刻样式也只在石门村聚落中逐渐流行，在其他商业聚落中则并不常见。

在聚落发展与建设的过程中，会沿用现有的已经较为成熟的建造经验，以节省时间与成本。在房屋的选址上，遵循的是家族沿袭下来的风水法则；在建筑材料的选择上，采用的是当地最易获得的天然材料；在房屋的构筑上，沿用的是世代传承的工艺技术；在装饰装修上，体现的是具有共识性的审美特征。所以不论在空间形态还是建筑与聚落的整体关系上，都很难做出本质的改变和飞跃。但聚落中的不同个体在建筑的营建行为中，也并非是一成不变地复制，而是在聚落生长的过程中不断地进行着调试性建设，在营造中综合基地的地形、地势、水源、植被等自然情况，结合当地的社会、经济、交通、人文等，通过顺应基地环境脉络而形成适合聚落发展的独特模式。调试并非凭空想象的标新立异，而是基于独特的自然、社会等环境，在对聚落历史与发展有充分认识的基础上，做出切实合理的解答。

注释:

[1] 李晓峰，谭刚毅. 中国民居建筑丛书：两湖民居[M]. 北京：中国建筑工业出版社，2009：313.

[2] 陈志华，李秋香，楼庆西. 诸葛村[M]. 石家庄：河北教育出版社，2003：28.

[3] 刘敦桢. 中国古代建筑史[M]. 北京：中国建筑工业出版社，2003：8.

在世界上的任何地方，其地形、气候、文化与住宅或居住地形式之间的深刻关系都不如中国及日本的建筑体系中，在地盘控制和构造处理方面所表现的那样完善[1]。人与建筑、人与自然间的和谐关系时刻贯穿于中国传统聚落的形成过程中，从聚落选址到房屋布局，从结构做法到材料使用，从装修手段到装饰部位，采取的都是与自然环境相协调适应的方法，并且在没有任何高科技改善环境手段的客观条件下，创造出了相对舒适、绿色、健康、低能耗甚至零能耗的室内外环境，这是现代建筑在居住的生态性上所不能比拟的。

传统聚落的形态具有地域性，这是它与现代居住区最大的差异之一，这意味着聚落从产生到发展到成熟再到改良，都与其发生的地点密不可分。它使用地方性的材料，做出对地方气候及特殊地形的适应，以最低的能源消耗成本获取了最高的居住舒适度。这种形态如若放在其他气候环境中便不能成立，反之，在气候与地形条件相似的区域内，亦会产生相近的形态特征。这与当代社会所倡导的可持续发展观念是不谋而合的，也是传统聚落带给我们最重要的启示。对传统聚落进行的动态保护与博物馆式的静态保护不同，是始终将保护对象置于动态变化之中的发展性保护办法，其目标是将传统聚落的历史、现状和未来联系起来作出规划，使聚落的整体面貌和运作机制始终处于最优化的状态。

8.1 传统聚落在自发演进中面临的问题

当今中国的城市化进程正不断地向前迈进，城市中的居住条件已越来越好，形成对照的是，传统聚落的可持续发展趋势显得越来越不明朗，其文化传承功能正在日益减弱。在部分城郊或山区地带，一些有着悠久历史的传统聚落濒临消亡，原本依据地域环境生长起来的聚居形态与民间院落，渐渐颓败在乡间的土地之上。与之相对的另一个极端是，有些房屋虽未被遗弃，却在修补的过程中以过于粗放的手法被重新粉饰和装修，以致于原有的风貌被掩盖，内在的文化传统被切断。

由于城市化进程的不断加速，许多清新、自然的古村落逐渐被钢筋水泥的新民房替代，不同城市的乡村都呈现出千篇一律的面貌，居住与文化之间的断层也愈发明显。面对科技的快速发展，面对城市的不断扩张，面对生态环境的污染与破坏，传统聚落的自身发展陷入了无意识演进的状态。

8.1.1 城市化与传统聚落之间的矛盾

传统聚落中内向型布局的形成源于血缘和地缘关系的影响，受到宗法礼制的约束，以及功能机制的制约，这些都是传统聚落形成自身秩序与结构的作用力。聚落的发展方向和基本秩序是通过地域原型建立的，原型的存在使得聚落形态结构的发展演变在没有专业人员参与和规划的情况下，仍然能够表现出一种自有的和谐与秩序。城市化也称作城镇化、都市化，是人类生产和生活方式由农村型向城市型转化的历史过程，主要表现为农村人口转化为城市人口以及城市不断发展完善的过程。这一过程是社会经济发展的必然结果，直接导致了在社会总人口中城市人口的比例逐年增加，并带动城市进行自我调节与改进。城市化的快速推进是对传统聚落的生存空间与延续方向产生影响的首要因素。

城市化的原动力是产业革命，它使非农业部门成为经济结构的主体，城市成为社会经济活动的主导。工业在城市中发展，将大量的农村人口吸引到城市中。自工业革命以来，世界范围内的城市化进程一直呈不断加速之势（表8-1）。

表8-1 十九世纪以来世界人口发展情况（来源：《城市规划导论》，《国际人口会议文件集》）

年份	总人口（百万）	城市人口（百万）	城市化水平（%）
1800	978	50	5.1
1850	1262	80	6.3
1900	1650	220	13.3
1950	2501	724	29.0
1960	2986	1012	33.9
1970	3693	1371	37.1
1980	4450	1764	39.0
1990	5246	2234	42.6
2000	6127	2953	48.2
2010	6930	3442	49.7

1800 年，世界城市人口为 5000 万，仅占总人口的 5.1%。一百年之后，这一比例上升到 13.3%。再往后一百年，至 2000 年时，城市人口高达 29.5 亿，城市化水平 48.2%，也即是说世界上接近一半的人口生活在城市中。两百年的时间里，城市化的进程迅速推进，成为一股巨大的潮流。在这一背景下，我国在改革开放以后的城市化发展水平也大幅攀升，并且增长明显（表 8-2）。1990 年我国的城市化率为 26.37%，在此后的 20 年时间里，这个数据将近翻了一倍，接近 50%，而城市人口密度增长了 8 倍，平均每年增长 4 个百分点，发展相当迅速。但从国际上看，中国工业增加值占 GDP 比重在全球最高，而城市化水平的跟进速度并未完全匹配，具有突出的非对称性特征，迄今为止中国城市化的进程仍然滞后于经济发展水平。党的十六大提出了到 2020 年城镇人口有较大幅度提高的目标，并预计到 2030 年达到 65%。中国的城市化浪潮和世界上的其他国家一样，是经济发展的内在规律作用下的结果，不可抗拒也不能阻止。[2] 在未来的 20 年时间里，我国的城市化进程仍会高速前进。

工业化大生产造成了人口的重新分布，使得城市中的人口密度不断增加，城市不得不向外扩张，这也导致越来越多的农村耕地被改造与侵占。传统聚落依附于自然而生，城市的扩张不仅对农村的农业经济产生干扰，还对聚落的生存环境与空间造成一系列影响。

表 8-2 我国几个关键年份的城市化指标
（来源：《中国统计年鉴》）

年份	城区面积（平方公里）	城镇人口（万人）	城市人口密度（人/平方公里）	城市化率（%）
1990	1165970	30543	279	26.37
1995	1171698	35174	332	29.04
2000	878015	45844	442	36.22
2007	176065.5	59379	2104	44.94
2008	178110.3	60667	2080	45.68
2010	178692	66978	2209	49.95
2013	183416	73111	2362	53.73
2014	184099	74916	2419	54.77
2015	191775.5	77116	2399	56.10
2016	198178.6	79298	2408	57.35

8.1.1.1　生态环境的破坏

传统聚落在应对客观自然环境时具有极强的生态适应性，人们在建造房屋时多是因势利导，选择对环境破坏最小的解决方式，通过建筑自身的体量调节、结构调整以及地方建造材料的合理化分配使用，来获取与周围气候、地理条件的平衡共处，这种天然的生态处理方式是城市建设中所稀缺的。城市化进程虽然带动了经济建设的步伐，但也无可避免地引起一系列的环境问题：森林的过度砍伐引起的土地沙漠化、工业污水肆意排放导致的江河污染、频繁开采不可再生资源带来的能源危机等等，都对传统聚落的生存环境造成威胁，使聚落与自然环境之间的生态平衡出现紊乱。

8.1.1.2　人口的转移失衡

现代工业对劳动力的需求增加，农民进城务工导致大量的人口向城市超常转移。在鄂南田野的实际走访中常常看到，原本颇具规模的聚落，如今人烟稀少，房屋老化严重，大量青壮年劳动力外出打工，老年人留守在聚落中。有人居住的房屋，保存情况要明显优于闲置房屋。一旦失去了居住主体和必要的生活、维护活动，这些房屋的老化与流失速度会大幅增加

（图8-1-1~图8-1-4）。适度的人口转移有利于城市和现代产业的发展，但城市中的人口过度流入会增加环境、资源、交通、住房、就业等各个方面的承载压力。而且这种流动也侵蚀着传统的农业社会，导致资源闲置浪费，劳动力严重不足，人口结构组成失去平衡，令聚落的社会经济环境与生态环境皆受到影响。

图8-1-1　聚落中闲置失修的房屋

图8-1-2　聚落中闲置失修的房屋

图8-1-3　堆放杂物的天井

图8-1-4　垮塌的屋顶

8.1.1.3 隐性城市化的加剧

随着新农村建设的推进，中国广大农村地区的村庄建设步伐加快，村容村貌显著改观。楼房的出现突破了传统上平坦的聚落格局，街道路面的硬化、照明设施的建设，以及公共服务设施的普及或改善，如电视、电话、电力、供水、交通等，显著缩小了农村与城市之间的距离。虽然这并不是统计意义上的城市化，但在内涵上与城市化的内容是一致的，可将其称为隐性城市化。在部分经济发达的城市，高科技行业与高端服务行业向城区中心聚集，而传统制造业向郊区与乡镇转移。政府规划、生产成本和市场因素的多重影响，推动了城乡一体化的发展，产业空间的变迁与重组，既带来了乡村发展的活力，同时也不可避免地造成了原乡生态环境的破坏，以及在居住模式与形式上对于城市生活的模仿与复制（图8-1-5~图8-1-8）。

图8-1-5 新建的"厢房"

图8-1-6 新建的"厢房"

图8-1-7 逐渐被新房取代的老屋

图8-1-8 新旧立柱对比

8.1.2　现代科技对传统聚落演化的推动

现代科学技术的发展推动着人类社会的进步，它是人类理性发展的必然选择。现代科技对传统聚落演化的推动作用是毋庸置疑的，只是这种推动也会产生负面意义。

8.1.2.1　文化趋同化

文化趋同化，是文化发展的必然趋势，具有积极的一面，它为不同文化的交流与融合创造了新的机遇，为不同文化的发展提供动力。随着现代交通工具、交流手段的多样化和多元化发展，城乡之间的互动与合作也日益频繁，一些小城市和乡村在城市化的过程中渐渐失去了自己的特色，在居住空间与形态上对大城市刻意模仿，形成面目雷同的局面。文化的趋同性使许多人放弃原本的地域特色和民族特色，快速向现代主流文化靠拢，传统文化内涵与韵味逐渐失去了生存的土壤。当现代技术沦为形式化、表面化的造型手段时，传统聚落也在自发演进的过程中渐渐远离了其初衷。

8.1.2.2　民居生态系统的断档

传统的乡村聚落空间，因为所处的自然环境特点不同而体现出不同特征。人类依赖自然生存，同时人类的局部活动也对自然环境产生影响，在不断的磨合与适应过程中两者成为一个有机的整体，并形成一个局部的生态系统，滋养出具有地域性的聚落文化。放眼整个人类社会的居住文化，聚落文化是这个文化链上的重要一环。如无节制地开发利用，未来丧失的不仅仅是有限的自然资源，也是珍贵的文化资源。

8.1.2.3　民间建造技艺的流失

传统聚落作为一个复合生态系统，是一个特殊而完整的人类生产、生活、居住系统，具有其独特的空间特征与生态特征。它在建造的过程中，都遵循着一种相似的设计过程。这种设计根源于聚落所在的地域条件，来自于人们长期生活与实践中的经验总结。传统聚落的营造历来都是由民间工匠依靠人力与手工完成，但由于社会经济的迅速发展，人们对于现代科技与生活品质的追求不断提高，导致建筑材料、建造工具与施工方式均发生转变，大大降低了房屋建造的工艺与难度。这也导致纯手工工匠们不用再完全依靠祖辈的经验，传统技艺能够施展的舞台越来越小，工艺传承人也随之减少。聚落中的传统营建经验随着建筑形式与营建材料的改变，失去了生存的土壤。在日新月异的现代化建筑材料与建筑技术的冲击下，许多传统经验还来不及总结与发扬，就在重建与更新的热潮中大量流失（图8-1-9~图8-1-12）。

图8-1-9　以圆雕与浮雕工艺雕刻的鳌鱼挑檐

8.1.3 传统与现代居住理念的矛盾

　　传统社会的人居关系体现出人与自然和谐共生。人们敬畏自然，并遵循自然规律来营建居所，这是传统居住理念的集中体现。在传统与现代观念的交锋过程里，现代城市中高效率的工作方式，高消费的生活水准，高享受的居住条件，都已深深地融入到现代人的生活观念中，并对传统"田园式栖居"的生活理想形成巨大冲击，反映在居住理念上，很容易呈现出两种极端倾向。

8.1.3.1 固守传统

　　体现在一味照搬传统的建筑形式，在外形上采用仿古样式，进行单纯的符号化改造。这种符号化一方面可以理解为地域性居住文化的象征，人们长期以来的审美要求；但另一方面，它规定和影响着人们的社会心态，忽略了建筑的个性，并对纯正建筑语言的使用形成干扰，产生了一定的反作用。在这一类的改造或新建项目里，实施的过程中缺少按照科学原则做出的合理规划与设计，或是缺乏对保护方法与更新节奏的充分认识，很容易出现在应对方式上过于简单与激进的情况。传统聚落中的建筑与空间布局，是在长期的、渐进式的成长过程中发展起来的，并形成了良好的具有人性尺度的"积极空间"。盲目地照搬与复制，抹杀了传统聚落中最生动的部分。新的"传统建筑"在外观上采用仿古的形式，在材料与施工中采习现代手段，其本质并不是对传统建筑的复原和保护，反而切断了建筑与历史文脉，以及建筑与周围环境的整体感。对传统样式的固守与单一的模仿，不仅很难产生新的、有价值的建筑，还会冲淡历史形成的文化氛围，看似固守，实则是另一种形式的割裂。

图8-1-10　以浮雕与透雕工艺雕刻的挑枋

图8-1-11　宝石村的拐子龙纹栏杆

图8-1-12　浮雕裙板，每扇图案各不相同

8.1.3.2　割裂传统

在追求现代化居住理念的道路上，地域性乡土文化资源被迫处于一种失语的状态。由于科技的发展以及现代文化的冲击，以砖墙、平屋顶或坡屋顶、铝合金窗、瓷砖饰面为代表的"新型"乡村建筑大量涌现，导致每一座民房的外观都十分接近，每一处乡村面貌雷同，模糊了地域界限，也模糊了村落自身的特点与个性。从长期来看还会带来一系列难以解决的问题，不仅切断了建筑与文化的关系，还破坏了聚落在漫长的历史条件下形成的人文氛围和精神内涵，最终导致传统聚落中那些珍贵的共同记忆一步步走向消亡。

梁思成先生在《为什么研究中国建筑》一文中对我国的建筑及城市发展的前景做出展望："今日中国保存古建之外，更重要的还有将来复兴建筑的创造问题。欣赏鉴别以往的艺术，与发展将来创造之间，关系若何我们尤不宜忽视……世界各国在最新结构法原则下造成所谓'国际式'建筑，但每个国家民族仍有不同表现，英、美、苏、法、荷、比、北欧或日本都造成他们本国的特殊作风，适宜于他们个别的环境及意趣。以我国艺术背景的丰富，当然有更多可以发展的方面，且应当有惊人的成绩。"[3]建筑与地域文化之间的关系不容忽视，传统聚落并不反映某一个时间点上的静态历史，而是时刻体现出发展与变化的过程，不断随着社会结构、物质生活的变化而产生新的含义，并以此动态的过程来延续历史的文脉。两种文化发生碰撞和冲突，实际也是相互同化的过程。接受外来文化、现代理念的影响，无疑要以削弱地域性特征为代价，但是，当文化本体旺盛、强势时，这种削弱就会变为吸收与消化；反之，这种削弱最终会成为取代。在传统与现代两种观念产生分歧时，固守传统与盲从现代都不可能成为保护聚落的根本途径，只有互利、共赢的方式，才是最终的解决办法，才有可能形成良性循环。

8.2　动态的保护策略

动态的思维模式最早起源于工业领域，1958年美国麻省理工学院的福莱斯特教授（Prof. J. W. Forrester）就企业的动态行为创立了工业动力学。随后，美国数学家贝尔曼（R. Bellman）建立了动态规划的数学方法，运用控制论，在系统论分析的基础上，对动态系统提出了动态规划的方法，认为有些事物目前的状态与过去的决策密切相关，今天的决策将对未来的状态产生影响。[4]动态保护是将传统聚落的历史、现状和未来联系起来作出规划，使聚落的整体面貌和运作机制始终处于最优化的状态。

8.2.1　传统聚落的动态保护原则

从保护的目的来看，真正的保护不在于重拾过去的风貌，而是要保留现存的事物并指出改变方向，避免那些仍具有吸引力而且能够继续使用的场所遭到不适当的改变和破坏。动态保护与博物馆式的静态保护不同，是始终将保护对象置于动态变化之中的发展性保护办法，使保护不仅仅局限在对于聚落旧貌的简单修复，而是在维护的同时指出未来可能的发展方向，同时充分考虑到本土居民的主观能动性，配合激活地方经济展开，达到"居民—聚落—环境—社会"的和谐共存与动态平衡。

从保护的方式来看，传统聚落本身也是处于不断的变化之中，文化、经济、政治、社会环境以及生态环境等因素都会在聚落的成长过程中产生作用，不同的外因使得聚落之间产生差异性。在动态保护的过程中，以尊重传统聚落文化的地域性及唯一性为前提条件，将保护纳入当地城市的总体环境规划当中，因地制宜地针对聚落的历史价值、文化价值以及保存状态提出不同的保护方案。与此同时，在规划长期目标时提供弹性的控制指标，以便今后在具体的实施过程中既有目标可依，也有不断修正与补充的空间，从而达到保护的动态平衡。传统聚落的保护、修复与利用是持续交替进行的，动态保护提倡通过新元素与旧元素的重组与弥合，形成保护与更新相结合的持续有效的滚动式保护方案。

8.2.1.1　整体保护原则

　　"整体保护"是以陈志华先生为代表的学者们提出的与"全面保护"相对照的保护策略。"全面保护"主张既要保护传统聚落的环境，同时保护与环境相一致的传统生活方式。保护内容包括居民的传统生活与劳作方式、传统服饰、习俗、手工业等，这种保护方式以保存聚落历史文化的"原真性"为理想，希望将传统聚落所体现的传统文化保存下来。但从现实层面上看，"全面保护"是不可能做到的。因为任何一种生活方式必然随社会发展而改变，如果为了"保护"的目的而强行阻止居民生活方式的改变，是不可能为居民所接受的，也是不人道的。"全面保护"忽略了乡土环境历来处于动态发展之中这一基本事实，人为地将聚落历史"定格"于某个时代，违背了乡土建筑存在的客观规律，属于典型的"静态保护"。[5]

　　"静态保护"为传统聚落划定保护区，用保护文物的办法对其加以控制，限制了聚落的正常发展并给居民生活带来不便，从而容易引发更深层次的矛盾。它将聚落置于只维持、不发展的状态中，强调有形的物质环境，而忽略无形的变化氛围，使传统聚落脱离周边的发展环境成为一座孤岛。异地迁建是博物馆式静态保护手段中的一种，通常是在原本的房屋基地已经不适宜保存建筑遗产，无法进行就地保护时采用的办法。如果不进行迁建，房屋很可能彻底被损毁，并导致完全无法挽救。异地迁建的保护办法，是将每一个建筑的零部件进行编号和拆解，再选择其他的基地，严格按照原样建造和组装。这种做法在一定程度上对抢救濒危的珍贵建筑遗产起到了重要的作用，对于那些连生存都无法保障的历史建筑来说是一种较好的选择，也是在市场经济的条件下一种不得已的选择。但不能否认的是，这种静态保护模式也带来一些问题。一方面，它将单体的建筑物从原生的聚落环境中搬迁出来，势必会切断建筑物与物理环境以及社会环境之间的联系，使原建筑上的地域性特征在新的场所当中找不到对应物，原本有针对性的形态处理失去了存在的依据，造成信息的缺失与文化的割裂。另一方面，迁建的过程极其繁琐与复杂，并且不可避免地产生损耗。木构部分可以通过构件编号来实现重组，但砖石墙体则难以统计和还原，其中的粘合剂也不可能再按原样复制，许多彩绘在重新绘制中采用现代颜料与技法，很难实现真正意义上的复原。从实地的调研上看，由鄂南搬迁复建的数座建筑，都在不同程度上与它们的原始形态产生了差异，从细部的构造样式，到构件上的装饰与雕刻，其中的历史信息在"复原"的过程中不可避免地被削弱（图8-2-1、图8-2-2）。

图8-2-1　迁建后的庞氏老屋

整体保护强调将乡土建筑作为一个完整的系统来看待，尤其应从聚落的层次进行保护。整体保护观念主张以新、旧区隔离的办法解决保护和发展的矛盾，解决传统聚落不能满足人口增长和提高生活质量的矛盾。而对于古村落和古建筑的改造只能是适当的、有限的。整体保护办法应遵循五个原则：①保护村落原生态；②保护历史信息的完整性和系统性；③尽可能地保护文物村落与自然环境的关系；④保护古村落中一切可以收集到的文字史料和口传史料；⑤在大多数情况下，用展陈或表演的方式保存文物村落的主要部分。[6]聚落空间是一个有机的、动态的整体，在这个整体内的每一个部分都需要

正常的新陈代谢和合理的运转。对传统聚落的保护不能停留在静态保护的观念上，不应该仅仅在建筑的外观与形式上做工作，以盲目的粉饰与翻新作为目标。割裂内容的表象无法传达出其中的历史信息，更无法带给人们生态栖居的体验。

与"全面保护"根本不同，整体保护方式为聚落发展提供了可能。不是限制更新，而是为居民生活方式的更新提供了"出路"。但我们也应该看到，整体保护思路主要适合那些被列入"文物保护单位"的、保存相对完整的古村落。这些村落在中国的乡村毕竟是极少数，而大量的乡土聚落并非"文保"单位。它们正处于由传统向现代的过渡之中，其中新、老房子并存，甚至新居占有绝对优势。对此，整体保护的方式恐怕也无能为力。[7]

图8-2-2 迁建后的张氏节孝坊

8.2.1.2 有机更新原则

20 世纪 80 年代，吴良镛先生提出了"有机更新"的理论，主张"按照城市内在的发展规律，顺应城市之肌理，在可持续发展的基础上，探求城市的更新与发展"。[8]21 世纪初，李晓峰先生认为城市中的历史街区与传统乡村聚落，从广义角度看在许多层面上是可以类比的，"有机更新"理论同样可以指导传统聚落的更新与发展。

有机更新的理论在总体上包含以下几个方面：①更新对象的有机性：将聚落作为一个有机整体来看待。如同生物机体一样，各部分彼此关联、和谐共处，形成整体的秩序和活力。因此在更新的过程中，应遵循整体性原则，保持聚落格局和文脉特征的完整、统一。②更新内容的有机性。聚落中院落和街区如同有机体的细胞组织一样，在不断更新中应顺应原有的肌理。③更新过程的有机性。聚落更新过程中应遵从其内在的秩序和规律。[9]将"有机更新"的理念纳入到聚落保护工作中，是从聚落环境、居住建筑、商用建筑、景观组成等多方面着手，将其看作一个完整的体系，采用恰当的规模、合适的尺度，妥善处理聚落局部与整体、现状与未来的关系。它并不是将保护置于"静态"的翻新与拆建层面，而是对保护主体的原生功能、文化功能、商业功能、社会功能以及景观功能的利用等历史信息进行"动态"的分析与研究，平衡各项指标之间的关系，做出弹性评估方案与动态设计措施，完善聚落的存在价值。

在聚落的更新模式中，"有机更新"是一种比较成熟而缜密的更新方式，不仅有相对完整的理论系统，而且在多年的实践中完善了相应的技术路线。尽管不一定适用于所有传统聚落研究的具体实践，但的确能为当代乡土建筑发展与研究提供极有价值的参考。"有机更新"理论是在对生态学、社会学、文化学等学科理论进行整合的基础上提出来的。其核心思想——聚落的"有机性"——是类比自然生态系统的机制而形成的；"有机更新"强调聚落更新过程应遵从其内在的秩序和规律，也是对聚落"社会生态系统"的适应，与"生态发展"思想相统一。[10]

8.2.1.3 发展的多样性原则

生物学中的多样性是指，在一定时间和一定地区所有生物物种及其遗传变异和复杂的生态系统的总称。它反映了生物体的数量、种类和差异，以及这些特征在不同的时空中还会持续发生变化。它不仅包括物种内部的遗传多样性，也包括物种之间的多样性，以及生态系统的多样性。引申到社会学角度上来看，传统聚落的多样性主要包括聚落形态的多样性和文化生态的多样性两个方面。

聚落形态的多样性，是聚落在自身演化的过程中，为了适应不同的自然环境和社会环境所呈现出的空间形态特征。地理与气候环境的变化、文化间的融合与冲突，都可以成为聚落形态发生变化的动因。尤其像鄂南地区，周边包围的几支地域文化均有较为鲜明的特色，它们互相渗透与碰撞，鄂南位于中间，虽然没有被强势文化彻底吞并，但在空间形态上对它们均有不同程度的吸收，呈现出更为丰富的多样性特征。文化生态的多样性是由历史、地域、民族、民俗等众多因素的共同作用，也是文化物种多样性的结果。文化物种越多元，所蕴含的信息就越丰富，它就越有利于信息间的传递和生态结构的协调发展，是保持文化生态系统平衡的重要条件。首先，当系统中的文化物种越多，该系统抗外界干扰的能力就越强，耐压阈值也更高。其次，多样性的文化包含了更丰富的"遗传"信息，在生态系统发展的过程中也更有利于系统的完善和稳固。同时，复杂的系统也更有利于信息的传递和调节，也在一定程度上有利于系统结构的稳定性。[11]

保护发展的多样性也是保护文化的开放性。传统聚落的历史文化在漫长的发展过程中积累下来，记录着人们的生活行为，也是人们深层次复杂需求的反映，它不断吸收着外来的文化与更先进的文明，本身便具有极强的开放性特征。封闭自守的静态观念不适于时刻处于动态发展中的聚落，保护发展的多样性，不仅要看到现阶段的动态变化，还要为聚落的未来发展预留出足够的空间。

传统聚落所具有的本土性与多样性，是它与现代建筑的最大差异，它采用地方性的材料作出对地方气候和特殊地形的适应，以低能源消耗成本去获取最大限度的居住舒适度。尽管这是现代建筑在居住的生态性上所不能比拟的，但仍存在一定的局限性，这种局限性又恰恰是它的合理性造成的。聚落发展的多样性原则是直面这种差异和局限，将传统聚落的保护与发展与地域总体大环境的发展同步，保护空间与文化的多样性特征，采用循序渐进的方式寻求和谐共生、共同繁荣的道路，使传统聚落的当代发展始终处于最优化的状态（图8-2-3、图8-2-4）。

图8-2-3　废弃的老屋

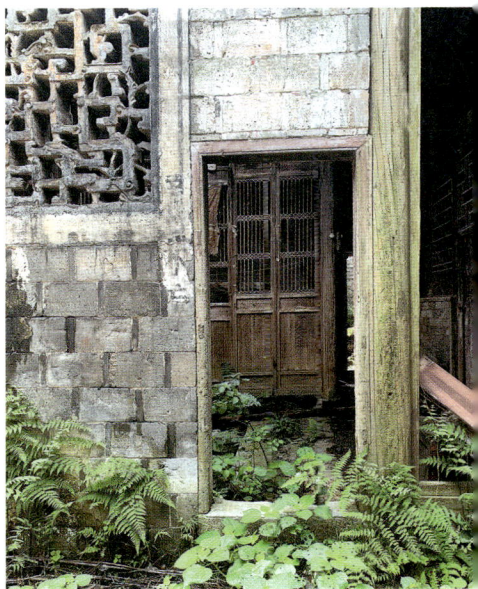
图8-2-4　废弃的老屋

8.2.1.4 居民参与原则

我国长期以来在环境的保护方面均由政府作为主导，但由于各地环境问题的复杂性与特殊性，政府行为的实施仍面临一些困难。传统聚落的保护工作是国家相关职能部门与文物工作者需承担的使命，但实施的过程离不开居民的支持与参与，居民是传统聚落保护过程中的实际体验者和使用者，保护的进度与程度与本土居民的日常生活息息相关。我国的环境法理论中针对公众的参与原则有多种表达形式，如依靠群众保护环境原则、依靠群众和大家监督原则、环境保护的民主原则等。从社会学角度看，公众参与是指社会主体在其权利义务范围内有目的的社会行为；在环境保护领域，公众参与则是指公众有权利平等地参与环境立法、决策、执法、司法等与其环境权益相关的一切活动。[12]传统聚落的动态保护活动，涉及政府、居民、经营者等多方利益的协调，可适当从公众参与原则中获取参照和依据。

长期以来以政府为绝对主导的保护机制，造成了居民的权利意识差、主动性不强等问题，也导致公众参与与行政力量之间的差距悬殊。居民参与原则强调的是居民基于自身所享有的权利，积极主动地参与到对聚落环境和聚落文化的保护与传承中。一方面它有利于解决聚落更新中的具体问题和冲突；另一方面，它对政府的公权力有一定的约束和监督作用。例如居民在聚落更新过程中涉及的自然资源使用的限制问题，传统聚落旅游开发所带来的污染问题和影响当地生活问题，聚落遗产的权属变更问题，不公平的利益分配问题等，如果仅凭政府决断难免会造成矛盾，而积极发挥居民的参与意识和权利意识，使他们通过直接参与的方式加入到对聚落的整体保护中，有助于减少冲突的产生。同时，在聚落的有机更新过程中，居民作为政府和经营者之外的第三方，有权利通过一定的程序与途径，参与与其环境权益相关的活动，其目的在于制约和保障政府依法、公正、合理地行使行政权力。[13]居民的积极参与能够在极大程度上对政府与经营者的政策和行为起到约束作用。

随着传统的生产与生活方式的转变，民众与聚落之间的联系逐渐变得疏远，对于传统聚落的物质遗产，尚有一系列技术手段可进行干预与保护，但对于生长于民间的文化遗产，需要更多的居民参与其中才能形成良性发展。可尝试通过建立相关的环境保护制度，鼓励居民的有效参与，同时赋予居民一定程度的参与权与决定权，来激发原住居民的公民意识，建立居民参与和政府管理相结合的环境保护协调机制，使居民们能参与到与自身环境权益相关的各项措施与活动中，也使政府能够看到多元化的、不同层次的环境利益表达，最终形成居民与政府之间的高效合作关系。

8.2.2 传统聚落的动态保护内容

传统聚落历经数百年乃至数千年的历史变迁延续至今，有着厚重的历史底蕴和人文积淀，有着极其周密的体系，对于来自外界或者内部的任何可能对聚落共同体造成威胁的因素都能加以有效的防御。从历史到现在，再到将来，逐步演变的状态就是聚落与所处环境不断匹配与整合的经历和结果。发掘传统聚落营造中具有恒久生命力的因素，使之融入人们的现代生活中，正是探索适宜于现代人居环境发展模式的有效途径。[14]

8.2.2.1 聚落环境的保护与整治

气候、地质等地理因素是影响聚落布局的重要因素。传统聚落从选址到布局都强调顺应自然、因山就势、因地制宜、因材施工等原则，保护自然生态格局与活力。在山林坡地，依靠地势来构建高低错落的多层次空间，充分利用自然通风、日照采光及观景效果；在黄土高原，利用黄土层壁立性强的自然力，修建窑洞式的保障性空间；在平原地带，采用内向型的集中式布局，以节约土地和为生活交往提供方便；在滨水河畔，依水分布，营建灵活流畅的水乡环境。我国地理环境复杂，不同地域条件催生出不同的聚落形态。对聚落的成长环境进行保护，是聚落动态化保护的基础和前提。

①对山林、水体环境的保护

聚落无法孤立于自然环境之外而存在，不同的气候条件和地理环境下产生的聚落样式都不尽相同，也没有任何一种放之四海皆准的聚落样式，因为聚落从产生到发展的过程与其发生的地域密切相关，它采用地方建筑材料，营造出节能、健康的生态性居住环境，体现出人与环境的和谐相处与共生。在从整体生态空间角度出发对聚落环境进行保护与规划时，应将关心与尊重自然环境放在首位。

从生态学的角度看，山林与水体环境具有改善微气候，调节温度与空气湿度，调节气流，净化水体以及保护生物多样性等多种功能。山林中的植物可以通过光合作用和蒸腾作用，对太阳辐射起到吸收、反射和过滤作用，增加空气湿度，使到达地面及树冠下的辐射量显著减弱，从而达到降温的效果。落叶乔木还能随着季节的变化而变化，不论严寒还是酷暑都会产生防护作用，如聚落南侧植物的冬季落叶为民居的被动采暖提供了阳光通道。[15]夏季白天，风从水面吹来，由于水面温度比空气温度低，具有一定规模的水面对经过的气流会起到冷却作用，这时，水体对聚落环境起到降温的效果。冬季白天，由于太阳的持续照射，水体吸收太阳能量而温度增高，由于水面可以储存大量热量，约为同体积混凝土蓄热量的两倍，因此到了晚上，当环境中空气的温度低于水体温度时，水体就会逐渐向空气中散发白天所储蓄的大量热量，因此水体在冬季起到弥补热量散失的作用。[16]

从风水布局的角度上看，传统聚落的选址多是将"风水"作为第一考量因素，人们相信好的山水格局，可以为家族和个人带来好的运势，所以极为重视聚落形态与山水环境的呼应关系。它一方面体现出人们对于自然环境的尊重与敬畏，另一方面兼具了一定的科学道理。风水法则所讲求的位置关系，包含了聚落选址时对于水体的良好运用，还包含了依托山势而走的安全性、适宜耕作和生活的便利性、聚落通风和建筑物采光的合理性等。

缓解人与自然的矛盾是聚落实现有机更新的前提，传统聚落生态环境建设的构思应建立在现有的植物生态体系之上，尽管不同聚落的自然环境资源皆有差异，但还是应有统一的、整体性的针对环境进行调控的机制，它包括聚落发展过程中的各项人类活动与周围环境是否相互协调与匹配，也包括对自然资源的综合利用与循环利用，还包括对人工环境的建设与对现有生态环境的辅助等等，最终使聚落走向可持续的生态化发展的道路。

②对聚落空间形态的保护

传统聚落的整体空间形态包括建筑物的布局，街巷界面以及聚落的天际线控制等。从理论上讲，对于这类大环境的保护，最理想的措施就是维持原状，但从实际情况来看，传统聚落的生存环境不断地在发生改变，其所处的社会环境也有自身的演变过程，维持原状看似起到了维护的作用，实际上是使聚落静止在某一个时间点上停滞不前，逐渐失去应有的活力。在动态保护思想的要求下，既要尊重传统聚落自然发展的规律，也要结合时代的需求对聚落空间形态加以合理改造与更新。

聚落中建筑物的布局受到不同时期的政治经济、社会文化、民风民俗等多种因素的综合作用，在漫长的岁月中逐渐成熟，并体现出更替与演变的空间成长过程，蕴含着丰富的文化信息。随着人类社会的发展与经济水平的提高，传统聚落布局的局限性也逐渐地凸显出来，原有的空间分布与尺度关系很难满足现代人的使用需求。加之传统建筑逐渐老化，部分甚至破损严重，失去了使用功能，被拆解、改造或新建的现象逐渐增多，这带动了聚落内基础设施的改造，带动了新材料与现代工艺的使用，聚落中心或被转移，空间的使用性质也随之发生转变。这些变化使聚落时刻处于动态的生长过程中。因此对聚落布局的保护策略须是有计划分阶段地进行设计，延续原有布局中的传统观念与文化，同时引导新元素的引入，使新旧元素的动态融合处于有序的规划与控制之中。

聚落中的街巷界面包括了道路铺地、房屋立面、建筑围墙等有形界面，也包括植物、景观、巷道等无形的界面。对传统聚落空间形态的保护包括对新元素与旧元素的保护，也包括对有形界面和无形界面的保护。街与巷将聚落中的各个组成部分有机地联系在一起，使人们对空间与形象产生最直观的印象与感知。新旧建筑的连续性体现在建筑物的轮廓、造型、体量、材料等元素上，统一性则是针对尺度、比例、材质等方面的综合考量。对连续性与统一性的要求并不是追求绝对的相似或一味仿古，而是让新建筑在体量与尺度上与原环境相协调，既是整体环境的一部分，又体现出自身的功能性与时代性的特征。

聚落的天际线控制是整体聚落风貌的体现，也是人们由远及近去感知聚落时的第一层体验，是聚落空间形态整体性的重要组成，同时也是设计与规划过程中容易忽视的部分。天际线的形成是动态且漫长的过程，它体现出建筑物对地形、气候、植被的适应与调整。但随着人们生活水平和建造工艺的提高，拥有现代化设施的楼房更能满足居民的生活需求，它们先是出现在传统聚落的周围，继而逐渐渗透到村落内部，替代残破、垮塌房屋，这种新旧更替打破了原本的统一和协调。对聚落天际线进行保护与控制，一方面要考虑到居民的切实需求，保障居民的利益，一方面要控制新建筑对整体环境与风貌的影响、保护历史环境的原真性，只能在这对矛盾中寻找发展的平衡点。

在从聚落的整体空间形态出发进行设计与更新时有三点考虑。第一，对建筑场地的充分考虑，其中包括建筑与原聚落风貌的协调，以及保护聚落中积极空间与交往空间的开放性与自然性。第二，对节省能源的考虑，建立与农田生态系统相适应的多层次植被与绿化系统，保障生物能源的良性循环，达到优化聚落环境的目的。第三，对清洁能源的利用，考虑太阳能、风能、水能等可再生能源的利用，以及无污染、易降解、可再生的建筑材料的使用，促进当地技术、材料与现代化技术的选择性整合，形成切实可行的地域性适宜技术，以降低建造成本，提高生活质量。

8.2.2.2 对居住建筑的保护和引导

居住建筑在全国农村所占数量的基数巨大，现代动力学因素对它们的影响日新月异。传统乡村聚落未来的发展方向不应该是今天城市建筑的翻版，而是应从具体国情出发，从不同的地域人文条件出发，借鉴传统，因地制宜，将文脉、习俗与现代人居环境理念相结合，发展以地方材料与民族特色为核心的适应性技术，有针对性地对地域性聚落量体裁衣。居住建筑作为传统聚落中比重最大的部分，与人居生活行为的联系最为紧密，不仅仅具有使用价值，还具有极高的历史价值与文化价值。

①关注平民使用者的需求

经济的飞速发展促使人们追求更舒适的生活环境与更快的生活节奏，这导致了人们的需求与原生态传统聚落间的最大矛盾。因此改善人居环境、关注平民使用者的切实需求，是亟待解决的首要问题。

关注平民使用者的需求，包括关注其心理需求和价值取向，这两者可看作是他们产生一系列居住与建造行为的动力和原因。正是人们对于居住环境和条件的不断追求，推动了相关的建造行为，继而形成相应的技术处理和建筑类型。如果将人们对于居住的心理需求层次从低到高分为三个阶段，则初级阶段主要包括居住的安全性需求和经济性需求，中级阶段包括舒适性需求与便利性需求，高级阶段则包括社会性需求和生态性需求等方面。当生产力相对落后时，人们对于居住环境的要求也停留在较低的水平，并不会产生所谓的社会性考虑；而只有当经济社会发展到较高水平，居住的舒适性与便利性都基本满足后，人们才会关注人居环境中的生态性价值。所以，人们对于居住的心理需求从大体上是与经济发展的整体水平相适应的，对居住建筑的保护措施，既要与当前的社会经济环境相适应，也要满足人民不断提高的居住需求层次。人的需求除了居住需求，还有教育、出行、健康、娱乐等多元需求。要达到提高生活质量的目标，不仅仅是依靠物质消费便能达到，还需要获得精神上的满足与愉悦。同时，还应看到在价值取向上的多样性，这导致了人们居住行为的复杂性。针对居住建筑的动态保护，应正视现实中存在的差异性，在不同的基础之上展开，在目标一致的前提下，允许多样化的发展路径。

②建筑师的关怀与引导

与快节奏的城市发展进程相比，传统聚落的演进步伐显得分散而缓慢。居住类建筑中原有的生活设施早已不能满足现代需求，促使居民不得不动手改造。但自由式改造要想使新的体块与原有的建筑群落在形式上、结构上、材料上、色彩上达到和谐，仅仅依靠居民自身是很难实现的。它需要设计师的参与，需要建筑界与文化界的合作，在居住建筑的演化过程中进行有意识的引导与协助，使其在现代先进科技手段的辅助下形成新的有机秩序。对于居住建筑的系统改良和生态居住环境的再生需要一个长期的过程，难以依靠单一学科的力量完成。只有多学科的团结协作，才能从整体上促进居住建筑的有序进化。长期以来，由于建造材料的历史条件限制，其建造中的"设计"含量较低，并形成传统观念上的惯性，这是民住建筑当代发展的最重要的技术障碍之一。因此，提倡多专业、多学科的配合与整合，是希望有更多不同的专业人士加入到民居的未来进化中，针对进化细节做出优化的设计与研究，以此提高整体的设计质量与环保意识，最终实现对聚落未来进化的有序引导与可持续发展。

8.2.2.3 商业型聚落的保护与再利月

传统商业型聚落发展到今日，有些实际功能已发生了转变。随着经济与科学技术的发展、人们生活水平的提高，甚至是社会文化的变迁等诸多因素的影响，这些建筑从样式到功能内涵都一直处于动态的发展过程之中。某些村镇因交通的因素导致聚落的兴衰变迁，如京杭大运河曾带动一大批沿河的市镇的发展，但是自津浦铁路建设后，沿河的城镇则呈败落之势[17]。有的村镇因为仕进人家的增多，聚落性贡向耕读型转化，合族修建祠堂与学堂；而有的村镇受到经济发展影响，从农业型聚落向商业型聚落转换，吸引大量外来人口聚集，导致对落中心的转移等等。纵观历史上商业型传统聚落的兴盛与衰败，均可看出历史变化与社会变迁对于聚落性质的巨大影响。

传统商业型聚落是在特定的历史条件下形成的，既有历史价值与文化价值，也能产生经济效益和商业价值，但其中的诸多方面已无法满足当代使用的需求，历史形成的土地使用状况也不能适应现代化商业场所发展的客观需求，严重阻碍了聚落总体进一步的发展。从市场经济的角度来看，对商业型聚落进行保护与再利用是符合经济价值规律的。为了重新唤起传统街市的商业活力，和引起人们的关注，需要在保护和修复的同时，挖掘新的"兴趣点"，植入新的交往空间，使其成为满足当代社会及经济需求的载体。新建筑的引入，可以调整原本不合理的用地结构，重新整合聚落的使用功能，使土地产生最大的价值，并通过对聚落中陈旧、破败、危险的区域和空间进行改造，使原本商业区大的功能得以恢复与强化。北京 798 艺术区、纽约 SOHO 艺术中心、日本仓敷常春藤广场等等发生在世界范围内的诸多改造项目，均是在原有的商业场所发生衰落和丧失生机时，通过改造手段实施更新，赋予老旧建筑以新的活力，吸引人群进驻，使其产生新的商业价值。在再创造的过程中，通过对当地传统设计风格的延续，使现代人仍然能够体验旧时的风光，同时在设计中积极进行科学的简化与是炼，使其在与环境相协调的基础上兼具时代感。

8.2.2.4　聚落景观的保护与改良

传统聚落的形态演变并不是整齐划一的，而是与所处的自然环境紧密相联，因此形成了丰富、多变的聚落景观。位于平原、山地、湖畔等不同区域的聚落，因其自然环境的差异，呈现出不同的魅力。

①发展生态农业，开发生态景观

生态农业是农业持续发展的生产模式，是按照生态学原理和经济学原理，运用现代科学技术成果和现代管理手段，以及传统农业的有效经验建立起来的，能获得较高的经济效益、生态效益和社会效益的现代化农业[18]。生态农业是以合理利用农业资源为基础的，对农业扎根的自然环境加以保护，并辅以现代化的种植技术与先进的生产工具，以达到提高工作效率的目的。我国是农业大国，农业是大部分农村地区的经济主体组成。传统聚落中的生态系统是农业生态系统中的一部分，提倡发展生态农业，是从根本上改变聚落的生存环境，改善居民的生活质量的有效途径。

"生态农业"这一概念早在20世纪60年代就作为"石油农业"的对立面被提出，在半个多世纪的发展过程中，虽取得成绩，但仍存在问题。从其发展的理论基础上看，生态农业是综合了农林畜牧各业与不同环境资源的多元学科的复合农业系统，具有复杂性与多变性，可在大部分农村地区仍是采取相对单一的研究与实验方式，并未对整体进行综合考察与分析，理论基础并不十分完备，普及工作也有待加强。这一方面需要政府政策的鼓励，同时也需要大量的专业人员投身其中，从科学的角度对其作出综合优化。从技术体系的角度上看，产业结构不合理是最主要表现。在当代农村，技术引入速度较慢，转化效率较低，在多数的生态农业实践过程中，农民并没有足够的理论知识和经验对这一复合系统进行科学的设计，从而只能简单地照搬另一个地方的经验，往往并不容易取得成功。从产业化水平上看，我国农业市场结构不尽完善，已经建立起来的生产资料市场也存在着规模小、设施不足、农村市场管理制度和行为准则不完善、市场管理人员缺乏等等问题。从推广力度上看，生态农业的普及与发展离不开政府的支持，推广的鼓励政策与褒奖机制从现状看仍显不足，自然资源的非合理化利用在我国大部分乡村聚落中普遍存在。生态农业所产生的效益并不是短期可见的，在加大宣传与投资力度的同时还要建立起相应的保障体制，才能有效地进一步推广，发挥其长远的、可持续发展的生态优势。

开发生态景观是对发展生态农业的积极补充。生物圈中的物质是有限的，将聚落生态系统中的每一环有机地联系在一起，才能形成良性的循环模式。生态景观的布局手法可大致分为自然式、规则式和混合式三种形式。自然式可看作是对原始自然环境的一种有意识引导，它并非完全任由景观自由发展，而是将地形的处理、景点的设计、空间的组织等要点，以接近自然的手法来实现。规则式是对景观的序列布局与秩序变化的表现，通过连续性的重复或有规律的变化来形成有序空间，往往具有很强的人工装饰效果。混合式兼具自然式与规则式的特点，在有序中强调变化，在变化中获得统一，有兼容也有冲突，有复制也有对比，可运用于聚落景观变化比较丰富的区域，是体现个性与变化的布局方式。

②打造景观文化，提升人文环境

传统聚落中景观元素的保护，离不开区域内的人文活动，否则便会变得孤立与静止，无法长期、有效地发展，不利于聚落的整体保护策略。打造景观文化与提升人文环境，是将人文活动与景观空间相结合，形成更具生命力的聚落文化环境，向更加积极与健康的方向发展。

鄂南多山多泉水，境内溪流密布，古人为了涉滩越险之便，在河道上架设桥梁。干始为丁步桥和木梁桥，后来发展为石拱桥、石梁桥，历史跨度由宋代至近代，以明清修建居多。咸宁市以桥命名的集镇有 20 多个，以桥命名的自然村落更高达 400 余个，因此被誉为"千桥之乡"。其中以廊桥的特点最为突出，它是在桥上建凉亭，供路人通行、避雨与休息。它不仅给人们的生活带来了极大便利，还是鄂南聚居文化中极具价值的组成部分。凉亭在屋顶结构与装饰工艺上吸收建筑中的作法，从设计实用性和文化内涵上均可看作是对本土建筑文化的延续和继承。咸安区的高桥始建于清同治年间，是一座五孔石拱桥，桥面长 35 米，宽 5 米，用青石块砌成，桥面微拱，两边各五级台阶。桥上有凉亭，由 20 组插梁框架组成，

立柱多达 80 根，两柱之间有木质长凳供过路人休憩。往日的高桥镇市面繁荣，桥东是转运土纸销往汉口的货栈，桥西是一条呈八字形的石板街，街上店铺林立、商贾云集，行人与客商来往运货，都要在桥上歇脚、寒暄。廊桥既是市场中的"驿站"，也是聚落中的"沙龙"。到了傍晚，人们在这里消暑纳凉，闲话家常。直至今日，高桥的交通功能早已被临近的现代桥梁所取代，但当地人特有的生活习惯被保留了下来，桥下洗衣、桥上纳凉，廊桥依然还是附近居民乘凉、聊天的交往场所（图 8-2-5、图 8-2-6）。

图 8-2-5　高桥下的生活空间

聚落景观可以为区域内的交往与活动提供适宜的环境，并且作为一种传统民间生活方式的延续，成为了具有地域特色的文化符号。

传统景观具有美化居住环境的效果，同时也是历史上人们生活、工作、休闲、娱乐的场所，与所有的人文活动息息相关。但随着时代的发展与变迁，社会体系中邻里关系、生活方式、生活节奏、规章制度等方方面面都发生巨变，导致由历史形成的景观在聚落中的存在感越来越弱。动态的保护策略要求珍惜历史上已经形成气氛的场所，立足于现实需求，从文化消费的主体入手，从地域性的民俗习惯出发，在历史环境中形成新的文化凝聚力。

图8-2-6 高桥上纳凉的居民

8.3 传统聚落的功能利用方向

在《生态城市》一书中，美国学者、国际生态城市建设理事会副主席理查德·瑞吉斯特（Richard Register），在面对中国的现代化建设与发展时写道："中国正处在大规模城市投资、建设和大规模改变自然与人类环境的关键时期。"因此，这"给中国提供了一个千载难逢的机会，在别人发展汽车社会的同时另辟蹊径，以一种对自己的人民也对这个美好星球上其他生物负责的态度去建设生态城市，使自己变得更强大、更聪明。中国不仅有思想基础，有实证经验，而且也有能力和潜力去改变这个世界，这个思想基础就是中国5000年来积淀的天人合一的人类生态观和儒释道诸子百家融合一体的传统文化；这个实证经验就是中国传统农耕村社朴素的自力更生传统和风水整合，阴阳共济的乡居生态原则"[19]。建设美好的生态城市是全人类的共同心愿与理想，而中国传统聚落的发展体系是未来生态城市发展的基础和最佳借鉴。

8.3.1 传统聚落中蕴含的生态建筑经验

中国传统聚落的空间布局、建筑形态、营造方式以及装饰技巧等诸多方面，都在长期的进化与演变进程中体现出明显的生态特点，聚落的发展与扩张过程，如同植物的生长过程一般，选择向着有利于自身成长的自然环境延伸，而当这种扩张遇到自然条件的阻碍时，则趋利避害地去做出顺应和适应。每一处大小聚落的形成，都是在多种人文及自然条件制约下，经历了漫长的历史时期以后发展的结果。人与由人组成的聚落，以及自然环境之间，存在着诸多方面的互动，自然环境为人类的生活与生产活动提供物质条件，人类在自然中为了生活的便利与劳作的需求，对环境进行适度的开发与改造，这一改造、适应的过程由于地域的差异性，会导致不同的符合自然规律的居住模式与文化，从而赋予自然新的内容与意义。人类的所有的生产与活动都是在大自然的生态系统当中进行的，既是受益者也是消费者，当对环境的适度的开发与改造活动在大自然的自我调节范围内时，才能维持生态链的平衡，达到人与自然的和谐关系。传统聚落在其发展和演化过程中积累了丰富的生态建筑经验，可作为其绿色再生的借鉴。

8.3.1.1　材料运用经验

传统聚落生根于自然，就地取材，以土、木、石、竹、草以及砖瓦作为主要的构筑材料。本土材料的利用，免去了长途运输的不便，减少了能源的消耗，并因地制宜地发展出丰富多样的建筑形式。在这些原生态材料的运用上，往往充分利用某一材料的优良特性，形成相应的结构方法和形式，先因材施建，再物尽其用（表8-3）。

如利用木材作为房屋的支承体系，一方面是由于木材取材与加工相对方便，另一方面是因为木构房屋的框架虽然有抬梁、插梁、穿斗等几种基本搭建形式，但在较为复杂的地形环境中可以灵活调整和产生变化，在兼具房屋稳定性的同时，还具有灵活性和适应性征，这使木材在作为房屋支承结构时具有极大的优越性。又如生土作为建筑材料具有热容量大与廉价易取的特点，导热性差且保温时间长，作为外墙材料可以抵挡冬寒与夏热。夯土墙与土坯砖墙在乡土聚落中的应用十分广泛，不仅成本低廉、施工简便、保温性好，同时热工性能好、可塑性强，兼具良好的抗压性和耐久性，是一种性价比极高的建筑材料。再如石材因其坚实与牢固的性能，被用作墙基与柱脚，隔绝地面带来的湿气，延长房屋使用寿命；竹材因其生长迅速、易于加工、抗拉性强、不易劈裂等特点，可被作为轻型的结构支撑，或作为木材的替代品；茅草因其保温特性，可被用来搭建房屋的屋顶，增加居住的舒适度等等。多种材料的综合使用，优化了材料的利用率。可根据不同材料的特性，将其组合起来，取长补短，以更加合理而有效的构筑方式发挥材料的性能，用于聚落营造的不同部位。这些材料的运用没有增加生产与使用的能耗，在其使用周期内把对环境造成的污染降到了最低，而在其使用周期结束后，还能以物质能量的形式回归到聚落的生态系统中。例如本地用作地基的三合土材料，就是将砖块、石灰块等废弃建筑材料收集起来，碾碎再加工到地基材质中。

表8-3　天然材料的特性与用途

材料	土	木	石	竹	草
特性	导热系数小 热容量大	韧性优良 易于加工	坚实牢固 性质稳定	生长迅速 抗拉抗压	廉价轻便 施工简易
用途	围护体系	支承体系	基础承重	轻型框架	保温遮盖

8.3.1.2 防热降温经验

包括鄂南传统民居在内的我国南方民居，多是采用天井、厅堂、廊道相结合的布局方式组织通风，通过增强空气流动达到降温防热的目的。高湿度地区对日照有扩散作用，会加剧室内环境的闷热，这里的建筑物的隔热须以通风、除湿作为前提。宅院中大小不等的多个天井既是引风口，也是出风口，它与堂屋、高窗、屋门之间气流相通，除了能够形成良好的"穿堂风"的效果，还能起到拔气的作用，在天气炎热、风力轻微时，通过小尺度的天井，将热空气挤压上升，使室内温度明显下降（图8-3-1）。

建筑的墙基部位，也开设有多个气孔，加速空气的流通，保持地面干燥。这种利用空间组织被动降温的方式，是在漫长的实践活动中不断调试、不断修正从而总结出来的，严格意义上来说，它并不是有明确目标的理性设计活动，而是为了对抗恶劣气候、调节居住环境所形成的自发性的适应过程。它更接近于一种无意识的设计活动，其设计策略不侧重"解决"问题，而更多采用协调、适应，甚至退让的办法，去"调和"问题。它不经过提前设计，而是在建造的过程中逐步完成，在长期的历史考验中，不断去累积和完善建造经验，呈现出其科学性的一面。

图8-3-1 宅院里的大、小天井

8.3.1.3　防寒保暖经验

对于我国大多数地区的气候特点来说，气候的低温与人体的温差，要远大于高温与人体温度的差值。所以，冬季的寒冷比夏季的炎热更能成为人类生存的威胁。人类要生存下去，首先就要具备抵御寒冷的能力和手段，防寒首先是人的生存需要，而不是舒适需要。[20] 鄂南的冬季低温及风雪灾害没有北方强度大，其民居防寒保暖的措施主要体现在围护体系的封闭性上，在外墙上开设较小的窗洞，以减少冬季冷风的渗透，达到保温的目的（图8-3-2、图8-3-3）。这种被动的保温效果，是以牺牲室内光线为代价的。它也说明了在一定经济条件的制约下，房屋首先要满足防寒的生存要求对于空间的约束条件，而其他约束条件则退为次要因素。而在我国北方地区，针对房屋保温的措施还体现在增加围护体系的厚度，以及调节建筑与庭院的体量关系以获取最大的太阳辐射上。

图8-3-2　窄小的窗洞

图8-3-3　封闭的外观

8.3.1.4　结构构筑经验

传统聚落在历经了上千年的自然进化后，累积了大量的结构构筑经验。例如大量使用木构架的结构体系，便是以榫卯结构作为联结，将梁、枋、柱以及屋面组成一个完整的空间构架，同时还兼具可应对轻微位移与变形的能力。从这一方面来看，它相对于现代钢筋水泥建筑，在对抗与化解地震力的效果上，优越性更加明显。天然材料的使用也并非完全没有缺点，所以传统聚落在适应建筑结构的基础上，还发展出了大量的构造措施以弥补某种材料在性能上的不足。例如木材易腐，鄂南民间为了应对潮湿气候采用石材作为补充，形成双料柱；又如石材虽然可以隔离地面湿气但透气性差，所以在房屋中磉礅与气孔往往同时存在；民间的梁架处理方式相对简易，并会根据天然木料的大小粗细作出灵活的改动，如为了增强屋架稳定性设计出了造型美观的燕子步梁等等，这些简单、经济却长期有效的处理手段，大大提高了房屋的耐久性与居住的舒适性。这些构造措施不但是结构体系中不可缺少的构件与补充，还因为其较强的针对性成为具有地域、民族特色的象征部件。

传统聚落是在中国农耕社会中发展完善的，它们以农业经济为大背景，无论选址、布局和构成，还是单栋建筑的空间、结构和材料等，无不体现着因地制宜、因山就势、相地构屋、就地取材和因材施工的营建思想，体现出传统民居生态、形态、情态的有机统一。它们的保水、理水、植树、节能等处理手法充分体现了人与自然的和谐相处。既渗透着乡民大众的民俗民情——田园乡土之情、家庭血缘之情，又有着不同的"礼"的文化层次。建立在生态基础上的聚落形态和情态，既具有朴实、坦诚、和谐、自然之美，又具有亲切、淡雅、趋司、内聚之情，神形兼备、情景交融。[21]这种生态观体现着中国乡土建筑的思想文化，即人与建筑环境既相互矛盾又相互依存，人与自然既对立又统一。这一思想是在小农经济的不发达生产条件下产生的，但是其思想的内涵却反映着可持续发展观最朴素的一面。

8.3.2　本土资源再利用与绿色再生

人类社会在经历了长达一个世纪的现代建筑洗礼后，越来越多地表现出对建筑中人文关怀的反思，并对传统的人与自然静谧相述的和谐关系颇多关注。传统聚落是具有地域性的居住形式，它植根于地方环境的生态系统中，并在不断的发展与演进过程里逐渐完善和调整，最终与环境、与社会融为一体，成为地域文化中一个重要的组成部分。这种与环境的平衡关系是符合人类可持续发展要求的，传统聚落的本身就具有"绿色建筑"的意义。

传统聚落中采用的建筑材料均是来源于本土的纯天然材料，这是它能够实现绿色再生的重要前提。从聚落建造的发展历史可以看到，从原始社会最易获得的土石材料，到农业社会中的砖瓦材料，再到工业社会中的钢铁、混凝土、玻璃等现代材料，建筑样式的每一次大型变革都是由于建筑材料发生了巨大更新。在当代工业化大生产的背景下，在绿色再生观念的影响下，本土性的传统建材在传统聚落的绿色再生中承担着重要的角色。

在进入现代社会以前，受到早期建筑材料的局限，居住的舒适度十分有限，以当代标准来衡量，甚至会觉得明显的不舒适。从建筑与环境的关系上看，绿色材料具有明显的生态性特征，建筑材料、建造技术与内部环境皆是相互匹配的，但是这种"原生态"的建筑空间在一定程度上降低了居住质量，与"绿色建筑"的基本诉求相违背。当然，不同时代的人们对于环境的感知和需求存在差异，单纯以现代的标准来评价传统聚落必然是片面的。传统聚落的生态性更多地是在营建的过程中被动地产生，而在当代的建设活动中，要将本土的材料资源再利用，必须看到其中发展的动态性。传统技术与传统社会的生产力水平相适应，于是成了当时的适宜性技术，但随着现代高科技建筑材料的产生，传统建造技术已无法满足当前生产力与生产方式的需要，从而变得不再适宜。同时也要看到，原本适宜的材料有可能在当代并不适宜，在当代不适宜的材料或许在未来变得适宜，所以，一味崇拜新技术与新材料，完全摈弃传统材料与技艺是不可取的，不仅会导致大量资源的浪费，还会造成地域文化的断层。本土资源的再利用具有连续性，尤其是在传统聚落这一特殊的社会经济环境下，不可能舍弃历史中传承下来的本土技艺去植入全新技术，更好的办法是利用现代化手段或现代生态技术，对传统资源进行优化，从而形成适宜于本地资源的相应的技术手段。

传统聚落的绿色再生是指，在对聚落的文化内涵、功能结构、生态系统、形态特征等各个方面做出全面的认识后，以环境保护和可持续发展为指导思想，从聚落生存的整体生态环境出发，以适宜的科学技术为手段，帮助其进行有序进化。首先，对传统聚落的保护应该是建立在对文脉充分了解的基础上，并以发展的眼光看待，单纯的粉饰翻新只是令保护的工作停留在表面，并未对民居中的文化延续性作出解读。其次，在以技术手段对民居保护进行干预时，应该与原生态的自然条件与环境相结合，充分利用地方性建筑材料，利用清洁能源，以减少资源浪费、环境污染、生态破坏为标准，不仅要提升聚落中的生活品质，还要以提高聚落生存的大环境品质为目标。最后，本着生态学中"和谐、有益、高效"的三项基本原则，对农村生态系统予以保护，使它对城市生态系统产生正面影响，让整个生态链中的能量互为补充，达到良性循环。

聚落的"绿色"再生无法依靠民居自身的发散式的演进而完成，也不可能脱离传统的根基而重新构建，须在正确的生态观念的启发下，延续其可持续发展精神的本质。一边是当今社会急速向前的现代化进程，另一边是人们对回归自然生态环境的渴望，这对矛盾并非不可调节。传统聚落的保护并不是孤立起来进行翻新和维修，而是将其放在具体的地域环境之中古为今用；传统聚落的绿色再生，也并不能以抑制消费或降低农村居民的生活质量为代价，而是要寻求消费与资源、发展与环境之间的平衡点，使传统聚落能朝着积极的、有利于人类社会发展的方向前进。

注释：

[1]（英）T·A·马克思，E·N·莫里斯．建筑物·气候·能量[M]．北京：中国建筑工业出版社，1990：12．

[2] 梁昊光，叶大华，工业化和城市化背景下世界城市人口发展比较研究[J]．城市管理与科技，2011（05）：16．

[3] 梁思成．大拙至美：梁思成最美的文字建筑[M]．中国青年出版社，2014：32—34．

[4] 黄焕．城市更新中的历史街区动态保护研究——以汉口一元片区街区保护规划为例[D]．华中科技大学，2006：11．

[5] 陈志华．乡土建筑保护十议[A]．建筑史论文集．第17辑[D]．北京：清华大学出版社，2003（1）：165．

[6] 陈志华．乡土建筑保护十议[A]．建筑史论文集．第17辑[D]．北京：清华大学出版社，2003（1）：165．

[7] 李晓峰．乡土建筑保护与更新模式的分析与反思[J]．建筑学报，2005：9．

[8] 吴良镛．北京旧城与菊儿胡同[M]．北京：中国建筑工业出版社，1994．

[9] 方可．当代北京旧城更新[M]．北京：中国建筑工业出版社，2000：197—198．

[10] 李晓峰．乡土建筑保护与更新模式的分析与反思[J]．建筑学报，2005：10．

[11] 姜静．文化生态学视野下湘西酉水沅域古镇聚落空间研究——以王村为例[D]．华中农业大学，2014：17．

[12] 张晓文．我国环境保护法律制度中的公众参与[J]．华东政法大学学报，2007（3）：57．

[13] 张津．论我国环境法中公众参与原则的建设[J]．前沿，2012（3）：96．

[14] 李宁，李林．传统聚落构成与特征分析[J]．建筑学报，2008（11）：55．

[15] 吕爱民．应变建筑——大陆性气候的生态策略[M]．上海：同济大学出版社，2003．

[16] 傅抱璞编著．小气候学[M]．北京：气象出版社，1994．

[17] 孙大章．中国民居研究[M]．北京：中国建筑工业出版社，2004：471．

[18] 盛连喜，景贵和．生态工程学[M]．长春：东北师范大学出版社，2002．

[19]（美）理查德·瑞吉斯特．生态城市：重建与自然平衡的城市[M]．北京：社会科学文献出版社，2010．

[20] 吕爱民．应变建筑：大陆性气候的生态策略[M]．上海：同济大学出版社，2003．

[21] 单德启．生态及其与形态、情态的有机统一——试析传统民居聚落居住环境的生态意义[A]．中国传统民居与文化．第二辑：中国民居第二次学术会议交流论文集[D]．北京：中国建筑工业出版社，1990（12）．

　　我的父亲出生于鄂南的咸宁县城，爷爷是县高中的一位数学老师，奶奶在远离县城的一所乡村小学教语文。记得年幼时，每逢寒假就从武汉"回家过年"，每逢暑假则"回去补课"，一直持续到我念大学前，仍是这样一年两次的节奏。鄂南于我，是家乡，是童年的乐园，是伴我成长的学校，有许多许多的回忆。

　　2008年我师从潘长学教授攻读博士学位，便以鄂南为研究对象，深入乡村、探访聚落，系统学习和重新体会传统民居的魅力。2015年申报国家社科基金艺术学青年项目时，再次扎根在鄂南，不仅是出于兴趣，也是出于情感与责任。

　　乡土建筑的田野调查与测绘的过程是艰辛和难忘的。鄂南的传统民居分布零散，部分位于交通条件落后的山区地带，为实地调研活动带来了许多困难。调研涉及五个县市区、近三十个乡镇，几乎遍及每一个偏远的村落，基本覆盖了鄂南区域的民居遗存，其中体会过艰难，也经历了喜悦与感动。尤其是淳朴乡民的善良与热心，给我留下了极深的印象。颇为遗憾的是，许多具有保护价值的传统民居，在第一次调研的时候还相对完好，次年想再去补充素材时，木雕或石雕被盗，梁柱被白蚁蛀蚀，屋面垮塌，砖瓦破碎，门窗断裂等情况时有发生，损坏的速度始料未及。更令人可惜和无奈的是，一些老房子在修复和加固的过程中，原始风貌渐渐被掩盖，且基本难以恢复。本书付梓之前，带着学生又再访了当年去过的不少老屋，所见的状况也并不乐观，这使我们更觉得有责任为鄂南传统民居的保护与抢救工作尽一份力。

后记

在一次次走村串户，深入田野的过程中，在本书的策划、写作、反复的校对过程中，得到了许多老师们、朋友们的关心与帮助，在此特别致以真挚的谢意。

感谢导师潘长学教授、父执雷志雄教授，对文章结构与内容细节提出了诸多有益的建议，并一直给予我精神上的鼓励。感谢我的伯父董思宁先生，作为一位咸宁的老文化人，在调研时协助我们与当地单位、文保部门，以及村户对接，使我少走了许多弯路。在这一过程中，还得到了众多基层文化部门与个人的支持，特别感谢咸宁市委宣传部、通山县委宣传部、通山县文物局、咸安区委宣传部、咸安区文物局、咸宁市老年大学，以及在田野调查中给我们提供帮助的当地文化工作者和父老乡亲们。感谢湖北美术出版社陈辉平社长、余彤总编辑的大力支持，感谢编辑团队的辛勤工作。感谢我的学生和我的家人。

因学识与经验有限，书中难免出现疏漏之处，敬请读者批评指正。

董 黎
2019 年初秋于武昌

出 版 人 / 陈辉平
项目策划 / 余　杉
责任编辑 / 张　浩　谢　莹
书籍设计 / 张　浩　谢　莹
技术编辑 / 李国新

图书在版编目（CIP）数据

鄂南传统聚落研究 / 董黎著.
——武汉：湖北美术出版社，2021.7
（湖北民居艺术研究）
ISBN 978-7-5712-0506-5

Ⅰ. ①鄂…
Ⅱ. ①董…
Ⅲ. ①聚落地理 – 研究 – 湖北
Ⅳ. ①K926.3

中国版本图书馆CIP数据核字（2020）第223166号

出版发行：长江出版传媒　湖北美术出版社
地　　址：武汉市洪山区雄楚大街268号B座
电　　话：（027）87679534（编辑部）　87679525（发行部）
邮政编码：430070
印　　刷：武汉市精一佳印刷有限公司
开　　本：787mm×1092mm　1/16
印　　张：18.75
版　　次：2021年7月第1版　2021年7月第1次印刷
定　　价：158.00元

湖北美术出版社
专业之道　尽精尽微